AF759314

HISTOIRE ÉCONOMIQUE DE L'AFRIQUE NOIRE

Des origines à 1794

Ouvrage publié avec le concours de Félix Houphouët-Boigny, Président de la République de Côte d'Ivoire.

DU MÊME AUTEUR

OUVRAGES :

Problèmes de la formation de l'épargne interne en Afrique occidentale, 1968, Editions Présence Africaine, Paris, 278 pages.

Le crédit dans l'Economie Africaine, Thèse-Sciences Economiques, Paris 1972, 400 pages.

À PARAÎTRE :

L'intégration industrielle des Etats de l'Afrique de l'Ouest, Editions PUSAF, Abidjan, 300 pages.

Banques et Banquiers d'Afrique, Ed. PUSAF, Abidjan.

PUBLICATIONS DIVERSES :

Essai sur la théorie de la détérioration des termes de l'Echange, revue *Ouest-africain*, 1971, Dakar, 15 pages.

Pour un réaménagement du système monétaire et des Institutions de crédit des pays africains, Editions Présence-Africaine, n° 84, 4e trimestre 1972, 32 pages.

Vers la fin des grandes zones monétaires verticales, revue *Jeune Afrique*, octobre 1973, 15 pages.

L'évolution actuelle des Instituts d'Emission de la Zone Franc, Annales Université, Abidjan, série K (Sciences Économiques), tome I, 1978, 42 pages.

L'intégration monétaire de l'Afrique de l'Ouest, en collaboration avec Dalloz, Ann. Un. Abidjan, série K (Sciences Économiques), tome II, 1979, 50 pages.

Obstacles socio-politiques à l'intégration économique régionale, Ann. Un. Abidjan, série K (Sciences Economiques), tome III, 1980, 38 pages.

Houphouët-Boigny, homme de la Terre — une approche économique, Ann. Un. Abidjan, série K (Science Economiques), tome IV, 1981.

© L'Harmattan, 1988
ISBN : 2-85802-948-2

Collection PUSAF
Manuels et Travaux des Universités Africaines
Série Sciences Economiques

Daniel Amara Cissé
Professeur à la faculté
des sciences économiques d'Abidjan
Université nationale de Côte d'Ivoire

HISTOIRE ÉCONOMIQUE DE L'AFRIQUE NOIRE

TOME I
L'économie des origines
Du Néolithique à l'Antiquité

(– 12 millions d'années à – 3000 avant notre ère)

Économie - Culture - Développement

PUSAF
esses Universitaires
Scolaires d'Afrique
3 BP 177 Abidjan

Editions L'Harmattan
5-7, rue de l'Ecole-Polytechnique
75005 Paris

Dans la même collection

Série Mathématiques
dirigée par le Professeur Boubakar Bâ

Chawki Mangalo, *Maîtrise de mathématiques, algèbre I et II de la théorie de Galois avec cent exercices résolus*, 1987, 2 volumes.

Boubakar Bâ, *Cours de géométrie différentielle*, 1987, 1 volume.

Série Sciences économiques
dirigée par le Professeur Daniel Amara Cissé

Léon Naka, *Le recours à l'emprunt extérieur dans le processus du développement*, 1986, L'Harmattan/PUSAF.

Régis Mahieu, *Logique déductive et théorique économique*, 1987, L'harmattan/PUSAF.

Série Philosophie

Gbocho Akissé, *Précis de logique pure, introduction à la pensée logique*, L'Harmattan/PUSAF.

A ma mère, à ma fille,
Mani Céline Moussokoro

NOTE SUR LA PREMIÈRE ÉDITION

Ce traité d'histoire économique de l'Afrique noire n'est pas un plaidoyer mais plutôt une explication. Depuis vingt ans, l'auteur avait commencé à réfléchir sur la question, à rassembler les documents et à rédiger certains passages. C'est donc une somme d'informations lentement accumulées au cours de ses études, à l'école des sciences politiques, dans les facultés des sciences économiques et des sciences humaines des universités de Strasbourg et de Paris.

C'est précisément à l'ombre de cette grande université strasbourgeoise, à la charnière de la culture latine et germanique — celle de l'Ouest et celle de l'Est — sous l'œil vigilant de la statue de Goethe, que j'ai appris à connaître et à aimer le commerce de l'esprit, la création de l'avenir dans le présent, la clarté et la rigueur, l'esprit de finesse à côté de l'esprit de géométrie ; mais aussi et surtout le retour à soi, le retour aux sources. Pour le négro-africain que je suis, quel sens donner en effet au terme *« litteris et patriae »*, inscrit fièrement au fronton de cette belle université alsacienne, puissamment campée à la croisée des civilisations ? Sinon *« aux lettres et à la patrie »* mais également, par extension *« les lettres au service de la patrie »* ; sinon aussi, assimilation d'un corps culturel étranger, pour le mettre au service de l'Afrique.

Mes maîtres de Strasbourg et de la Sorbonne — qu'ils en soient loués — en me permettant de participer avec méthode à la fête de l'esprit, m'ont légué, en même temps, un lourd héritage qui est la transmission d'un savoir reçu, mais adapté, digéré dans le moule de la civilisation négro-africaine.

Ce sont ces idées-force qui, à chaque instant, me guident dans toutes mes recherches, dans mes enseignements : développer le commerce de l'esprit, recevoir mais aussi répandre l'esprit de la civilisation négro-africaine aux continents les plus divers, aux nations, aux peuples les plus divers ; telle est, à mon sens, la double mission de l'enseignant et du chercheur africain, pionniers de la véritable indépendance : l'indépendance culturelle.

Je ne conclurai pas sans cependant remercier nommément certains de mes vieux maîtres de Strasbourg et de Paris, dont beaucoup ne sont plus, dont j'ai eu l'insigne honneur et la chance d'être l'élève. Ils ont pour noms : Paul Coulbois, Paul Chamley, Paul-Louis Raynaud, Jean De Sotto, Jean Tricart, Pierre lavigne, Henri Lefebvre. Le recteur Ponteuil à Strasbourg — à Paris, Gaston Leduc, Raymond Barre, Emile James, Raymond Mauny et d'autres éminents professeurs dont les noms se sont effacés de ma mémoire au cours du temps, mais dont le souvenir reste encore vivace.

Mes pensées vont également à certaines familles françaises amies qui m'ont souvent reçu, notamment : la famille Pierre Pfimlin, maire de Strasbourg, Mme Sibre Lucette et M. Schneider, directeur du Centre des Œuvres universitaires (COU). A Paris le général Charbonneau et ses enfants Alioune Diop ; Jacques Alibert et Pierre Roques, ancien directeur et président de la Banque internationale pour l'Afrique occidentale (BIAO). Ils m'ont formé au rude métier de banquier en même temps que d'illustres compagnons comme Aboubakar Diaby Ouattara, secrétaire général de la CEDEAO, Jacques Attali l'économiste.

La grande leçon que j'ai rapportée d'Occident, après quinze studieuses années, c'est aux universités de Dakar et d'Abidjan au milieu des miens, en tant qu'enseignant, que j'en ai ressenti la véritable signification.

Tout d'abord entre 1971 et 1974, à l'université de Dakar, un des hauts lieux de la culture, où souffle l'esprit de la civilisation négro-africaine, j'ai appris, au milieu de tant d'économistes et d'universitaires de talent, à pratiquer avec amour ce dur métier d'enseignant. Je remercie tout particulièrement, les professeurs et amis : Samir Amin, Abdoulaye Wade, Amady Dieng, Mamadou Kassé, le doyen Daite, Macktar Diouf, l'historien Sekene Mody Cissoko et enfin l'éminent physicien et égyptologue Cheick Anta Diop. J'y joins un nom qui m'est particulièrement cher, celui de mon frère et ami Omar Macalou, l'un des meilleurs économistes sinon le meilleur de sa génération, à la fois théoricien et praticien de talent, actuellement directeur au Fond monétaire international. En les lisant, en les côtoyant, en m'informant au cours de discussions parmi eux, j'ai beaucoup appris.

Mais avant de quitter Dakar, c'est ici le lieu et le moment de parler du fils de Diogo Senghor, le poète-président Léopold Sedar Senghor, et de lui exprimer, en même temps mon admiration et ma profonde gratitude pour toute la compréhension intellectuelle, je dirais l'amitié filiale dont il a fait montre, pendant une des périodes les plus difficiles, mais combien exaltantes de mon évolution intellectuelle. Une époque, où la plupart des responsables politiques africains n'acceptaient de l'intellectuel noir — pourtant leur frère — ni le dialogue, ni la critique créatrice, ni la vérité tout court. Ce chantre de la négritude a suivi l'homme noir « des premiers pleurs du nouveau-né aux lamentations funéraires, en passant par l'enfance, l'adolescence, l'âge adulte et la vieillesse [1] ».

Pour ce poète-président — l'Askia des temps modernes — protecteur des hommes de culture, toute activité sociale n'atteint sa plénitude et son efficacité que dans la vérité. Encore une fois, qu'il soit loué d'avoir permis au Sénégal — son pays — d'ouvrir tout grand ses bras à tous ces intellectuels pourchassés pour leurs idées, à tous ces proscrits politiques, à tous ces Nègres et Arabo-Berbères incompris qui peuplent Dakar. Cela évoque la plus pure hospitalité africaine, celle de nos aïeux, faite de joie simple et de partage sans limite aucune.

Enfin l'université d'Abidjan ! 1967-1971 — une coupure, puis retour en 1974... jusqu'à ce jour. J'enseigne dans cette faculté des sciences économiques, au milieu des miens. Dans notre jeune faculté, j'ai formé de jeunes étudiants qui sont aujourd'hui mes collègues.

Etant leur doyen d'âge ou aîné dans la carrière enseignante, tous ces frères m'appellent par le terme généreux et combien affectueux de *« grand frère »*. C'est ici que l'université s'assimile à la grande famille négro-africaine. Ici aussi, la négritude devient humanisme, ouverte à la fois sur la forêt sombre et la savane lumineuse ; sur deux civilisations négro-africaines apparemment contradictoires, mais profondément complémentaires : celles de l'Akan matrilinéaire et du Mandingue patri-linéaire, images même de la Côte d'Ivoire, pays aux soixante tribus.

Je remercie ici mon ami le docteur Payne Coffi Alexandre, médecin-planteur, ancien chef de canton tout à la fois. Pour lui, la tradition et la culture africaines n'ont plus de secret. Je n'oublie pas non plus le cousin docteur Diane Mamadou et sa femme Ginette Diane, mon beau-frère Noumoutie Kone, instituteur, mon frère Timothée Camara, enfin mes sœurs Antonia, Marie et Lamine Barry, tous mes parents, qui ont contribué à ma réussite intellectuelle. Qu'ils trouvent ici toute la reconnaissance affectueuse d'un frère qui n'a jamais cessé de penser à eux !

Mes remerciements vont enfin à tous les enseignants frères et amis de la faculté de droit et de sciences économiques ; puissions-nous assurément continuer à porter bien haut le flambeau de la culture pour la grandeur de l'Afrique.

Cette jeune université ivoirienne, par ses membres une Afrique de l'Ouest en miniature, s'est enrichie singulièrement de la civilisation européenne et elle l'a enrichie dans le sens plein du donner et du recevoir ; dans la fraternité et le dialogue. Et si la devise de *l'universitas sénégalensis* est *« Lux mea lex »* — Lumière est ma loi — celle de sa sœur cadette, l'université ivoirienne *(universitas eburnea)* pourrait être — je pense — et comme l'atteste d'ailleurs l'idéogramme des mains unies de son blason : *« unitas mea fides, mea lux »* — l'union est ma foi, ma lumière. Que le lecteur lise donc les pages qui suivent dans cet esprit de fraternité et de dialogue des civilisations.

Ma gratitude va à quelques amis et autorités politiques ivoiriennes dont le soutien et les encouragements ne m'ont jamais fait défaut, ce sont : M. Le Président Philippe Yacé, le Ministre d'Etat Camille Ali-Ali, le Secrétaire Général du Gouvernement Alain Belkiri, mon ami et frère Emmanuel Dioulo, le Maire de la ville d'Abidjan, le Gouverneur Guy Nairay, directeur de Cabinet à la Présidence.

Enfin, je remercie, Son Excellence Félix Houphouet-Boigny. Ce « Primus inter Pares », *ami de l'Histoire*, amoureux du beau, du bien, du durable, dont le Mécénat a permis de subventionner en partie la publication de ces ouvrages.

Que les Editions l'Harmattan, son directeur M. Denis Pryen et Mlle Nathalie Robin, Assistante, soient remerciés pour leur enthousiasme à promouvoir avec les PUSAF, la co-édition scientifique en Afrique Noire.

Abidjan, le 1er octobre 1985.

1. L. Senghor, *Liberté I*, p. 240.

AVANT-PROPOS

Le Blanc s'était trompé. Je n'étais pas un primitif, pas davantage un demi-homme. J'appartiens à une race qui, il y a deux mille ans, travaillait le fer et l'argent.

Frantz Fanon, homme politique et écrivain antillais (1925-1962).

Souviens-toi ! Le souvenir est plein d'enseignements utiles ; dans ses replis, il y a de quoi désaltérer l'élite de ceux qui viennent boire »

Sidi-Yaya, cité par Ès-Saadi dans le Tarikh ès-Soudan, Tombouctou, 1655.

Ce traité d'histoire économique de l'Afrique noire, est destiné tout d'abord aux étudiants en sciences économiques et juridiques, à ceux des facultés de lettres et des sciences humaines des universités africaines ; plus généralement à tous les hommes de culture, s'intéressant à l'évolution économique du continent noir. Notamment à tous les « *Noirs de la Diaspora* » des Amériques, à la recherche de leur culture et de leurs racines africaines.

Au demeurant, et conformément aux impératifs du programme officiel du concours d'agrégation des sciences juridiques, économiques et de gestion, du Conseil africain et malgache pour l'Enseignement supérieur (CAMES) incluant une section des institutions économiques d'Afrique noire, ce traité pourra servir de guide non seulement aux jeunes candidats à l'agrégation qui, pour la plupart, n'ont pas eu l'occasion de survoler — au cours de leur scolarité — l'histoire des faits économiques et sociaux de l'Afrique ancienne en général, et de l'Egypte pharaonique en particulier.

Cette première édition se présente donc comme une tentative de retracer en trois tomes, toute l'évolution économique africaine, depuis la préhistoire, où l'Afrique était à la base de la *civilisation* primordiale, jusqu'à l'époque contemporaine, où elle est dominée et sous-développée. Dans l'état actuel de nos connaissances, les documents ne manquent pas depuis les importants travaux de Darwin, Linne, Vavilov, Cheick Anta Diop, Théophile Obenga, Raymond Mauny, Joseph Ki-Zerbo, Samir-Amin, et bien d'autres encore... Ces érudits — toutes disciplines confondues — ont précisé, voire renouvelé, nos connaissances sur l'histoire générale de l'Afrique noire.

Au surplus, de nouveaux instruments de travail sont venus heureusement enrichir les moyens d'investigations des *historiens de l'économie*, telle la collection « *Histoire générale de l'Afrique* » publiée par l'Unesco en huit volumes (1969-1980) ; les travaux de l'Institut fondamental de l'Afrique noire de Dakar (IFAN) ; les publications des Editions Présence Africaine : « *Les grandes figures de l'histoire* » sous la direction du professeur Ibrahima Baba Kake ; enfin la revue « *Afrique-Histoire* » du professeur Sekene Mody Cissoko. Nous n'oublions pas aussi les travaux scientifiques des archéologues, paléontologues et égyptologues des universités d'Europe, d'Asie et d'Amérique qui recourent aujourd'hui aux techniques de datation les plus avancées. Plus que jamais, l'histoire économique se veut de plus en plus *analyse* et non plus description. La présente édition a tenu compte de cette récente évolution.

Pour nous permettre de mieux démêler, expliquer afin de mieux comprendre les divers problèmes posés, nous avons, après maintes hésitations, privilégié la forme du *traité* à celle de *manuel* forcément plus condensé. Si le genre *manuel* convient parfaitement à l'exposé de l'histoire économique européenne, bien inventoriée et couronnée par les travaux de plusieurs générations de chercheurs, le *manuel,* résumé aplati du passé, semblerait pour le moment quelque peu inadapté à celle de l'Afrique et du Tiers-Monde en général, où plusieurs points d'ombre méritent certaines clarifications appropriées.

Dans le présent traité, réparti sur trois volumes, nous nous efforcerons donc, de retracer au mieux l'évolution économique de l'Afrique noire et de Madagascar, de la période qui va du début de la préhistoire (25 à 30 millions d'années avant notre ère) jusqu'au dernier quart du XXᵉ siècle de notre ère (1980).

Pour ce faire, nous nous efforçons d'éviter les deux écueils qui, à tout instant, menacent quiconque prétend retracer l'évolution des faits économiques.

D'une part, il faut éviter de sombrer dans l'économie dite conceptuelle, consistant en une schématisation arbitraire qui conduirait à un déterminisme social comparable au déterminisme des sciences de la nature ; ce qui fausserait la réalité des faits économiques dans leur dynamisme original.

D'autre part, il ne peut être question de nous borner à la science de détail, à l'histoire historisante qui, selon Jean Imbert dans son *Histoire économique des origines à 1789* (p. 10), accumulerait les faits sans tenter d'en dégager les grandes lignes d'évolution et de réalité économique profonde.

Néanmoins, absence de schématisation ne veut pas dire en effet, absence de classification : chaque grand type de civilisation sera présenté comme un système économique particulier, avec références à un certain nombre de faits précis qui justifieront notre prise de position. D'où des références et appels multipliés aux *fouilles archéologiques* des éminents égyptologues et autres érudits, aux *textes classiques* des écrivains gréco-romains de l'antiquité, à ceux des Egyptiens, Ethiopiens, Axoumites, Arabes et Tombouctins de l'époque, aux *datations* établies scientifiquement par radio-carbonne, et sans oublier pour autant que tout système économique est un complexe cohérent, issu de divers types de structures qui en commandent l'évolution.

Ces structures étant d'ordre historique, géographique, politique, démographique, technique, institutionnel, religieux, voire écologique, chacune d'elles peut évoluer à des rythmes différents. Le *manque de synchronisme,* comme l'a dit André Marschall (*Systèmes et structures économiques,* Paris 1963, pp. 565-597), qui surgit parfois entre elles provoque des changements — plus ou moins brutaux — pouvant modifier le système économique dans certains de ses traits fondamentaux, mais non pas nécessairement dans tous ses aspects.

A l'heure où les peuples d'Afrique et du Tiers-Monde luttent pour s'unir, pour mieux forger ensemble leur destin, une bonne connaissance du *passé économique* de ce vieux continent *oublié* ; une prise de conscience des liens anciens et nouveaux qui unissent les Africains entre eux et l'Afrique aux autres continents devraient faciliter, dans une grande mesure, la compréhension mutuelle entre tous les peuples de la planète, mais aussi permettre de faire connaître l'immense patrimoine économique et culturel de l'Afrique, qui est aussi celui de l'humanité toute entière.

Or donc, dans le domaine de l'enseignement qui est le nôtre, que constate-t-on à propos de l'histoire économique ancienne de l'Afrique noire ? Un silence glacial, un mépris culturel ! *sic* ; qu'ici nous qualifierons pudiquement *d'oubli* chez les économistes contemporains. Cette absence quasi-générale de l'économie préhistorique dans les programmes universitaires, néglige ainsi les progrès techniques essentiels des périodes préhistoriques et historiques qui ont marqué, d'une manière fondamentale, les débuts de la civilisation humaine.

Dans l'acception classique, l'histoire économique ne commence qu'après la civilisation gréco-romaine [1] ; tout au plus au ve siècle avant notre ère. Du coup, l'Afrique, pourtant *berceau de l'humanité,* est laissée pour compte. L'Egypte elle-même, pourtant pays africain, se voit *reléguer* à une portion congrue de l'histoire universelle, un appendice en somme. De temps à autre, surtout dans les parties introductives de certains manuels, on énonce timidement quelques vérités premières, d'ailleurs sans grande conviction, un peu pour plaire, surtout par *charité culturelle.* Mais une *vérité charitable* n'est pas une *charité véritable.* Ce que demandent l'Afrique et les Africains, ce n'est point une *« charité historique »,* mais c'est qu'on veuille simplement — à la lumière des connaissances scientifiques actuelles — reconnaître *cette vérité historique première* qui fait de *l'Afrique le berceau de la civilisation humaine*. Le premier homme (homo-sapiens) est né en Afrique. Le continent noir a joué un rôle éminent dans l'émancipation de l'humanité. La civilisation contemporaine toute entière en est l'héritière. L'argument *a silentio* qui fait dire que l'Afrique a été immobile depuis des millénaires n'est qu'un sophisme qui cache mal l'ignorance des changements intervenus. Il dénote des insuffisances dans l'étude historique du monde en général et de l'Afrique en particulier.

Reconstituer le passé de l'humanité depuis la préhistoire, même avec des fossiles animaux, des squelettes humains ou des momies millénaires, présente au moins l'intérêt que voici : les fossiles d'animaux aujourd'hui disparus, et si dépréciés par les *puristes* de l'histoire économique, permettent de dater sûrement les terrains, d'établir des cartes géologiques précises, de localiser les ressources minières, et ainsi de faciliter le travail des chercheurs. Au vrai, les dinosaures et les vertébrés mésozoïques préparent quotidiennement l'avenir de l'humanité !

Là n'est peut-être pas le seul intérêt, le second est d'ordre *culturel* et *didactique*. En effet, même si faire remonter l'histoire économique de l'humanité à 30 millions d'années avant Jésus-Christ ne servait à rien, il serait néanmoins indispensable pour tout homme conscient, de plonger dans le temps, pour reconstituer son passé. En fait, l'aspect culturel devient de plus en plus important pour l'humanité d'aujourd'hui. Nous éprouvons tous le besoin de rêver à notre passé, de connaître notre histoire. En confisquant, dès lors, une partie de l'histoire, nous pouvons mesurer l'ampleur du traumatisme imposé aux peuples du Tiers-Monde, matériellement les moins nantis, et spirituellement les plus spoliés de la terre. Et l'enseignement universitaire, pour qu'il soit digne de l'universalisme dont il se réclame, doit tenir compte de toutes les cultures, de toutes les civilisations, celles-là expliquant celles-ci.

Notre intention n'est pas de convaincre le lecteur de nos opinions, mais seulement de l'amener à bien poser le problème culturel en Afrique et ailleurs. Dans les pages qui suivent, il y a un esprit de dialogue et de fraternité : tel voudrait être notre message. Dans un souci de clarté, il conviendrait de définir certains concepts : *enseignement — culture — civilisation et profession*.

Dans un ouvrage resté célèbre : *liberté I*, p. 12, Léopold Sedar Senghor, un enseignant disait de *l'enseignement* qu'il « est l'ouvrier et comme l'instrument de la culture, il consiste, pour l'enfant, dans l'acquisition de l'expérience accumulée des générations antérieures, sous forme de concepts, d'idées, de méthodes et de techniques. L'ensemble des concepts et techniques d'un peuple donné à un moment donné de son histoire constitue sa *civilisation*. On appelle aussi de ce nom l'ensemble des civilisations successives d'un peuple ».

En somme, la culture, pour réaliser son projet, se sert de l'enseignement qui est l'étude des civilisations d'un peuple donné. Et si les programmes d'enseignement font une place de plus en plus grande à l'étude des faits économiques et sociaux, c'est que notre idée de l'homme s'est modifiée avec le grand développement des relations internationales, des sciences économiques et sociales. Mais, précisons-le bien, la fin de la culture n'est pas l'exercice d'une *profession* — soyez ingénieur ou avocat pour gagner votre vie — mais la profession, comme l'atteste l'homme de culture qu'est L.S. Senghor, « si elle peut être considérée comme un objectif de l'enseignement, n'en est qu'un *accessoire,* en tant du moins qu'elle n'est pas fonction sociale ; elle ne saurait être le but dernier de l'enseignement encore moins de la culture [3] ».

Les intellectuels ont donc mission de restaurer l'intérêt culturel, les *valeurs noires* dans leur vérité, d'éveiller leur peuple au goût des jeux de l'esprit, par quoi nous sommes hommes. Et l'histoire économique, qui exprime et illustre les valeurs matérielles et les civilisations à travers le temps, est un puissant facteur d'éveil. Force est donc de renouveler l'histoire économique de l'humanité qui ne commencera plus au ve siècle avant notre ère, avec la domination gréco-romaine, mais il y a 25 millions d'années en ce qui concerne l'Afrique.

La prise en charge de son histoire par l'élite africaine, lui permettrait d'explorer objectivement son passé. Mais, cette histoire économique doit chercher à travers les faits et les événements, à dégager les *forces multiples,* qui interfèrent dans l'évolution des communautés humaines. Elle doit pouvoir mettre en relief les liens communs : genres et moyens de vie, organisations sociales de tous genres, destin commun et luttes communes face aux envahisseurs ou aux cataclysmes naturels.

Une connaissance réelle de l'histoire économique et sociale depuis les origines montre que tous les peuples du monde, ont apporté leurs contributions — leurs pierres blanches — au patrimoine commun. En Afrique, des relations millénaires ont existé, entre les divers peuples. La réaffirmation de cette communauté ancienne de culture et de destin, de l'Egypte au Cap, de cette « race noire », métissée au demeurant d'Arabo-Berbères et de Khoïsans, peut servir de base, sinon à une *unité continentale* (Osagyefo Kwame N'Krumah), du moins à une *entente solidaire* des pays africains grâce à une commune volonté de vie commune (tendance houphouëtiste).

La tâche que nous nous sommes assignée, dans cet ouvrage, est de mettre à la disposition de nos étudiants, utilisateurs de ce traité, une information valable sur le passé africain, en leur donnant si possible, l'image de l'Afrique par elle-même, pour elle-même, en tentant toutefois, de nous placer le plus près possible de la vérité. Nous nous placerons simplement sur le plan des faits, en évitant ainsi d'apporter à cette histoire africaine une fausse dignité, et un lustre emprunté.

Il nous arrive de souligner, d'approfondir les connaissances sur certaines régions ou de mettre en valeur les relations de l'Afrique subsaharienne avec l'ancienne Egypte, l'Ethiopie ou la Nubie par exemple. Ce n'est pas pour permettre à l'Afrique noire d'en refléter la gloire. Cela ne semble point nécessaire, car les preuves parlent d'elles-mêmes. L'ancienneté et la qualité des liens que l'histoire a tissés entre l'Egypte pharaonique et le reste de l'Afrique sont très révélateurs ! Et nous disons que l'enseignement de l'histoire économique africaine, plus particulièrement celui de l'Afrique subsaharienne, doit intégrer l'antiquité égyptienne à la formation de la nouvelle génération parce que l'Egypte est un pays africain, que son histoire est intimement liée à celles des peuples africains qui en sont les héritiers [4].

Notre modeste contribution sera de tenter de récupérer l'histoire d'hier, pour mieux féconder le présent et préparer l'avenir. Les grands arbres — disent les Mandingues — mettent du temps pour atteindre le ciel, mais ce sont ceux-là qui ont les racines les mieux enfoncées dans la terre nourricière. Le progrès se construit en associant le passé à l'avenir, sans rupture ni déchirement, en prenant appui sur tout ce que l'histoire peut apporter de *forces spirituelles et matérielles, d'équilibre,* aux peuples qui savent la mettre en valeur en la respectant. En vérité, ce que nous avons pour affronter le futur, c'est notre expérience du passé, la connaissance de notre histoire !

Souvenons-nous-en ! souvenons-nous que :

il n'y a pas dans un peuple de patriotisme, il n'y a pas dans un peuple de nationalisme si l'on ne se souvient de ses luttes passées, de ses morts, de ses héros, de ses moments de malheur qui consolident et pérennisent les moments d'indépendance et de bonheur.

Il est temps, il est grand temps que revienne dans nos enseignements l'histoire totale de notre continent, témoin de nos luttes. C'est ainsi, et seulement ainsi, que nous engendrons des grandes nations ! De grands soldats pour les défendre !

Notes

1. Imbert, *op. cit.*, p. 5.

2. Le terme *enseignement* dérivé du bas latin *insignire* c'est-à-dire *faire connaître par un signe, une indication* et Corneille reprenant dans *Cinna* une des expressions de Pline le Jeune, Sénèque et Tacite, dira : « Et vous m'avez au crime enseigné le chemin ». Aussi le verbe *insignire* a fini par signifier, *inculquer, apprendre, exercer* et *habituer.* Aussi pourrait-on dire que la morale enseigne à modérer les passions, à cultiver les vertus, à réprimer les vices.

3. Senghor (L.S.), *op. cit.*, p. 12.

4. Il serait également possible d'introduire, dans les *facultés des sciences* et de *médecine,* l'histoire économique de l'Afrique noire, sous la forme de *l'histoire générale* des *sciences en Afrique noire,* incluant les *legs de l'Afrique,* dans le domaine des mathématiques, de l'architecture, de la biologie, des sciences naturelles et des plantes. En effet, *l'aliénation culturelle* est globale dans nos universités, et les enseignants de notre génération pécheront par défaut, si nous ne tentions pas d'introduire dans nos programmes dès la première année, l'histoire économique de l'Afrique noire, qui aura sur nos jeunes étudiants, un puissant pouvoir désaliénant.

PLAN DE L'OUVRAGE

Ce traité intitulé : *Histoire économique de l'Afrique noire, des origines à nos jours* comprendra plusieurs tomes.

Concernant le *premier tome,* il est divisé en deux *livres* ou *parties.* Après le titre introductif intitulé : « Etudes d'histoire économique » où nous passerons en revue, en les complétant toutefois, certains concepts anciens et nouveaux de l'économie historique, du néolithique à l'antiquité : du début de la préhistoire à la fin de l'antiquité africaine, soit de – 12 millions d'années avant Jésus-Christ à la naissance de Mahomet en + 622.

— Dans un *livre premier* ou une *première partie* : l'économie préhistorique de – 12 millions d'années à – 3 000 ans avant notre ère.

— Dans un *livre second* : l'économie historique ou antique dont la fin concorde avec la naissance du phénomène islamique (de – 3 000 ans avant notre ère à + 600 après Jèsus-Christ) ou le début de l'hégire.

— Dans un *troisième tome* enfin, nous traiterons des économies médiévales de l'Afrique du Nord et subsaharienne (de + 600 à 1 800) exactement le *4 février 1794,* date de l'abolition de la *traite négrière.*

— Dans le *quatrième tome* que nous annonçons, mais qui sera traité ultérieurement, nous nous proposons d'analyser les différentes transformations économiques des temps modernes, c'est-à-dire du début du XIXe siècle à l'an de grâce 1960, avec la reconquête de la liberté par les Etats africains de l'époque moderne. Mais, dira-t-on, pourquoi des *sous-titres* intégrant à la fois la culture, le développement, et le sous-développement ? C'est que les trois thèmes que voilà constituent, en fait, les variations cycliques de l'histoire économique africaine.

D'abord, berceau biologique et culturel du monde, l'Afrique était développée, parce que leader du développement primordial à l'aube de la conscience humaine. Puis sous-développée, elle le devint du fait des invasions étrangères et de dominations successives !

Néanmoins, pour ne pas surcharger à l'excès nos développements, nous avons centré notre exposé sur *l'évolution de l'Afrique noire en général*. C'est ainsi que les différentes périodes de l'histoire économique et sociale des Persans, Mésopotamiens, des Hellènes et Romains ne seront prises en considération qu'en fonction de leur influence sur l'Afrique. Il nous semble inutile au contraire de parler des économies asiatiques (Chine, Inde, etc.) qui certes ne manquent pas d'intérêt, mais ont peu de répercussions sur l'économie africaine, sauf cependant celle de Madagascar, que nous évoquerons au passage. De même l'économie des Amériques n'a été mentionnée qu'à travers la traite négrière des XVIe, XVIIe et XVIIIe siècles, qu'elle a suscitée ; car sans la découverte du Nouveau Monde, la traite négrière n'aurait pas atteint une telle proportion.

Avant de conclure, notons qu'en dépit des progrès rapides de la recherche sur l'histoire économique et culturelle de l'Afrique, il n'y a pas si longtemps, on n'était pas encore parvenu à dégager complètement les fondements des civilisations africaines. Souvent, les grands foyers sont saisis de façon isolée : empire de l'Ouest africain médiéval, cités-états de la zone forestière, chefferies et royaumes de la savane humide, structures hautement hiérarchisées de la région des grands lacs africains. Tout est plus ou moins épars, en désordre, sans liens apparents. Les travaux ethnographiques qui sont trop descriptifs, et souvent sans envergure, ont largement contribué à l'émergence de cette approche appauvrissante des réalités économiques et culturelles africaines.

En fait, les obstacles rencontrés sont avant tout d'ordre méthodologique ; depuis certains récents travaux pluridisciplinaires, on est maintenant arrivé à établir des faits consistants, à formuler des hypothèses originales. Les œuvres rupestres sont les mêmes de la vallée du Nil jusqu'au Sahara : elles révèlent un vieil ensemble néolithique jusque-là insoupçonné.

L'unité des langues négro-africaines est aujourd'hui reconnue. Le monde mandingue qui va du Sahel à la forêt ombrophile et le monde bantou qui va du Bar-el Ghazal aux rochers du Cap, de l'océan Atlantique à l'océan Indien, retrouvent leur solidarité et leur force.

La culture africaine renaît. Son unité profonde acceptée permet désormais de faire de sérieux travaux d'histoire économique et d'anthropologie sociale et la civilisation de l'ancienne Egypte fait partie intégrante de l'univers économique et culturel négro-africain.

Notre préoccupation sera finalement de communiquer aux étudiants des connaissances précises et limitées plutôt que de leur présenter un exposé détaillé qui n'aurait en réalité que peu d'effet.

NOTE

D'OÙ VIENT LE MOT AFRIQUE ?

Le mot AFRIQUE a une origine encore difficile à élucider. Il s'est imposé à partir des Romains sous la forme Africa, qui succédait au terme d'origine grecque ou égyptienne Libya, pays des Lebou ou Loubin de la Genèse. Après avoir désigné le littoral nord-africain, le mot Africa s'applique, dès la fin du Ier siècle avant notre ère, à l'ensemble du continent.

Mais quelle est l'origine première du nom ?

En commençant par les plus vraisemblables, on peut donner les versions suivantes :

- Le mot Afrique proviendrait du nom d'un peuple berbère situé au sud de Carthage : Afric. D'où Afriga ou Africa pour désigner le pays des Afrig.
- Une autre étymologie du mot Afrique est tirée de deux termes phéniciens dont l'un signifie épée, symbole de la fertilité de cette région, et l'autre *pharikia*, signifie pays des fruits.
- Le mot Africa serait dérivé du latin Aprica (ensoleillé) ou du grec Aprike (exempt de froid).
- Une autre origine pourrait être la racine phénicienne Fagara exprimant l'idée de séparation ; c'est-à-dire de diaspora. Signalons que cette racine se retrouve dans certaines lanques africaines : bambara, mandingue et dérivées, fara (séparer).
- En sanscrit et hindou, la racine Apara ou Africa désigne ce qui, au plan géographique, est situé *« après »*, c'est-à-dire l'Occident. L'Afrique, c'est le continent occidental.

• Une tradition historique reprise par Léon l'Africain dit qu'un chef *yéminite* nommé *Africus* aurait envahi l'Afrique du Nord au second millénaire avant notre ère et aurait fondé une ville appelée Afrikyah. Mais il est plus probable que le terme arabe Afriqyah, soit la translittération arabe du mot Africa.

• On a même avancé que Afer était un petit-fils d'Abraham et un compagnon d'Hercule !

INTRODUCTION

ETUDES D'HISTOIRE ÉCONOMIQUE

Généralement l'historiographie classique estime que sans *documents écrits*, il n'y a point d'histoire. Elle rejette par la même occasion, la *préhistoire* et avec elle toute l'évolution du *primate différencié qu'est l'homme* , parce que non consignée par des témoignages écrits. Entendue ainsi, l'histoire économique, l'histoire de l'homme tout court, ne commence qu'avec la Mésopotamie [7] et l'Egypte, il y a seulement 4 ou 5 000 ans avant notre ère, avec l'apparition des écritures hiéroglyphiques. Et pour certains peuples du monde, l'histoire n'aurait pas encore commencé !

Par ailleurs, la durée historique de l'homme depuis les Mésopotamiens (– 5 000 ans environ) est, à coup sûr, infime par rapport à son évolution préhistorique (– 2 500 000 ans environ) ; et de 25 à 35 millions d'années avant notre ère pour le genre *homo* : soit un rapport successif de 1 à 500, cas de la Mésopotamie et de 1 à 2 500 pour les hominiens. Si l'on ramène à 5 heures la durée de la pré-histoire, l'histoire n'aura duré qu'une seconde. Et encore !

En remontant aux *origines premières* de l'humanité, l'évolution apparaît comme un effort permanent des premiers hommes, pour s'arracher péniblement à la nature, dans le but de former une *communauté humaine* sous les différentes formes de groupes, de clans, de tribus et de familles tantôt s'agrégeant, tantôt se désagrégeant grâce à l'acquisition de techniques évolutives, appuyées sur des outils et des armes de fer de plus en plus complexes ; « dans des mariages ou des affrontements qui font résonner les premiers chants d'amour et les premiers cliquetis de l'histoire » dira le professeur Ki-Zerbo [8].

Or, ce qui frappe dans cette lente évolution vers *l'hominité,* c'est la permanence des communautés originelles issues de la préhistoire, jusqu'en plein XXᵉ siècle de notre ère. Et si nous faisons débuter le *mouvement historique* à compter de l'utilisation des objets en fer, qui a succédé à celle de la pierre polie, nous constatons que toute technologie, une fois acquise, se transmet en se perfectionnant sans cesse jusqu'à nous ; c'est ainsi qu'en Egypte, des techniques du néolithique se sont transmises et enrichies au prédynastique (– 3 500 à – 3 000 av. J.-C.), pour se maintenir jusqu'à l'époque historique. Dans certaines régions isolées, la préhistoire a dû se poursuivre jusqu'à l'an 1 000. Actuellement encore, les techniques de chasse et d'abattage des Pygmées d'Afrique centrale, ou de Papouasie encore isolés, ne sont pas substantiellement différentes de celles des préhistoriens, sauf en ce qui concerne l'utilisation des instruments métalliques de plus en plus perfectionnés. Cette réalité permanente donne aux sociétés du Tiers-Monde — plus particulièrement aux *sociétés africaines* — une *ligne de développement* et un mode de production qui méritent d'être pris en considération à travers les deux chapitres ci-après.

Chapitre I

CONCEPTS D'HISTOIRE ÉCONOMIQUE

L'histoire économique a pour objet l'étude des moyens par lesquels l'homme survient à ses besoins matériels. Quels biens, services, l'homme a-t-il à sa disposition ? Questions de moyens, de techniques de production, questions de ressources, questions d'organisation de cette production, questions de l'usage, de la répartition et de la circulation des biens ?

Autant de questions primordiales à résoudre, car liées intimement à l'histoire même de l'humanité, au développement de ses civilisations, de son économie, de ses croyances religieuses, de son art et de sa culture.

Partout où il y a *l'homme,* il y a *inventions,* il y a changements, il y a une problématique et une dynamique du progrès. Il y a nécessairement histoire au sens réel du terme ; pourtant il n'y a histoire que dans un cadre défini, pour une époque donnée, pour un pays déterminé. On peut néanmoins soutenir, sans risque de se tromper, que les faits essentiels sont ceux qui sont susceptibles de répétition. Et nous savons aussi que le *sens de l'histoire* n'a jamais une direction univoque, universelle, à laquelle l'esprit des hommes se soit unanimement rallié. Les conceptions à cet égard sont multiples, parce que hominité et invention sont synonymes.

En Occident, l'histoire économique, discipline relativement jeune puisqu'elle ne date que du XVIIIe siècle, évoque des faits concrets et des données précises à l'appui de leurs idées. Ce sont les économistes eux-mêmes qui, les premiers, ont fait de l'histoire économique ; ses précurseurs ne sont point, à notre sens, Voltaire et Montesquieu, mais plutôt Dupré de Saint-Maur, avec son *Essai sur les monnaies* (1746) et surtout Forbonnais, avec ses *Recherches et considérations sur les finances de la France* (1768). Mais c'est à partir de la première moitié du XIXe siècle que *l'économie politique* est devenue plus abstraite et plus dogmatique avec les classiques ; et au XXe siècle, elle utilise plus abondamment les outils mathématiques et statistiques. En face de ces efforts de systématisation des économistes, on doit constater, cependant, un certain retard des historiens de l'économie, au moment où précisément la science économique fait des progrès décisifs en tentant d'accrocher à une érudition scientifique. Quant aux économistes du Tiers-Monde, les sources d'inspiration sont polyvalentes : elles sont à la fois occidentales et africaines.

I — Les précurseurs du mouvement historique africain

Les conceptions historiques étant multiples, chaque civilisation a la sienne : *les Pères de l'Eglise* , les *rabbins* de Jérusalem, *les exégètes musulmans* ou les *bouddhistes* ont chacun leur conception de l'histoire ; Marx et les marxistes ont aussi les leurs. L'Afrique elle-même a produit des penseurs dont certains ont élaboré une vision profonde de la dynamique et de la destination du mouvement historique.

Même si les documents écrits sont moins nombreux que dans les autres continents, il n'en reste pas moins vrai qu'ils existent, même s'ils sont mal distribués par régions. Les sources écrites peuvent être classées dans les grandes catégories suivantes :

— sources antiques (égyptiennes, nubiennes et gréco-latines) ;
— sources européennes ou soviétiques (narratives ou d'archives) ;
— sources asiatiques ou américaines ;
— sources arabes ;
— sources africaines (axoumites, meroïtiques, éthiopiennes des IIe et IIIe siècles, tombouctines des XVe au XVIIe siècles).

Trois sources antiques nous concernant : gréco-romaines, arabes et africaines, sont ici les plus significatives, dans la mesure où elles tentent d'éclairer les plus grandes zones d'ombre de l'histoire africaine [9].

Les principaux historiographes africains-chrétiens ou musulmans, noirs ou arabes sont entre autres : Saint-Augustin (353-430) ; Ibn-Khaldūn (1332-1406) ; Mahmoud-Kati (1520... ?) ; Es Saadi (1627-1655) — puis nous avons Al Massoudi [10], Ibn Hawkal [11], Al Bakri [12], Al Idrissi [13], Aboul Feda [14], Al-Omari [15], Ibn Battouta [16], Al-Hassan (Jean Léon l'Africain) [17], l'Ethiopien Bahrey [18]. Enfin, les sources européennes antiques, notamment Hérodote (480-425) surnommé *le père de l'histoire* ; Strabon, Aristote, Ptolémée (vers + 150) qui ont visité certains pays africains. Et enfin le *Portulam* d'Abraham Cresque (le *Periplus maris Erythrae* du IIe siècle (+ 100) ou le *Cosmas indicopleuste* du VIe siècle (+ 647), mine inépuisable, complément des sources arabes, que le professeur Mauny a utilisé pour reconstituer son *tableau géographique de l'Ouest africain au Moyen-Age*). Il faut citer aussi les documents historiques du sultan Nyoya, en écriture bamoun [19].

1) Saint-Augustin et Ibn-Khaldūn

Saint-Augustin (353-430) est né à Carthage. Il a été évêque d'Hyppone et de Carthage. Il professe que du péché originel au jugement dernier, un axe irréversible existe, dressé dans l'ensemble par la volonté divine. Mais par ses actes, chaque homme se sauve ou se perd, et la cité terrestre n'est étudiée dans son passé que pour y détecter les signes annonciateurs de la Cité de Dieu.

Ibn-Khaldūn (1332-1406) [20] : si, généralement l'historien grec Hérodote est considéré comme le père de *l'histoire narrative* — simple narration des choses du passé — les historiens modernes considèrent à présent Ibn-Khaldūn, comme le fondateur de *l'histoire* en tant que *science,* parce que s'appuyant sur des preuves vérifiées par la raison. Il est aussi reconnu comme le *père de la sociologie,* cette science dérivée de l'histoire. Tout en reconnaissant à Allah un empire éminent sur les destins des hommes, Ibn-Khaldūn soutient néanmoins « qu'il faut s'en rapporter à la balance de son propre jugement, puisque toute vérité peut être conçue par l'intelligence ». Par ailleurs il ajoute que l'objet de l'histoire n'est pas seulement l'écume superficielle des événements. « Quel avantage y a-t-il à rapporter le nom des femmes d'un ancien souverain, l'inscription gravée sur son anneau ? »

Dans ses prolégomènes (introduction), il expose la nouvelle conception de l'Histoire : « L'histoire a pour véritable objet de nous faire comprendre l'état social de l'homme, c'est-à-dire la civilisation, de nous apprendre les phénomènes qui s'y attachent naturellement, à savoir la vie sauvage, l'adoucissement des mœurs... les divers genres de supériorités que les peuples obtiennent les uns sur les autres... » [20]. Il faudra attendre Auguste Comte et le XVIIIe siècle pour voir les historiens d'Occident abandonner l'histoire événementielle inspirée d'Hérodote, au profit d'une *Etude des faits de civilisation.* A présent tous les historiens modernes ou presque tous reconnaissent en Ibn-Khaldūn le père de la *conception moderne* de l'histoire et A. Toynbee dira :

> « Ibn-Khaldūn a conçu et formulé une philosophie de l'histoire qui est sans doute le plus grand travail qui ait jamais été créé par aucun esprit dans aucun temps et dans aucun pays. »

Son *Kitab-Al-Ibar* (1382) ou l'*Histoire des Berbères* s'est donné pour but de découvrir le mécanisme interne de l'évolution de la société berbère. Cet ouvrage est un modèle d'analyse de la vie d'une société. Ibn-Khaldūn a eu le mérite de saisir la situation de crise que traversait le Maghreb au XIVe siècle. En cherchant les causes profondes, il a pu dégager une conception originale de la société. Il fut le premier à saisir l'importance du Soudan, Bilad Al-Sūdan (pays des Noirs) dans la vie économique et politique du Maghreb. Il démontre que l'Etat qui arrive à contrôler les voies sahariennes s'assure la suprématie, car c'est par ces voies qu'affluait au Maghreb l'or du Soudan (Mali actuel).

Les villes comme Tlemcem, Fez, Tahert, étaient certes des capitales, mais aussi et surtout des *pôles économiques,* branchés sur les voies transsahariennes. En effet, les grandes dynasties (Almoravides, Almohades) ne se sont établies qu'en contrôlant les routes de l'or du pays des Noirs.

Les doctrines économiques du *mercantilisme,* du *commerce international* et de l'*interdépendance économique des nations* que nous formulons aujourd'hui avec évidence, nous les devons, en fait, à Ibn-Khaldūn. Dans l'*Histoire des Berbères,* il écrit :

> « Les commerçants qui ont l'habitude de faire des voyages jusqu'au pays des Noirs sont plus à l'aise et plus riches que les autres car les marchandises tirées du pays des Noirs sont très rares et très chères. Les individus qui font ce commerce gagnent pour cette raison beaucoup d'argent et amassent rapidement de grandes fortunes, ceux de notre pays (le Maghreb) qui commercent avec l'Orient s'enrichissent aussi très vite » [20].

Ou encore :

> « J'ai suivi un plan original, ayant imaginé une méthode nouvelle d'écrire l'histoire... En traitant de ce qui est relatif à la civilisation et à l'établissement des villes... De cette manière, je fais comprendre la cause des événements et savoir par quelle voie les fondateurs d'empires sont entrés dans la carrière. »
>
> Plus loin, le grand historien ajoute « les empires ainsi que les hommes ont leur vie propre... Ils grandissent, ils arrivent à l'âge de maturité, puis commencent à décliner ». Ici également il a fallu attendre le XXe siècle en Occident pour lire sous la plume d'un écrivain français célèbre : « Nous autres civilisations, savons que nous sommes mortelles... » La science historique lui est redevable de la méthode d'analyse.

En outre, par la force des choses Ibn-Khaldūn écrivit cent cinquante ans de l'histoire du Mali, alors à son apogée. Nous lui devons la liste complète des empereurs du Mandingue depuis le fondateur Soudiata Keita (1230-1250) qu'il appelle Mari-Djata, jusqu'à Maghan III, monté sur le trône de l'empire en 1390. Il a été le premier à parler des guerres qui opposent le Sossos et les Malinkés. Donc Ibn-Khaldūn, historien du Maghreb, est aussi historien du Soudan sur lequel ses informations sont très précieuses. Il a montré la complémentarité économique du Maghreb et du Soudan. Le Sahara en fait, n'a jamais constitué une barrière infranchissable, mais bien plutôt une *Méditerranée* intérieure dont les rivages, le Sahel, (El-Saheli), étaient jalonnés de villes marchandes dont Sidjilmassa, Tombouctou, Tekrour, Oualata, Tlemcen, Ouargla... Et qui contrôle les routes sahariennes, contrôlera l'économie de l'Afrique noire, et 600 ans après, un chef d'État africain célèbre, Félix Houphouët Boigny, dira lui aussi : « Qui contrôle l'économie de l'Afrique noire, contrôlera le monde ! Les évidences ne sont pas toujours évidentes [21] ».

En étudiant surtout les modes de production et de vie, les rapports sociaux, bref la civilisation (Al-Umrãn Al Bashari), il élabore, pour expliquer le processus de progression de l'histoire, une théorie dialectique opposant le rôle de l'esprit solidaire égalitariste (Asabiya) et la dictature du roi, respectivement dans les zones rurales ou pastorales (Al-Umran Al-Badawi) et dans les villes (Al-Umran Al-Hadari). Il y a ainsi un passage incessant et alterné du *dominium* de l'un à celui de l'autre forme de civilisation, sans que le rythme soit cyclique, car il se reproduit chaque fois à un niveau supérieur pour donner naissance à une sorte de progression en spirale. En soutenant que « les différences dans les usages et les institutions des divers peuples dépendent de la manière dont chacun d'eux pourvoit à sa subsistance », Ibn-Khaldūn formulait avec netteté et avec quelques siècles d'avance, l'une des propositions fondamentales du matérialisme historique de Karl Marx (1818-1883). Karl Marx, après avoir analysé avec la vigueur et la puissance de synthèse que l'on sait la loi d'évolution du monde occidental, s'est penché subsidiairement sur les modes de production exotiques. Il dégage en 1859 dans *Formen* le concept de *mode de production asiatique*, une des trois formes de communautés agraires *naturelles* fondées sur la propriété commune du sol.

2) De Mahmoud Kati à Es-Saa'di

Ces deux auteurs furent sans conteste les deux écrivains les plus connus de Tombouctou des XVe et XVIIIe siècles. Cette ville fut aussi le plus grand foyer intellectuel et religieux du Soudan occidental médiéval ; située à la charnière entre le monde noir et le monde arabo-médiéval, grand *emporiun* commercial à la porte du Sahel, Tombouctou fut le creuset d'une civilisation née de la confrontation du génie soudanais et de l'islam arabo-berbère. Elle brilla au XVIe siècle tant sur le plan commercial qu'intellectuel et religieux.

Mahmoud Kati (1493-1591) [22] : historien soninké de Tombouctou, il a étudié les institutions économiques, politiques et administratives sous le règne de l'Askia Mohamed, dont il fut le conseiller. Il donna des renseignements sur l'invasion marocaine. A partir de 1520, il compose le *Ta'rikh el Fattash* ou *Chronique du chercheur* qui sera remise à jour par un de ses parents vers 1600. Dans ses chroniques, il analyse les origines du pouvoir au Ghana antique (VIII au XIe siècle) ; l'organisation administrative et politique des empires mandingues à l'époque médiévale, qui ont adopté un système politique décentralisé. Il est le premier historien d'Afrique noire à nous parler de recensement et de démographie à Kano (Nigéria), Tombouctou et Gao.

Au XVIe siècle, parlant de dénombrement à Gao et Kano, il écrivait ceci :

> « Une contestation ayant surgi entre les gens de Gao et ceux de kano sur le point de savoir laquelle des deux villes était la plus peuplée, frémissant d'impatience, des jeunes gens de Tombouctou et quelques habitants de Gao intervinrent et, prenant du papier, de l'encre et des plumes, ils entrèrent dans la ville de Gao et se mirent à compter les pâtés de maisons en commençant par la première habitation à l'ouest de la ville et à les inscrire l'une après l'autre maison d'un tel, maison d'un tel — jusqu'à ce qu'ils fussent arrivés aux dernier bâtiment de la cité du côté de l'est. L'opération dura trois jours et l'on trouva 7 626 maisons, sans compter les huttes construites en pailles » [22].

Cette enquête démographique permet de dénombrer à Tombouctou une population de 100 000 habitants environs, qui avait son marché, son chef de police (Tombouctou *moundio*), son commissaire aux étrangers. Le budget de l'empire étant constitué par les impôts (dîmes sur les récoltes et le bétail), les tributs, les réquisitions de pépites d'or, les taxes douanières et les dépouilles de guerre.

Ahmed Baba [23] fut l'un des plus illustres lettrés musulmans de Tombouctou, dont une douzaine d'œuvres a été retrouvée parmi laquelle son fameux « *Dictionnaire des savants de rite malékite* » et son « *Traité des populations du Soudan occidental* » au début du XIVe siècle. De nombreux cadis issus de cette lignée exercèrent une énorme influence sur les hommes d'Etat du Songhaï. Ahmed Baba aurait écrit sept cents ouvrages et sa bibliothèque qui, d'après lui-même n'était pas la plus grande de Tombouctou, comptait 1 600 titres.

Dans les métropoles intellectuelles du Soudan médiéval, les universitaires étaient choyés. Par des lettres patentes, semblables aux Marhams des souverains du Kanem Bornou et dénommés Iqta à Tombouctou, l'Askia accordait des privilèges et des biens considérables aux marabouts et dignitaires : 1 700 esclaves à l'un ; 70 villages de culture à Mohamed Touré ; en effet, il lui avait concédé les droits sur la région qu'il pourrait parcourir à cheval, de l'aube au coucher du soleil.

Mahmoud, cadi de Tombouctou, inspirait, nous dit-on, une sorte de crainte révérencielle aux Askias et à leurs ministres. Ceux-ci lui rendaient souvent visite, il ne se levait pas pour eux, et ne tournait même pas la tête de leur côté. Les cadis dans les conseils du prince siégeaient à côté des généraux, ils n'hésitaient pas à accabler Sa Majesté de reproches violents :

> « As-tu oublié, lançait Mahmoud à l'Askia Mohamed, ou feins-tu d'oublier le jour où tu es venu me trouver chez moi et où tu m'as pris par le pied et par mes vêtements en me disant : je viens me placer sous ta protection et te confier ma personne pour que tu m'épargnes le feu de l'enfer. »

Ici l'indépendance et les franchises universitaires sombraient dans le cléricalisme, *parce que le savoir était honoré.*

Les cours avaient lieu toute la journée et parfois une partie de la nuit, avec des pauses pour les moments de prières. On comprend alors la déclaration admirative de Mahmoud Kati :

> « En ce temps-là, Tombouctou n'avait pas sa pareille parmi les villes du pays des Noirs pour la solidité des institutions, les libertés politiques, la pureté des mœurs, la sécurité des personnes et des biens, la clémence et la compassion envers les pauvres et les étrangers, la courtoisie à l'égard des étudiants et des hommes de sciences et l'assistance prêtée à ces derniers. »

Capitales politiques et foyers économiques puissants, ces villes soudanaises ont été incontestablement durant des siècles des métropoles d'érudition et de sciences islamiques rayonnant dans toutes les directions. Ces villes deviennent tout naturellement de hauts lieux d'études religieuses et de droit ; Djenné, Tombouctou, Oualata, Gao et Kano s'illustrèrent à cet égard :

> « Il y a dans Tombouctou, dit Léon l'Africain, de nombreux juges, docteurs et prêtres tous bien appointés par

le roi. Il honore grandement les lettres. On vend aussi beaucoup de livres manuscrits qui viennent de Berberie, on tire plus de bénéfices de cette vente que de tout le reste des marchandises » [24].

Ces villes, où existaient des universités, bénéficiaient du mécénat, de la déférence des princes et du commun du peuple. Les cadis étaient très riches, puissants et respectés.

Es-Saa'di (Abderhamane), d'origine maure, compose le *Ta'rikh al-sudan* ou *Chronique du pays des Noirs* vers 1655. *Mutandis-Mutatis*, nous pourrons comparer les tentatives des historiens et juriconsultes tombouctins, notamment les œuvres de Mahmoud-Kati à celles de Levasseur, *Histoire des classes ouvrières en France* (1867) qui font état de documents législatifs et administratifs. Quant aux œuvres de Es Saa'di et Ahmed Baba, on pourrait les comparer à celles de Fagniez : *L'économie sociale de la france sous Henri IV* (1897). Tout en faisant la part du culte des grands hommes, on doit constater chez les auteurs tombouctins un effort dans la discipline en se fondant sur une érudition certaine et une description objective des faits.

II — Les lois d'évolution économique du monde occidental

En Occident, entre le XVe siècle et la seconde moitié du XVIIIe siècle, l'intérêt porté à l'histoire économique était bien mince. Il a fallu attendre la révolution industrielle de la fin du XVIIIe siècle qui, au demeurant, n'a pas été une transformation brusque, mais une lente maturation commencée en Angleterre dès la fin du XVe siècle. C'est progressivement que certains économistes ont pris conscience, de manière précise, du passage irréversible d'une phase historique à une autre marquée par l'introduction du *machinisme*, et le passage de la production artisanale à celle des grandes usines. A cette époque, beaucoup de travaux de valeur virent le jour, notamment ceux de *l'école classique*, puis *néo-classique* de tendance déductive, appartenant au groupe des logiciens.

Certains auteurs classiques dont Adam Smith (1723-

1790), Ricardo (1772-1823), Jean-baptiste Say (1767-1832), Robert Malthus (1766-1836)... sont des théoriciens purs. Dans leurs exposés, ils s'efforcent d'édifier une science universelle, valable sous tous les cieux ; ils analysent les mécanismes, indépendamment des structures, qu'ils considèrent comme des données. Leurs théories s'érigent en système abstrait avec pour cadre celui du *capitalisme atomique*.

1) L'Ecole historique allemande

A l'opposé des économistes classiques, les *historistes* allemands appartiennent au courant empirique. Au lieu de construire des schémas, ils analysent des structures. Ils recherchent dans le cours de l'histoire les stades du développement économique. Ils se placent d'une manière dynamique dans leurs considérations sur l'évolution et la modification des structures. A l'absolutisme des classiques, ils substituent le relativisme, aussi bien dans la pratique que dans la théorie.

Dans la pratique, une législation économique uniforme ne saurait indifféremment s'appliquer à toutes les époques et à tous les pays. Elle doit s'adapter aux conditions changeantes ; et l'art de l'homme d'Etat consiste à plier les principes aux nécessités nouvelles, à inventer, pour de nouveaux problèmes, des solutions nouvelles. Toutefois, l'école historique attache beaucoup d'importance à la théorie économique, mais les lois économiques qu'elle formule sont d'une valeur toute relative.

L'un des tous premiers chef de file de cette école est Frédéric List (1789-1846), dans son *Système national d'économie politique* (1841), il pense et définit l'économie politique comme la

> « science qui, en tenant compte des intérêts actuels et de la situation particulière des nations, enseigne de quelle manière chaque nation peut s'élever au degré de culture économique, auquelle l'union avec d'autres nations civilisées, par suite de la liberté des échanges, lui sera possible et utile »[25].

Il a fondé les grandes phases du développement économique essentiellement sur les modifications intervenues dans la technique économique fondamentale. List distingue plusieurs de ces *degrés de culture* ou encore de ces types de structures économiques. Il établit entre eux un ordre nécessaire de successions historiques. Ce sont :

1) l'état sauvage ;
2) l'état pastoral ;
3) l'état agricole ;
4) l'état agricole manufacturier ;
5) l'état agricole manufacturier commercial.

Une nation n'est *normale* que si elle a atteint ce dernier stade qui est l'idéal qu'une nation doit poursuivre. List prétend que seul ce niveau permet de posséder une marine, de fonder des colonies pour soutenir son commerce extérieur et étendre son influence ; lui seul permet de nourrir une grande population, et par suite d'assurer le développement complet des arts et des sciences. L'indépendance et la puissance du pays sont « deux idées inséparables de celle de nationalité » [26].

En fait, List, comme Knies et Karl Bucher, appartient aux historiens des grandes phases économiques [27]. Pour eux les lois de la physique ou de la chimie auxquelles les classiques comparent volontiers les lois économiques se réalisent nécessairement partout et toujours ; il n'en est pas de même des lois économiques. Charles Knies a beaucoup insisté sur ce point :

> « De même que les conditions de la vie économique, dit-il, de même la théorie économique, quels que soient sa forme et son aspect, les arguments et les résultats qu'elle nous offre, est un produit du développement historique... Elle emprunte le fond de son argumentation à la vie historique et doit donner à ses résultats le caractère d'une solution historique, même les lois générales de l'économie ne sont autre chose qu'une explication historique et une manifestation progressive de la vérité. A chaque étape, elles apparaissent comme la génération des vérités connues jusqu'à un certain point de développement ; ni quant à leur somme, ni quant à leur formule, elles ne peuvent être considérées comme définitives » [28].

Depuis lors, les économistes ont abandonné l'idée d'un *homo oeconomicus* réagissant partout et en tout temps de la même manière. Ils ont également abandonné l'idée d'une *societas oeconomica* évoluant toujours selon un rythme uniforme.

Karl-Bucher [29], quant à lui, distingue les grandes périodes suivantes :

1) *L'économie primitive* pouvant être, soit une économie individuelle, soit une économie primitive de groupes ; à ce stade, l'homme utilise directement les produits naturels.

2) *L'économie de village* ou économie domestique fermée est la période où l'agriculture apparaît et le groupe se sédentarise.

3) *L'économie urbaine* favorise la division des travaux et le développement des échanges. C'est le *« Stadtwirtschaft »* dont l'exemple est la cité grecque.

4) *L'économie nationale* est marquée par l'autorité d'une ville sur plusieurs et l'apparition de l'idée de nation.

5) Enfin *l'économie internationale, l'économie mondiale.*

Toujours dans le sillage de l'école historique, deux tendances plus ambitieuses, celle de Rodbertus et celle de Hildelbrand [30] prétendent formuler des lois du développement économique, la loi des trois états : *Naturwirtschaft* (économie naturelle) ; *Geldwirtschaft* (économie monétaire) et *Kreditwirtschaft* (économie de crédit). Mais peu de travaux concrets confirment la validité de ces principes.

Par contre Rodbertus insiste surtout sur les unités économiques et la distance entre le producteur et le consommateur. Il aboutit aux grandes étapes suivantes : l'économie familiale fermée (Antiquité) ; économie urbaine (Moyen Age) ; économie mondiale (Epoque moderne).

En 1955, le professeur français, André Piettre [31], tente de rajeunir les méthodes anciennes en présentant une nouvelle systématisation historique. Plus subtil que ses prédécesseurs, il ne cherche pas à discerner les grandes phases de l'évolution en fonction des phénomènes économiques eux-mêmes, mais des tendances profondes à chaque civilisation, en prenant ses exemples dans la civilisation grecque, la civilisation romaine et la civilisation occidentale du Moyen Age à nos jours.

Dans chacune de ces civilisations, il étudie les *« trois âges de l'économie »*.

1) *L'économie subordonnée*, où les réalités économi-

ques sont inserrées dans un « réseau de prescriptions, de rites, de coutumes morales, familiales et sociales d'essence religieuse ». C'est le cas du Moyen Age, période de contrainte religieuse par excellence.

2 et 3) *L'âge de l'indépendance* libère des normes antérieures, émancipe de tous soucis moraux et politiques, mais l'individualisme, qui en est l'expression, s'exaspère ; la société réagit et cette réaction amène le troisième âge : celui de l'économie dirigée. Par exemple :

— le XVIe siècle est une période d'économie libérale et le XXe siècle une période d'économie dirigée.

L'avantage de cette périodisation du professeur Piettre est qu'elle met en lumière l'opposition constante entre la liberté qui engendre l'expansion, et la contrainte qui aboutit à une certaine récession. Faut-il alors bâtir l'histoire économique sur l'expansion ou la récession ? Ou encore faut-il lier l'économie à l'histoire des prix ? En phase d'expansion, les prix augmentent ; en phase de récession, les prix stagnent ; en phase de dépression, les prix baissent d'où des problèmes posés et les critiques ne manquent pas.

2) La critique des théoriciens des grandes phases économiques.

Dès le XIX, certains économistes et nombre d'historiens se sont élevés contre les méthodes employés par les deux écoles : celles de l'école classique et celle de l'école des grandes phases historiques (tendance germanique et française). Elles présentent toutes deux un point commun : la division de l'évolution de l'activité économique en phases ordonnées et quasi automatiques. Trois reproches leur sont adressés :

a) Toutes leurs classifications sont arbitraires, dans la mesure où elles se fondent sur un seul fait économique. La théorie de Rodbertus par exemple s'appuie sur la distance entre producteurs et consommateurs. Il est inutile d'insister sur ce point. Un seul fait ne saurait expliquer, ni résumer, la complexité de l'évolution économique générale.

b) Dans leur désir de simplification, les théoriciens de l'histoire économique ont souvent faussé la réalité historique. Ainsi, entre l'économie domestique fermée et l'économie urbaine de Charles Bücher, on ne distingue pas assez le passage. En outre, aucune société à notre connaissance, même pas les sociétés préhistoriques du néolithique n'a vraiment connu la phase d'économie *naturelle* au sens où l'entendait Hildebrand (l'économie fermée et sans échange). Aucune économie n'a été totalement *subordonnée* à des règles religieuses, ou à une indépendance totale, au sens où l'entend André Piettre dans ses *trois âges de l'économie*.

c) Enfin, l'idée de phases se succédant dans un ordre immuable et quasi automatique (cas des classiques) suppose une conception déterministe de l'histoire. En fait, les civilisations n'obéissent pas à des lois immuables et l'évolution économique d'une société ne se retrouve jamais avec les mêmes caractères dans une autre société. Chaque société humaine a un *caractère spécifique* qui la différencie des autres. Les sociétés africaines par exemple ont leurs caractères spécifiques qui les différencient des autres : la société africaine n'est pas, ne saurait être la société occidentale et vice versa ; il n'y a pas d'uniformisation obligée en la matière. D'ailleurs l'influence continue et irréversible du progrès technique depuis l'âge de la pierre ne s'oppose-t-elle pas à une schématisation cyclique de l'évolution économique ? En vérité, il n'y a pas de lois naturelles immuables en sciences sociales ; l'existence de celles-ci est inconciliable avec la liberté humaine. Il n'y a pas non plus une loi unique du développement historique disent les critiques, notamment les institutionnalistes.

3) Les institutionnalistes

Cette *école* se subdivise en deux ou plutôt trois tendances :

a) Les tenants de l'histoire *historisante* avec Sombart, Spiethoff, Veblen, François Perroux et Walter Eucken [32].

b) Ceux de la tendance *synthétique* avec Marshall et Maxweber [33] en Allemagne.

c) Nous ajouterons la tendance de *monographistes africains* ou tiers-mondistes, qui sera traité ultérieurement dans le chapitre deuxième.

A — Les institutionnalistes de la tendance historisante

Situés à la charnière entre les classiques et institutionnalistes, ils se distinguent par le fait qu'ils considèrent l'état d'une économie à un moment donné et procèdent à des études statiques. Sombart, par exemple, analyse le système économique qui se caractérise, selon lui, par trois traits : *l'esprit* (le mobile psychologique dominant d'un système), *la forme* (l'organisation de l'économie) et la *substance* (qui peut être une technique progressive ou rétrograde).

Cette distinction a été reprise par le professeur françois Perroux pour définir les systèmes. Ainsi pour le système capitaliste *l'esprit* est le profit, la concurrence et la rationalité.

La *forme* est la propriété privée, l'appropriation des moyens de production, la libre disposition du travailleur de sa force de production. La *substance* est dans le rôle de l'entrepreneur, l'Etat n'intervenant pas ou du moins très peu. La technique est progressive et la concentration est acceptée. A l'opposé se trouve le système collectiviste dont l'esprit réside dans la recherche de l'équité sociale, la répartition des produits n'est plus considérée comme une donnée. La forme est l'appropriation collective des moyens de production et la substance est dans le rôle de l'Etat qui recherche une technicité progressive.

B — La tendance synthétique : André Marshall

Selon André Marshall [34], tout système économique est un complexe cohérent issu de divers types de structures qui en commandent l'évolution. Ces structures sont d'ordre géographique, politique, démographique, technique, institutionnel, religieux et chacune d'entre elles peut évoluer à des rythmes différents. Le manque de synchronisme qui surgit parfois entre elles provoque des changements plus ou moins brutaux, modifiant ainsi le système économique dans certains de ses traits fondamentaux, mais non pas nécessairement dans tous les aspects. Selon que l'historien insiste sur tel ou tel changement de structures, il découpe différemment les phases historiques de l'évolution économique. L'essentiel est que soient signalés ces changements, que soient clairement notées les forces montantes qui entraînent événements politiques, progrès techniques, transformations religieuses, etc...

André Marshall adopte plutôt une orientation synthétique. Il essaie de lier la tendance déductive et empirique. Cette conciliation a été rendue nécessaire par suite des changements dans les structures, à l'intérieur des systèmes et à l'échelle internationale. Dans un monde où les pays du Tiers-Monde tiennent une place de plus en plus remarquée de par leurs ressources agricoles et leurs potentiels miniers, Marshall voudrait tenir compte de l'évolution économique moderne, non plus européo-centrique mais de plus en plus polycentrique, et adapter en conséquence les théories aux réalités économiques et sociales du monde contemporain.

Notes

6. D'après *Histoire générale de l'Afrique* (UNESCO), Tome I, introduction générale par Joseph Kizerbo, directeur du volume, p. 21, 1980.

7. La Mésopotamie est le terme générique que nous utiliserons pour désigner les populations qui ont vécu sur les terres fertiles entre le Tigre et l'Euphrate et qui ont connu une évolution politique assez mouvementée : cités-états d'abord puis empires plus ou moins vastes, débordant souvent le cadre géographique originel dont le plus prestigieux est celui de la 1re dynastie babylonienne, à laquelle appartient Hammurabi (– 1728 à – 1686 avant notre ère).

8. Ki-Zerbo J., 1980, in *Histoire générale de l'Afrique*, tome I, UNESCO, Paris, p. 780.

9. Il faut y ajouter d'autres sources que nous évoquerons ultérieurement : il s'agit notamment de la *chronologie*, la *tradition orale*, l'*archéologie*, la *linguistique*, l'*ethnologie*, l'*anthropologie* culturelle.

Dans la tradition des Noirs d'Afrique, le problème de *source orale* est très important, mais là encore, il faut agir avec prudence. Il faut au maximum recouper les témoignages recueillis, avec si possible, des documents écrits. Mieux encore, l'examen des oralistes d'autres régions permet bien souvent de réajuster en permanence sa propre méthode. Par exemple, dans la recherche sur le souvenir et la mémoire des historiens oralistes mandingues du Moyen-Age, au travers des victoires des princes (Soundiata notamment), nous pouvons dire que plus on avance dans le temps, plus la mémoire est réappropriée par l'ensemble du groupe mandingue. Les *leaders* par exemple, sont de moins en moins présents dans les récits. On passe d'une mémoire militaire, à une mémoire plus sociale, plus diffuse.

10. Al-Massoudi né à Bagdad, mort en 956 environ. Il fut un infatigable voyageur, doué d'une curiosité dévorante qui le mena jusqu'en Iran, Inde, en Chine, en Indonésie... Il consigne le bilan de ses observations dans le livre des *Prairies d'or et des mines de pierres précieuses* où des chapitres sont consacrés à l'Afrique orientale.

11. Ibn-Hawkal : écrivain, originaire de Bagdad, auteur du livre *Des voies et des provinces* (976), trad. M.G. Slane, 1842.

12 Al-Bakri (Abou-Obeid) (1040-1094) : né à Cordoue, auteur du livre intitulé *Les voies et les royaumes — Kitab Al Masâlik Wa'l Mamalik* où se trouve le chapitre sur la description de l'Afrique septentrionale avec référence au *Royaume de Ghana,* trad. M.G. de Slane, Paris, 1859.

13. Al-Idrissi (1099-1164) : géographe et voyageur arabe né à Ceuta, étudiant à Cordoue, bénéficia du mécénat de Roger de Sicile pour lequel il effectua des travaux géographiques. On lui doit une description de l'Afrique et de l'Espagne.

14. *Aboul Feda* (Abu-Alfida) (1273-1331), érudit, né à Damas — compose en 1321 son *Takouyn Al Bouldan* (géographie) qui constitue en partie une compilation et contient des chapitres sur le pays des Noirs (Soudan), trad. Reinaud, *Géographie d'Aboulfeda* — Paris, 1848, imprimerie nationale, 2 volumes.

15. Alomari (Ibn Fald Allah) (1301-1349), originaire de Damas, érudit, secrétaire particulier à la cour des sultans du Caire et de Damas. Auteur d'une encyclopédie intitulée *Masalik-Al-Absar Fi-Mamalik-El-Amsar* ; itinéraire des regards à travers les royaumes du monde civilisé. Il y traite du *Mali médiéval,* trad. Gaudefroy Demonbynes, Paris, P. Geuthner, 1927.

16. Ibn-Battouta (1304-1377) né à Tanger, grand voyageur, il parcourut le monde du Maghreb à la Chine *via* Zanzibar et le Moyen Orient, puis le Soudan où il fut l'hôte de l'empereur du Mali dans sa capitale ; *Voyage dans le pays des Noirs,* trad. M.G. de Slane, 1843 ; coll. *Hist.* n° 9, université de Dakar, 1966.

17. Al-Hasan (dit Jean-Léon l'Africain) (1483-1554) né à Grenade, fait ses études à Fès, traverse le Soudan de part en part vers 1507. Il séjourne en Egypte et à la Mecque. Capturé par un pirate sicilien, il est offert au pape Léon X, qui le convertit et le baptisa dans la basilique de Saint-Pierre sous le nom de Johannes Léon de Médicis. Devenu professeur à l'université de Bologne, il finit par quitter l'Italie et, rentré en Tunisie, il se reconvertit à l'islam. Son œuvre maîtresse qui inspirera les Européens jusqu'au XIXe siècle est la description de l'Afrique et des choses notables qui s'y trouvent. Rome, 1526, trad. par Epaulard.

18. Bahrey (Ethiopien), il rédigea au XVIe siècle une *Histoire de Galla,* qui pose la problématique sociologique, et fixe certaines traditions orales. Par réalisme ou par goût, il témoigne d'un entretien attentif avec le passé. Ses œuvres sont écrites en guèze puis en amharique datant de 2 000 ans. Il faut y ajouter l'*Histoire des guerres* d'Amda-Syon.

19. Sur les Ecritures d'origine africaine, voir G. D'Albey, 1970, *Languages and history in africa,* Londres, éd. Frank.

20. Ibn-Khaldûn, né à Tunis, tour à tour secrétaire, chef de chancellerie, ministre recruteur de mercenaires, prisonnier, ambassadeur, grand cadi, courtisan, écrivain etc... Il parcourt en tous sens l'Afrique du Nord, de Tunis à Fès et de Bougie à Tlemcen, au Caire ; des séjours à Séville et Grenade. Il écrit *La muggaddima* (Les prolégomènes) ; l'*Histoire universelle,* Kitab-Al Ibar 1382 ; l'*Histoire des Berbères,* trad. M.G. Slane, 3 vol., coll. UNESCO, n° 12, p. 105, vol. 2.

21. Lénine prédisait aussi, concernant la position-clé de l'Afrique « le chemin vers l'Europe passe par l'Afrique ».

22. Mahmoud Kati, *Ta'rikh El Fattash,* trad. de Slane, p. 262.

23. Ahmed Baba naquit le 26 octobre 1556 à Araouane, à dix jours de marche au nord de Tombouctou sur la route du Touat. Ses principaux

maîtres furent son frère et son oncle, mais surtout Mohamed « Maghyou » (Bagayoko), un Mandé qu'il appelle lui-même son cheik. Avec lui, pendant dix ans, il étudie dans une série de livres, couvrant tout le champ des études islamiques de l'époque : langue arabe, rhétorique, sources de la loi, jurisprudence (fiqh), exégèse coranique (Tafsir). Les plus importants de ces livres furent repris jusqu'à huit fois.

Il obtient aussi la licence d'enseignement (IJAZA) et commença aussitôt des recherches personnelles et des essais que son maître jugea dignes d'incorporer dans son propre cours. Réf. J.D. Hunwick, *« Ahmed Baba and the marrocan invasion of the sudan », Journal of African history.*

Aux Ta'rikh de Tombouctou, Ta'rikh al-Sūdan et Ta'rikh el-Fattash s'ajoutent d'autres ouvrages anciens écrits en arabe par des africains, tels que ceux qui sont connus sous les noms de *Chronique de Kano* ou *Chronique de kilwa* — traduction H.R. Palmer 1928, vol. 3, pp. 92-132 et GSP. Freeman-Greenville, 1962 pp. 34-49. Ces deux chroniques nous livrent seulement les notations directes par écrit de traditions transmises oralement. Quant à la *Chronique de Gonja* (Kitab al Ghunja) produite au Ghana actuel au XVIIIe siècle, elle fut trouvée par Nehemin Levistzion, en 1968.

24. Jean-Léon l'Africain, *Description de l'Afrique* , trad. Epaulard (1956), pp. 468-469, 1526.

25. List F., trad. Richelot, p. 233, 1841.

26. *Op. cit.*, p. 292. Nous retrouvons déjà l'idée de la puissance nationale chez les classiques. Adam Smith disait : « La richesse, et dans la mesure où la puissance dépend de la richesse, la puissance de chaque pays, doit toujours être proportionnelle à la valeur de son produit annuel... Or le grand projet de l'économie politique de chaque pays est d'accroître la richesse et la puissance de ce pays ». Livre II, ch. V, Ed. Cannan.

27. Les divers représentants de l'Ecole historiste sont : Schmoller, Brentano, Held Sombart Karl Bucher.

28. Réf. ch. Gide et Rist in *Histoire des doctrines économiques,* éd. Sirey, 7e éd., 1959, p. 450.

29. Karl Bucher, *Die Enstehung der Wolks Wirtschaft,* 3e éd., p. 108, trad. fr. par Hansay, 1901.

30. Hildebrand, *Jahrbücher für national oekonomie,* vol. II, pp. 1-24.

31. André Pettre, *Les trois âges de l'économie,* 1955, Ed. N.F., Paris, 1955.

32. Sombart, *Der modern Kapitalismus,* tome I, Leipzig, 1902, p. 5. *L'apogée du capitalisme*, 1929.

Walter Eucken, *Grundam der national Eokonomie,* trad. fr., *Les fondements de l'économie nationale.* Perroux (F) *Economie et société,* Paris P.U.F., 1960.

33. Les écrits de Maxweber, « Die protestantische Ethik ind der Geist des Kapitalismus », *Archiv für Sozialwissenschaft und Sozialpolitik,* 1904-1905, tomes XX. XI, et de R.H. Tawney, *Religion and the rise of capitalism,* New-York, 1947 sur l'incidence de la réforme sur le développement du capitalisme. S.D. Clark de son côté, a soutenu que la relative infériorité économique du Canada par rapport aux Etats-Unis doit être attribuée à l'attention excessive prêtée par les Canadiens aux questions religieuses, et au fait que le grand nombre des sectes religieuses qui les divisent se sont opposées à la formation d'une

Ethiopie commerciale saine, « The religious factor incanadian Economie dévelopment », *Journal of economic History,* 1947, supplément du n° 7. Plus récemment, F. Gabrielli a montré combien fut grand le lien entre la religion musulmane et la civilisation politique des pays arabes et par la suite, entre elle et l'économie de ces pays, *The Arabs,* New-York, Hawthorn Books, 1963.

34. *Système et structures économiques,* Paris 1963, pp. 565 à 597.

Chapitre II

LIGNES D'ÉVOLUTION CARACTÉRISTIQUES DE L'HISTOIRE ÉCONOMIQUE AFRICAINE

Ecrire l'histoire économique des sociétés africaines, c'est d'abord reconnaître les lignes d'évolution caractéristiques, les mouvements profonds, c'est donc rompre avec le réemploi naturel des catégories et modèles reçus, tout comme avec les modèles des ethnologues et autres anthropologues antiquaires. Pour mieux circonscrire l'histoire économique ancienne de ces peuples, force est d'utiliser certaines assises documentaires propres, notamment toute cette production écrite et africaine, découverte ou réexaminée depuis une trentaine d'années. Même si elle en fait un secteur particulier de la recherche, il n'en débouche pas moins sur une histoire économique et sociale de cette partie du monde. En procédant ici à une analyse à rebours momentanée de *l'époque moderne à la préhistoire,* nous étudierons successivement :

I — Les origines des idéologies africaines de type moderne ;

II — Les idéologies dominantes et théories des modes de production en Afrique noire ;

III — Marx, les marxistes et le mode de production africain ;

IV — Les nouveaux concepts sur les périodisations de l'histoire économique de l'Afrique antique et médiévale.

I — Les origines des idéologies africaines modernes

1) Apports des écrivains et intellectuels anglophones du XIXe siècle

Dès la première moitié du XIXe siècle, l'européanisation du monde par colonisation a provoqué des réactions idéologiques multiples. Plusieurs régions de l'Afrique noire, notamment la partie anglophone dont le Nigéria méridional, le Gold Coast, le Libéria et la Sierra Leone, furent très tôt les lieux privilégiés d'un *combat intellectuel* d'un type nouveau, s'exprimant par des écrits en langues européennes, essentiellement en anglais, préfigurant par leur contenu et leur caractère les développements nationalistes et panafricanistes issus de la domination coloniale. Leurs publications sont à l'origine du combat des économistes africains de la seconde moitié du XXe siècle pour le rétablissement d'un nouvel ordre économique mondial.

Quelques données majeures permettront de situer l'activité de cette *élite anglophone* instruite en Occident. Trois mouvements en apparence contradictoires vont marquer cette intelligentsia noire [1] :

— une vigoureuse implantation missionnaire, surtout protestante au Nigéria, à partir de 1840 [2] ;

— l'abolition de la traite négrière et le retour des Etats-Unis d'Amérique d'une fraction de la diaspora noire, au Libéria et en Sierra Leone [3].

L'existence de colonies de peuplement, restreintes et séparatistes, mais lieux privilégiés d'acculturation, où Blancs, Métis, Noirs africains et indiens exercent côte à côte des activités économiques, politiques, intellectuelles (cas de l'Afrique du Sud, Kenya et Algérie pour les francophones) [4].

Tirant les conclusions de ces paradoxes, l'intelligentsia de cette première moitié du XIXe siècle devient de plus en plus vigoureuse dans le ton, le contenu et la variété de ses revendications. En Gold Coast (Ghana) par exemple, deux juristes, précurseurs importants dans le mouvement nationaliste, décrivent et commentent les institutions africaines coloniales dont ils montrent la valeur fonctionnelle négative : il s'agit de J.-M. Sarbaa dans « *Gold Coast customary law* » (1897) et C. Hayford dans « *Fanti National Institu-*

tions » (1903). L'histoire mondiale nourrit une part importante des publications de cette intelligentsia cultivée et ambitionnant de servir comme valeur d'illustration culturelle [5].

Edward-W. Blyden [6] est sans doute le plus fécond de tous ces auteurs. Né aux Indes occidentales en 1832, immigré aux Etats-Unis, arrivé au Libéria en 1850, il est de culture très vaste : tout à tour universitaire, homme politique et administrateur au Libéria, Sierra Leone, Nigéria, diplomate, conférencier, journaliste, grand voyageur. Son idée majeure : *ramener l'élite noire à l'affirmation et à la défense de la race noire.*

Pour ce faire, il adhère à la vision d'un monde divisé en races différentes mais égales en dignité, dont l'interaction doit faire l'histoire universelle selon le plan divin. Pour E.-W. Blyden, métissage et cohabitation sont inopportuns ; les Africains de l'intérieur sont restés plus purs que ceux des régions côtières, remaniés par les Européens, et le retour des Noirs d'Amérique en Afrique, leur continent, est souhaitable. Il faut défendre l'intérieur de la race noire en la préservant des influences dénaturantes parmi lesquelles l'ecclésiastique Blyden compte le *christianisme.* Cette religion est tellement accaparée par les Blancs en cette période coloniale, qu'il est plus ou moins désespéré que sa vérité profonde réapparaisse un jour aux Noirs. En revanche, en assurant le développement de ses propres forces spirituelles par la religion, par l'éducation, par l'histoire, l'Africain pourra se retrouver surtout en cultivant les deux facteurs d'intégrité d'essence africaine : *paganisme* [7] et *islam.* Blyden a connu l'islam en Orient et dans l'arrière-pays de la Guinée (française) ; il a été frappé par l'unité de cette religion, son respect des races et par le contraste entre la mise en tutelle des Noirs soumis aux missions chrétiennes sur la côte Atlantique. Il a été également frappé par l'initiative et les réalisations des habitants du Soudan occidental, musulmans sous tutelle française.

Blyden a longtemps médité sur la mise en place d'un système nouveau d'éducation ne s'arrêtant pas seulement aux aspects matériels de la vie mais qui, dans son ouverture extérieure aux niveaux supérieurs de la connaissance, doit privilégier les auteurs anciens arabes, gréco-latins, égyptiens et tombouctins aux auteurs européens du XXe siècle. Toujours pour les mêmes raisons, il a vu dans l'ignorance et le mépris du passé africain par les Européens, un élément de démoralisation et d'aliénation globale. La restauration qu'il vise doit aussi s'appuyer sur la recherche historique désaliénante.

Blyden, ayant travaillé comme fonctionnaire, sous les autorités anglaises, distingue entre autres, un *impérialisme* exploiteur, méprisant et sans principe, qu'il condamne et qui ne peut mener qu'à la révolte, des *contacts régénérateurs* avec l'étranger, fondés sur le respect et la réciprocité. Au total, la puissance et la vigueur de W.-E. Blyden apparaissent surtout dans sa défense et son illustration de la race noire, face au courant péjoratif et anti-nègre diffus dans le monde blanc, à l'écoute duquel il se tenait dans le but de le faire sentir aux *évolués* de l'Afrique occidentale qu'il voudrait sensibiliser à l'obtention de leur propre gouvernement *self-government*, tout en affirmant leur affinité avec tous les Noirs d'Afrique et du monde.

Ainsi, plus que tout autre, E.-W. Blyden a exhumé avec force et réalisme tous les problèmes passés et présents du monde noir et qui ont pour noms : mépris de la culture indigène, acculturation, recherche d'unité. Il est le premier écrivain noir *à avoir perçu l'union entre tous les Noirs*. Son combat, à la fois politique, culturel et moral, doit aboutir à la réhabilitation de la race noire. Il a été le précurseur de bien des thèmes et la source première de l'idéologie nationaliste africaine de la seconde moitié du XXe siècle. Déjà, à son époque, il avait suggéré, la création d'associations africaines. L'*African Association* créée en 1827, deviendra la *Pan African Association* à la Conférence panafricaine de Londres en 1900, réunissant Africains, Noirs des Indes occidentales et des Etats-Unis. Il a ouvert la voie à la production idéologique contemporaine, qu'elle soit antillaise ou africaine de langue française, qui se cherchait dans les années 30.

Un autre champion du panafricanisme fut W.-E.-B. Dubois [7bis] (1868-1963) fils du Massachussets (Etats-Unis). Il prédit en 1900 à Londres que la grande question du XXe siècle serait la victoire sur le colonialisme. Dubois ne percevait pas la condition du Noir américain comme un problème isolé. Pour lui, au contraire, il existait un lien fondamental entre la condition des Noirs du monde entier. Ce lien était le *colonialisme*.

En février 1919, avec l'appui du député sénégalais

Blaise Diagne, Dubois organisa le premier congrès panafricain à Paris. Le but du congrès était de faire pression sur le congrès réuni à Versailles après la Première Guerre mondiale pour obtenir que l'Afrique soit représentée à la ligue des Nations, et que les anciennes colonies allemandes accèdent à l'indépendance.

A partir de 1947, les auteurs qui gravitent à Paris autour de la revue *Présence Africaine* ont tous été plus ou moins ses disciples : Alioune Diop, Léopold Sédar Senghor, Aimé Cesaire, Gotron Damas, Jacques Rabemanajara... montrent l'engagement de l'homme de culture [8], le refus d'une opération culturelle et l'angoisse d'un partage entre deux mondes (Frantz Fanon), la recherche des sources et de l'authenticité, une volonté de restauration de la personnalité africaine (Dr Osagyefo Kwame N'Krumah, Patrice Lulumba, Mobutu Sese Seko), libération politique, libération économique et culturelle (programme du rassemblement démocratique africain (RDA) du Dr Félix Houphouët Boigny [9]. Tous ces documents d'après-guerre sont conçus comme nécessairement liés, mais les moyens et les contenus culturels y sont plus richement développés. L'enracinement de l'histoire avec l'ensemble du passé nègre par la recherche d'une civilisation négro-africaine (Cheick Anta Diop), la conscientisation d'une solidarité pour le développement à large échelle (l'intégration se fait jour chez les économistes universitaires de Dakar et d'Abidjan, partisans des intégrations économiques) ; celle de tout le continent et de tous les Noirs d'Afrique et d'Amérique (W.-E.-B. Dubois, Ali Duse [10] et Marcus Garvey — *Le maître du Dr Kwame N'Krumah).*

Voilà exhumés les fondements des idéologies économiques, politiques et culturelles des pays sous-développés africains, et qui s'égrènent comme suit : indépendance, unité africaine, socialisme ou capitalisme adapté, parti unique, démocratie et inégration économique, neutralisme, renaissance économique et sous-développement si chers aux économistes tiers-mondistes de la seconde moitié du XXe siècle.

2) Histoire économique du développement du sous-développement en Afrique noire

L'histoire économique récente a pour ambition de

dresser le bilan des stratégies mises en œuvre par les Etats africains et d'en tracer les perspectives à moyen et long termes. Les études et programmes de type monographique — État par État — ont pris pour axe principal l'analyse des évolutions économiques en cours : l'Etat et les paysans en Afrique ; les rapports entre l'agriculture et l'accumulation ; les problèmes de subsistance et d'auto-subsistance ; l'Etat ; l'industrialisation et les ressources minières ; les idéologies, la construction nationale ou transnationalisation ; les conflits entre les exigences de la construction de l'Etat national et les tendances à la transnationalisation en sont les principaux thèmes.

Dans le cadre de ces hypothèses de travail et sur la base d'une réflexion sur les leçons de l'histoire économique mondiale, les économistes africains envisagent les différentes perspectives qui s'offrent au Tiers-Monde en général. Ils espèrent ainsi éclairer davantage les options politiques qui sont au cœur des débats et des réflexions contemporaines appelées par la crise alimentaire, la crise de l'agriculture, la crise industrielle et la crise du développement reconnues ; plus généralement *la crise de civilisation*.

Ce que les économistes africains reprochent aux investisseurs étrangers des deux bords : capitalistes ou socialistes, c'est avant tout un système quasi similaire de mise en valeur orientée vers, par et pour les métropoles. Ici, l'opposition doctrinale apparaît irréductible.

Pour les tenants de *l'économie libérale* [11], les exigences de la rationalité économique voudraient que, logiquement, les flux de capitaux fussent orientés des pays mieux pourvus vers les pays les moins dotés, et il est normal, disent-ils, que le facteur principal de cette attirance dans les Etats relativement moins pourvus soit le profit tiré des rendements maxima. Or, précisément, répondent les économistes du Tiers-Monde, les taux de profit jugés exorbitants réalisés par les entrepreneurs capitalistes ou encore socialistes dans le Tiers-Monde rendent intolérables aux Africains le sentiment de leur dépendance : les investissements effectués ayant davantage pour objet de bénéficier aux pays industrialisés de l'hémisphère Nord ; d'où le concept de l'échange inégal lié à la notion du reflux des profits, moyen privilégié de prolonger l'influence étrangère, en ôtant à l'indépendance toute signification [12].

On doit aux économistes de l'Afrique de l'Ouest, que

nous désignerons sous le terme générique du *groupe de Dakar,* notamment au professeur Samir Amin [13], l'hommage d'avoir prévu *les blocages successifs en Afrique de l'Ouest,* le phénomène de l'échange inégal entraînant inéluctablement une « croissance sans développement », c'est-à-dire une croissance impulsée de l'extérieur, sans qu'il soit possible d'envisager un passage ultérieur assuré au développement national autocentré. Estimant le total des transferts à 40 % du produit national brut, le professeur Samir Amin démontre avec l'exemple de la Côte d'Ivoire d'aujourd'hui que :

> « Il n'est pas exagéré de dire que tout le surplus engendré en Côte d'Ivoire et au-delà est transféré vers les centres du capitalisme mondial. On est donc loin du *décollage* primitivement annoncé, précisément pour 1970 ».

La réflexion sur l'Etat en Afrique dans sa constitution interne et dans ses rapports externes a été étudiée par les économistes et historiens des universités africaines. Il est, en effet, apparu que l'Etat constitue le pivot central de la question du développement dans son ensemble. L'Afrique, dont les Etats sont encore jeunes et fragiles, est confrontée au dilemme tragique que représente le conflit entre les exigences d'une construction nationale, condition même d'un développement, et les tendances puissantes dans le monde contemporain à la transnationalisation de l'économie, de l'idéologie, de la vie culturelle et de la politique.

Faut-il trancher par un repli autarcique ? Faut-il au contraire se soumettre intégralement aux exigences de la transnationalisation ou mondialisation à l'œuvre ? Faut-il tenter de concilier ces exigences contradictoires et comment ? Telles sont les questions fondamentales auxquelles les économistes africains sont aujourd'hui confrontés ; deux ou même trois tendances s'affrontent :

— celle des tenants d'un *capitalisme rénové* ou réorienté, adapté aux problèmes du sous-développement. Ce néo-capitalisme se place dans la lignée des économistes néo-libéraux ;

— celle des partisans des *intégrations économiques* pour l'Afrique s'appuyant pour ce faire, sur les concepts d'union, de supranationalité et de volonté de puissance ;

— celle enfin, des *socialistes africains,* optant pour un taux de croissance modéré, sans heurt, par le système existant. Mais comment passer d'un monde qui fut celui de la domination des puissances industrielles du centre, à un monde polycentrique ? Ces économistes faisant appel à Marx espèrent un progrès réel de la conceptualisation par la critique marxiste des systèmes.

II — Idéologies dominantes et théories des modes de production en Afrique noire

Selon les tenants de l'échange inégal d'obéissance socialiste, le libéralisme paralyse, à n'en pas douter, le développement économique interne. Au mieux, l'essor se fait au profit d'une bourgeoisie *compradore* locale très restreinte de la « périphérie ». Formée à l'image de ses anciens maîtres, cette *lumpen-bourgeoisie* continue d'utiliser les techniques de la traite coloniale dont la spéculation est orientée vers le « centre », contribuant ainsi à accélérer l'hémorragie de devises. La recherche exclusive du profit corrode l'esprit du peuple. L'objectif se limite à s'enrichir sur la base d'une intégration au marché mondial, qui assure l'exclusivité du pouvoir à une « aristocratie » bureaucratique, de plus en plus méprisée par le petit peuple défavorisé, en raison de ses exactions, passe-droits et de sa corruption.

La seconde tendance, celle, libérale, est opposée à l'expérience « socialiste » africaine qui, selon les libéraux, nationalise, dirige et s'autocratise comme en URSS et à Cuba. Face à ces contraintes, des impopularités naissent, suivies d'instabilités économiques, de chaos, et au bout le pourrissement de l'Etat socialiste apparaît. Mais disent-ils, par mesure de précaution, certains dirigeants socialistes africains tentent d'échafauder, à la hâte, des néo-théories baptisées « socialisme humaniste », c'est-à-dire un socialisme à visage humain ; tels Kenneth Kaunda en Zambie ou Julius Nyerere en Tanzanie, pour qui, le socialisme africain serait surtout un « état d'esprit », une profession de foi répondant à la volonté de fonder la société sur la propriété publique des moyens de production, de distribution et d'échanges se ressourçant dans l'africanité. Ces pays socialisants s'engagent dans un programme de rénovation dénué d'une trop grande précipitation et en fait, sans grande portée.

En avril 1968, Kenneth Kaunda a annoncé une « révolution économique » visant à « zambianiser » l'économie du pays dans le cadre d'un « capitalisme populaire » ; vingt-cinq compagnies étrangères ont été invitées, moyennant indemnités, à céder au gouvernement 50 % de leur capital. Puis les firmes productives de cuivre ont dû vendre à l'Etat 51 % de leurs actions.

Quant à la Tanzanie, le président Nyerere a progressivement imposé l'identification de son parti ; le TANU, au gouvernement de la République : un parti-état à tendance unique. Au niveau rural, l'objectif est de mobiliser les efforts villageois sur l'irrigation et autres investissements humains dénommés *Ujaama*, coopératives traditionnelles interfamiliales, ou encore coopératives de production.

En comparant les deux tendances, les économistes africains de *tradition marxiste* développent l'idée que tout développement économique ne sera possible qu'à la condition d'échapper, au prix de ruptures, au marché mondial. Elle constitue le seul moyen d'échapper au cycle infernal de l'aide et de l'endettement susceptible, tout au plus de perpétuer le système : celui d'une économie extravertie, consolidée par une cohérence politique et sociale, protégée par les puissances aidantes au moyen d'une assistance technique téléguidée, d'un enseignement calqué sur celui des anciennes métropoles et du contrôle politique des Etats indociles. Seul l'isolement provisoire, en bouleversant les données de l'échange inégal, permettra le rétablissement progressif des revenus internes.

Certes ! renchérissent les *économistes néo-libéraux*, un tel changement radical a naguère été réalisé en URSS à la suite de la révolution d'Octobre 1917. Mais cette rupture ne fut facilitée que grâce à l'existence d'un immense espace intérieur subcontinental, pourvu de zones complémentaires (démocratie populaire d'Europe centrale) permettant à l'URSS non seulement la survie des populations soviétiques, mais aussi de permettre l'implantation d'un marché interne immense, susceptible d'absorber l'accroissement de la production industrielle, condition première de la socialisation rapide du système économique marxiste. Or, l'Afrique noire est « balkanisée » faute de marchés conséquents ; dans ces conditions tout développement cohérent reste interdit à ces micro-états.

La troisième tendance, celle des intégrationnistes, tirant à la fois les conséquences des théories néo-libérales et du marxisme, proposent l'élargissement politique des frontières exiguës héritées de la colonisation de l'Afrique. Car, soutiennent-ils, la transformation économique engendrée par le capitalisme mondial n'a pas pu ou su créer les conditions d'un développement authentique, elle a même entraîné puis recréé le sous-développement et produit des déséquilibres structurels permanents. L'intégration définie comme une différenciation vis-à-vis de l'extérieure et la tendance à une certaine unification interne dans un espace économique donné, est donc la théorie de l'avenir. Elle dépasse les deux grandes théories connues, tout en les intégrant.

Sur la base des tendances récentes dans le Tiers-Monde, certains intégrationnistes, dont nous-mêmes [14], ont proposé la *traditionalisation de la modernité* comme principe d'organisation, qui se réfère délibérément aux traditions nationales progressistes et tend à faciliter la mobilisation pour la transformation sociale et l'édification nationale, puis supranationale.

En somme, les problèmes majeurs de tous les idéologues africains restent ceux de l'organisation de la présente et future société humaine, ceux des débouchés économiques, de la diversification de la production et surtout le problème de l'identification exacte d'un *mode de production africain,* qui, à l'instar du mode de production asiatique de Marx, mériterait une réflexion et une réponse précise.

III — Marx, les marxistes et le mode de production africain

Karl Marx, en se fondant sur l'observation des faits économiques, soutient la thèse selon laquelle l'histoire du monde, y compris celle des idées et des religions, s'explique par le développement des structures économiques. Une série d'études consacrées à l'histoire des faits économiques eut alors pour objet de soutenir les thèses du *matérialisme*.

Dans cette optique, l'histoire reste un facteur efficient, un élément du réel, du social, mieux encore une *dimension.* Chez Marx et les marxistes, il y a une tendance à « l'historicisme » ; la tendance à tout vouloir expliquer par la seule histoire économique. Tous les disciples professent à la suite du savant que fut son fondateur, que l'ossature de l'histoire humaine, c'est toujours l'histoire économique. Le grand historien et homme d'Etat hongrois Endre Sik va même jusqu'à constater que « l'histoire de l'Afrique Noire a une importance particulière, car elle confirme brillamment et souvent d'une manière éclatante plusieurs thèses de Marx, de Lénine et de Staline dans le domaine des sciences historiques » [15].

Chez Marx et les marxistes en effet [16], il n'y a pas de place pour l'ethno-sociologie, sinon sous la forme appauvrie d'une ethno-sociographie : étude descriptive ou numérique des groupes sociaux. La société humaine aurait passé, répètent depuis longtemps les marxistes, par cinq modes de production :

a) la communauté archaïque ;
b) l'esclavagisme antique ;
c) le féodalisme médiéval ;
d) le capitalisme moderne ;
e) le socialisme qui débouchera sur le communisme.

Certes ! certains groupes humains se sont attardés aux premiers stades, la marche générale de l'humanité va néanmoins dans ce sens ; ici, l'évolutionnisme a fait piétiner l'histoire. Certains de ces disciples avaient subsidiairement remarqué dans certains passages des œuvres de Marx et d'Engels, dans leurs correspondances, la mention d'un autre stade : celui du « mode de production asiatique » repris ensuite par la plupart des économistes et intellectuels du Tiers-Monde, pour étayer et conclure à l'existence d'un autre *style de production* : le mode de production africain. Arrêtons-nous un instant sur ce mode de développement [17].

1) Le mode de production asiatique

Il semble se caractériser par des communautés villageoises de base dominées par un corps étatique, bénéficiaire intégral des surplus de production des paysans, lesquels sont soumis, non à un esclavage individuel, mais à un esclavage collectif, les assujettissant en tant que groupe.

Il existe donc, de la part des dirigeants, concurremment à un pouvoir de fonction étatique, un pouvoir despotique et d'exploitation des communautés « inférieures » par cette communauté d'essence politique qui s'arroge, de par sa situation supérieure, la propriété des terres, commercialise les surplus de production, lance et entretient de grands travaux d'irrigation nécessaires sous ces climats exigeant une somme de travaux que des individus ou des familles isolées ne pourraient fournir.

Ainsi, coexiste dans ce mode de production asiatique, l'exploitation du peuple par l'élite, en même temps qu'une égalité à la base. Il existe ici un *antagonisme congénital* entre exploiteurs et exploités. Dans le despotisme oriental, l'unité supérieure est présentée comme le « propriétaire supérieur » ou comme « l'unique propriétaire ». Cependant, tantôt Marx et Engels insistent sur le fait que c'est l'Etat lui-même qui est le vrai propriétaire du sol, tantôt ils notent en même temps l'importance des droits de propriété des communautés villageoises. Il n'y a sans doute pas de « contradiction entre ces deux tendances » dirons-nous, mais cette variété asiatique *pré-capitaliste* ajoutée aux *cinq modes de production* décrits par Marx seraient explicatifs, disent-ils, de toute l'histoire économique mondiale. L'augmentation des forces donne lieu à une série d'éclatements, de bonds successifs avec reconstitution de nouveaux rapports sociaux mieux adaptés aux forces productives. Selon Marx et les marxistes, toutes les différentes formes de sociétés se trouvent ainsi définitivement expliquées par la *loi historique de la contradiction dialectique*. Ici, la sociologie se résout donc entièrement dans l'histoire [18].

Or, depuis la préhistoire jusqu'à nos jours, les connaissances archéologiques et anthropologiques accumulées, surtout celles des trente dernières années pour l'Afrique, montrent que le développement de certaines sociétés — dont les sociétés africaines — n'est réductible, ni à tous les cinq et/ou six stades, définis par Marx dans le *Das Kapital* et érigés en dogmes intangibles par Lénine, puis par Staline, ni à la variété pré-capitaliste du « mode de production asiatique » [19], considéré comme une variante du passage à l'Etat, pour les sociétés non-européennes en particulier et sous réserve d'études monographiques ultérieures, infirmant ou confirmant cette proposition. Or, dans l'état actuel des connaissances, l'analyse concrète des structures africaines ne permet pas de dégager nettement toutes les caractéristiques formulées par Marx, pour retrouver la succession des différents modes de production.

2) Théorie marxiste et problèmes d'application aux différents modes de production africaine

Il nous faut, avant de conclure, fixer les caractères fondamentaux du mode de production africain, depuis la préhistoire et l'histoire (– 5 000 à + 1 800) jusqu'à nos jours.

Les constatations essentielles s'articulent comme suit :

Du début de l'histoire jusqu'à la fin de la période antique (– 5 000 à + 500), les communautés africaines et les formes d'organisations européennes antiques, gréco-latines se distinguent fondamentalement par le fait majeur que l'appropriation privée ou publique du sol s'était déjà fortement développée en Occident à l'époque romaine. En Afrique par contre, il n'y a point, comme le dit Jean Suret-Canale « de propriété privée de la terre, au sens du droit romain ou du Code civil »[20]. Il existe, en fait, des différences entre les structures de production africaine et le mode de production asiatique. En effet, dans les communautés africaines, contrairement aux civilisations orientales, l'autorité supérieure (roi-Dieu, monarque ou Etat) n'était pas davantage propriétaire du sol que les individus.

Par ailleurs, à l'époque antique et médiévale, le pouvoir politique ne se livrait pas généralement à de grands travaux d'irrigation comme en Mésopotamie ou en Asie Mineure, exception faite des pays du Nil et du Niger : Egypte pharaonique, prédynastique et à un moindre degré, le creusement du canal Kabara, Tombouctou au temps de Soni-Ali. Quant à la structure même du pouvoir, en tant que *superstructure,* on ne l'inclut guère dans la définition propre d'un mode de production, encore qu'elle pourrait constituer un indice de la constitution de classes (scribes, princes et soldats de métier). En fait, cette structure étatique, notamment en Afrique noire, n'est pas révélée sous les traits du « despotisme oriental » décrit par Karl Marx.

Sans nier pour autant qu'il y ait eu à certaines périodes des cas *d'autocratie* qualifiée trop hâtivement de despotique ou de sanguinaire par certains auteurs : l'Empire de Songhaï, sous Soni-Ali, les textes médiévaux ont toujours souligné que le pouvoir étatique africain antique et médiéval (Egypte pharaonique, Meroé-Axoum, Ghana et les empires mandingues) ont presque toujours pris la forme d'une *monarchie tempérée, d'essence divine* (l'exemple de l'histoire de Soundiata Kéita ou Mali Diatta, lion du Mandingue). Ces monarchies encadrées par des corps constitués et par des us et coutumes [21], institutions non écrites généralement issues de l'organisation ou des stratifications sociales antérieures montrent que, du temps de l'Empire du Mali qui s'étendait du Sénégal au pays du « Worodougou » (actuelle Côte d'Ivoire) et décrit avec étonnement par Ibn-Battuta au XIVe siècle, un système de décentralisation administrative laissait les communautés de base fonctionner dans une autonomie réelle. Au surplus, la non-utilisation généralisée de l'écriture et la faiblesse des moyens de communication évitaient, en réalité, l'emprise despotique des métropoles sur les communautés. En cas d'une menace de despotisme, cela provoquait de la part des sujets une menace de se soustraire de la dictature par la désertion ou l'immigration vers les oasis du désert, ou vers les régions forestières du Sud. (L'histoire de Senouhé en Egypte prédynastique, liv. I, tome II, ch. III, où l'immigration des Mandé-Dioulas dans le Soudan médiéval qui descendaient vers le sud après chaque exaction du pouvoir central, en sont la preuve.)

Concernant maintenant le dégagement de surplus économiques par surproduction des communautés agricoles de base en Afrique noire, dans l'ensemble, il semble avoir été relativement modeste sauf dans les zones fluviales (Nil et Niger) ou autour des grands lacs d'Afrique orientale. Néanmoins, dans les aires organisées par les monarques, il y avait un monopole d'Etat sur les produits de luxe : l'or à Méroé et au Ghana antique, l'ivoire au Mali médiéval, le sel à Kano et à Gao. Mais même dans ces cas, il faut tenir compte de la contrepartie en services rendus par la classe dirigeante (gouverneurs, scribes, chefs de provinces ou nomes, généraux d'armées et empereurs, prêtres des temples ou féticheurs etc.) qui veillent à la sécurité sur la justice et maintiennent l'ordre sur les marchés. Il faut également souligner, qu'une bonne partie des surplus accumulés — contributions en nature et redevances — était redistribuée lors des fêtes coutumières ou pendant les grandes disettes, conformément au code de l'honneur en vigueur par l'aristocratie régnante ; c'est ce qui explique, encore de nos jours, la relative générosité des nobles, ou hommes libres et lettrés envers les gens de caste, notamment les griots, cordonniers et bijoutiers, répétant ainsi, comme un rituel, la générosité de Kankan Moussa le Magnifique, lors de son pèlerinage à la Mecque en 1324.

Existait-il en Afrique noire un « mode de production esclavagiste » comme semble le soutenir certains auteurs ? Nous répondrons par la négative et ce pour plusieurs raisons :

La première raison est que, au sein des sociétés subsahariennes antiques et médiévales, l'esclavage n'a joué qu'un rôle marginal. Les captifs ou prisonniers de guerre (dions en mandingue) n'étaient pas des hommes mis en état de propriété pure et simple de marchandises humaines. Dans les traditions subsahariennes, l'esclave, plus justement dénommé *captif* (dion) pouvait, non seulement jouir du droit de propriété, mais n'était point considéré comme *une bête de somme* ou un instrument de travail. Les descendants de l'ancien captif de guerre (ouolosso), propriété collective d'une famille ou d'un clan, étaient totalement intégrés comme membre de la famille et constituaient ainsi un apport humain supplémentaire pouvant bénéficier, à terme, d'un affranchissement de droit ou de fait. Dans le royaume bambara de Ségou au XIXe siècle, beaucoup de descendants de captifs étaient utilisés comme fantassins (tondions) dans l'armée de Da Monzon Diarra, puis dans celle de Biton Coulibaly. Ils étaient réputés pour leur bravoure exceptionnelle et leur amour effréné pour le vin de mil, le dolo.

La seconde raison est celle-ci : dans les armées mandingues, le captif trouvait dans le métier des armes des avantages substanciels, il pouvait accéder au titre de chef de guerre. L'exemple du légendaire Facoly Doumbia dit « koumba » (Facoly à la grosse tête), l'archange de la guerre dans les armées de Soundiata, est resté célèbre. Dans les régions akanes de tradition matriarcale, pour permettre l'intégration tribale, il était strictement interdit de faire allusion à l'origine servile d'un membre de la tribu, tant et si bien qu'un ancien captif pouvait devenir chef de village ou chef de province. Dans les traditions matricarcales des « Akan-kotoko », il est dit : « si la paternité est un lien contestable, on connaît toujours sa mère avec certitude par le cordon ombilical ». Autrement dit, dans la tradition akane, la mère montre le père à l'enfant et au peuple. La condition servile bien généralement répandue n'impliquait donc pas un rôle prédéterminé.

Enfin la troisième raison : même dans les régions

d'Afrique noire où l'esclavage a pris un caractère massif, il est qualitativement différent de celui du monde antique et médiéval. Au Dahomey et à Zanzibar, durant les XVIIIe et XIXe siècles, il s'agissait en fait de structures relevant d'un *mode de production en voie d'émergence* : celui du *capitalisme esclavagiste* d'introduction *arabo-européenne,* mû par le mobile du profit tiré de la traite négrière en Occident, en Orient et aux Amériques.

Au vrai, les sociétés subsahariennes des origines n'ont pas connu la vente de l'homme par l'homme comme source de profits réels. L'Occident et les Arabes ont procédé à la traite négrière parce qu'ils étaient antérieurement des sociétés esclavagistes. L'Empire romain fut fondé sur cet esclavagisme des territoires conquis selon un principe général en vigueur dans l'antiquité : « le vaincu devient la propriété du vainqueur » et Rome a profité de ses conquêtes pour obtenir une main-d'œuvre servile et abondante. Ce fut un mal pour cette société romaine, *l'histoire de Spartacus* justifie bien cet adage [22]. Quand le mal se pare de toutes les audaces, le bien doit se couvrir de tout le courage. Il s'en est fallu de peu pour qu'en 71 av. J.-C. Spartacus et son armée d'esclaves révoltés triomphassent de Rome. Il n'y a donc aucun déshonneur à être un esclave, mais le déshonneur frappe celui qui détient l'esclave. Ce pourrait être une des explications de la fameuse *Dialectique du maître et de l'esclave* de Karl Marx.

« Le mode de production féodal », repéré par certains économistes dans d'autres civilisations, notamment gréco-latines, a permis de traiter de *féodales* telles ou telles institutions africaines. Or, là aussi, il n'y a ni appropriation, ni attribution privée de la terre, ni de grande *villa,* ni de *latifundia* à la romaine. Généralement, dans les traditions culturelles africaines, la terre est et reste un bien communautaire inaliénable, à tel point que les chefs de guerre, ou les conquérants qui s'emparent du pouvoir politique laissent toujours la responsabilité des terres villageoises à leur gestionnaire autochtone : le « chef de terre ». Dans les traditions de l'Afrique profonde, l'autorité de l'aristocratie s'exerçait seulement sur les biens matériels des humains de tout sexe, sans atteindre toutefois la propriété foncière elle-même, qui était la prérogative reconnue aux autochtones. Au surplus la noblesse, comme les familles lettrées en Afrique, identifiable encore par les noms, n'est point entrée dans l'acquisition de la propriété terrienne ou la spéculation foncière. Aucun nom patronymique n'est lié à l'appropriation d'une portion de terre. La noblesse était et est toujours restée un attribut congénital, reconnaissable dans les noms, dont personne ne pouvait déposséder le propriétaire. On naît noble ou roturier. Elle n'est ni liée à la fortune ni à la terre. Elle est d'essence divine.

S'agissant des structures socio-économiques du type matriarcal privilégiant le rôle de la femme au sein de la communauté, elles comportent des incidences économiques, politiques et spirituelles. En effet, les traditions de types matrilinéaires, à l'opposé des apports islamo-christianiques de types patrilinéaires, jouaient et jouent encore un rôle important, aussi bien dans la dévolution des biens matériels que dans celle des droits à la succession. Chez les Akans du Ghana, du Togo, du Nigéria et de la basse Côte d'Ivoire, cette parenté utérine issue, comme nous le verrons, des profondeurs de la préhistoire africaine avait exalté, à l'époque de la sédentarisation du néolithique, des fonctions domestiques de la femme, au point d'en faire l'élément de base du corps social.

Dans ces conditions, quelles sont les conséquences de cette évolution caractéristique ?

— Généralement l'exploitation plurimillénaire des biens et services de ce continent est demeurée sans contrepartie notable au fil des temps.

— Dans l'antiquité, la vallée du Nil, l'Ethiopie, la Nubie et l'Afrique du Nord deviennent par fait de conquêtes, les colonies et le grenier de Rome. L'Empire romain importa d'Afrique denrées alimentaires, esclaves, gladiateurs, animaux des arènes (lions et éléphants).

— Du XVIe au XVIIIe siècle, la traite négrière apparut.

— Le XIXe siècle voit la concrétisation de l'impérialisme avec la colonisation pleine et entière de l'Afrique, avec pour effets : l'accaparement des terres fertiles, l'accumulation de capitaux nécessaires à l'essor de la révolution industrielle du XVIIIe siècle, autrement impensable sans la contribution obligatoire de l'Asie, des Amériques et de l'Afrique.

Néanmoins, au cours de son histoire, l'Afrique sécréta elle-même ses propres contradictions internes, qui ont constitué des *freins structurels endogènes puissants,* sans pour autant pouvoir accoucher, autant de pressions internes facilitant le passage obligatoire à des structures plus progressives.

Les civilisations africaines étant peu portées sur l'appropriation privée de la terre n'ont pas été, sauf exception, catalysatrices de la dynamique sociale, engendrant les antagonismes des groupes ou des classes sociales.

Compte tenu de ses structures figées, le trafic commercial à longue distance n'a pu se généraliser ; il ne porta, en fait, que sur certains produits rares cantonnés dans les villes antiques ou dans les palais royaux. Et chaque fois que certains obstacles étaient vaincus, techniques de communication par exemple, la dynamique sociale se déréglait à la faveur de l'essor économique. Par conséquent, en Afrique noire, ni le stade esclavagiste ni le stade féodal ne semblent être sûrement établis. En effet, il n'est pas prouvé que les sociétés africaines antiques et médiévales puissent relever de l'esclavagisme ou du féodalisme *stricto-sensu.* Le mode de production africain n'est pas inclu dans les modalités des systèmes socio-économiques historiquement fixés par le grand maître Karl Marx, car il y manque bien souvent un ou plusieurs éléments constitutifs essentiels.

Est-ce à dire qu'il faille soustraire définitivement l'Afrique aux principes généraux d'évolution de l'espèce humaine ? Non assurément. Néanmoins, même si ces principes sont communs à toute l'humanité, même si l'on admet que l'essentiel des catégories méthodologiques générales du matérialisme historique sont applicables partout et toujours, il y aurait lieu cependant de revoir l'essentiel, les correspondances (non mécaniques) qu'on peut observer entre les forces productives et les rapports de production, ainsi que le passage (non mécanique) des formes de sociétés sans classe aux formes sociales de luttes de classes. C'est seulement sous ces conditions qu'il conviendrait d'étudier et d'analyser les *réalités africaines* dans le cadre, non d'un retour, mais d'un *recours* à Karl Marx. La relecture de Marx dans cet esprit scientifique consistera à adapter la prise de la raison à chacun de ses objets.

En fait, ce qu'on constate en Afrique subsaharienne dira le professeur Ki-Zerbo c'est la « permanence remarquable d'un mode de production *sui-generis,* apparenté aux types de communautés primitives, mais avec des différences fondamentales, en particulier cette sorte d'allergie à la propriété privée ». Plus loin, l'auteur ajoute « puis, c'est un passage graduel et sporadique vers des formes étatiques, longtemps immergées elles-mêmes dans le réseau des rapports pré-étatiques à la base, mais s'extrayant progressivement par poussée interne et pression externe de la langue du collectivisme primitif destructuré pour se restructurer sur la base de l'appropriation privée et du renforcement de l'Etat, dans un mode de production capitaliste, d'abord dominant, puis monopolisateur » [23].

En comparant les deux modes de production « asiatique » et « africaine », nous pourrions conclure en disant qu'en Orient tout comme en Afrique, l'organisation socio-économique, culturelle antique et médiévale relevait d'un *mode de production tributaire* [24] dans la mesure où elle se caractérisait par la contradiction permanente entre la communauté et la négation de la communauté par un système d'Etat à volonté despotique. Là s'arrête la ressemblance.

Mais la *spécifité* africaine repose sur la combinaison, entre une économie agraire généralement à faible surplus interne et l'emprise totale de la communauté toute entière sur les échanges interrégionaux à longue distance. C'est toute la communauté qui détermine la forme du pouvoir à confier au chef de village, de province ou de tribu.

Par contre, si, au sein d'un appareil politique plus différencié, un homme ou une classe dirigeante réussit à contrôler le trafic commercial à longue distance, à la faveur d'un coup d'Etat (Askia Mohamed) ou à la suite d'une ébauche d'accumulation de capital (lettrés ou la classe des Mandé-Dioula), le régime exprimera une synthèse plus ou moins cohérente entre un système tribo-patriarcal et des ambitions territoriales de type nouveau. Les empires soudanais utilisaient les structures animistes traditionnelles de l'Ouest africain, en les faisant contrôler par la classe commerçante des Mandé-Dioula payant tributs aux « Manssarés » du Mandingue (nobles du Mandingue).

La fonction de ces empires était de contrôler les routes entre l'Afrique du Nord et le Soudan occidental pour percevoir impôts, redevances et prélèvements en nature, en contrepartie du maintien de la sécurité du commerce dans l'empire. Cet objectif économique permet de rendre compte de la forme politique en usage : le *modèle conféodal* [24a] fondé sur certaines allégeances concrétisées par le versement de tributs périodiques à l'empereur (Mansa). Mais, la perte par l'aristocratie de son emprise sur les échanges économiques à longue distance déréglait *ipso facto* le système (l'exemple de la ruine du royaume du Ghana par les Almoravides au XIe siècle).

Le *système conféodal* adopté, tempère non seulement la forme de gouvernement, mais rend possible la cohabitation pacifique entre ethnies diverses ; il permet aux tenants du pouvoir politique d'assurer la sécurité des biens et des personnes, mais aussi de faire payer tributs aux voisins lointains, autrement incontrôlables, tout en ménageant les sujets immédiats par l'abandon de certains avantages. Ainsi aucun régime politique africain, aussi despotique fut-il, même pas celui du Peul conquérant musulman, El Hadj Omar Tall au XIXe siècle, ne ressentit le besoin d'éliminer au sein de ses frontières certaines structures communautaires villageoises qui n'interféraient guère avec son processus d'exploitation ou sa religion. En fait, il n'y a guère de « Djihad » effrénée en Afrique (guerre sainte musulmane). Tout village, même animiste à la période musulmane des XVIIIe et XIXe siècle, à la condition expresse de transmettre son tribut au chef de région ou de province, pouvait gérer à sa convenance la vie de sa communauté et maintenir sa religion polythéiste sans aucune intervention du roi ou de l'empereur islamisé.

Dans tous les villages, les anciens assuraient de plein droit le culte des ancêtres du clan ; le chef de terre attribuait à sa famille, à chaque clan, aux étrangers et aux captifs, leur part de domaine cultivable de son propre chef, mais inspiré par les âmes des ancêtres disparus. Les marchands dioulas, généralement regroupés dans leur quartier (le dioulabougou), régentaient leurs transactions commerciales entre eux et avec les tribus animistes, hôtes (diatiguis en mandé), sans aucune intervention externe. Pour tous, cependant, les obligations les plus fréquentes se limitaient à l'enrôlement dans l'armée, en cas de conflits déclarés sur le territoire, pour aider les soldats de métier de l'empereur (les tondion-serviteurs de la société) en vue de débouter le conquérant éventuel.

Ce n'est seulement qu'à la fin du XIXe siècle, dans les régions maritimes, sous la poussée des esclavagistes européens et arabes, que l'exploitation interne des esclaves par l'aristocratie dirigeante du Soudan occidental, du Bénin ou de Zanzibar devint une source d'activité lucrative. Ce faisant, le capitalisme, en introduisant l'idée de *profit* dans la vente des hommes grâce au « commerce de la troque », a réussi à mettre en place et accélérer le *mode de production esclavagiste* dominant [62]. Ce schéma serait donc explicatif de l'histoire économique particulière de l'Afrique noire et qui demande une périodisation particulière depuis l'époque préhistorique jusqu'à la fin du XIXe siècle.

En résumé, les différents modes de production proposés et développés précédemment, aussi intéressants qu'ils puissent paraître, semblent cependant insuffisants pour circonscrire l'histoire économique totale de ce continent et pour cause...

D'abord, les schémas économistes retenus impliquent toujours que la naissance d'un nouveau mode de production suppose généralement la fin du précédent (Ecole historique allemande). Or, en Afrique noire et ailleurs, les différents modes de production persistent simultanément et souvent très longtemps, créant ainsi certaines *distorsions* entre régions, entre sociétés et entre les évolutions économiques des différentes ethnies.

En outre, dans l'Afrique des origines, le chef, en même temps « prêtre » de la société polythéiste, détenait certes un pouvoir étendu, mais un pouvoir toujours contrôlé par les forces surnaturelles (fétiches et esprits des ancêtres) les us et coutumes consacrés. En fait, il restera surtout le gardien des terres de sa tribu, sans jamais prétendre en être le propriétaire absolu, qui revenaient de droit à la communauté globale. Il demeure toutefois un chef respecté dont le pouvoir était solidement établi sur un territoire donné. Il aura d'ailleurs à subir, par la suite, à partir du VIIIe siècle après Jésus-Christ, les offensives répétées des villes médiévales déjà ouvertes aux religions monothéistes, quand celles-ci commenceront à se développer à Koumbi-Saleh, capitale du Ghana antique (+ 756) et plus tard de Tombouctou à Kano (Nigéria) sous les Askias de Gao.

En revanche, même si la puissance du maître musulman est celle d'un seigneur urbain (à l'exemple du « Koreabore » le citadin de Gao, par opposition au « Gandjiboro » le paysan animiste), c'est un maître qui veille surtout sur la ville, mais contrôle peu ou prou la brousse animiste tout en sachant tirer ses bénéfices des échanges commerciaux avec cette paysannerie polythéiste, qu'il essaie de dominer en la protégeant, grâce aux activités économiques des marchands dioulas, kountas, haoussa-marrabas de Kano, bourgeois qui constituent le trait d'union nécessaire entre la ville et la campagne [63].

L'organisation tribale traditionnelle, nécessaire à la survie de la cité, a toujours persisté et traversé successivement les différents moments de l'histoire, en se transformant lentement en communautés villageoises au cours de l'histoire.

Enfin le schéma privilégié de « l'esclavagisme à grande échelle » n'a pas été, répétons-le, un mode de production africain, mais plutôt un accident de l'histoire, né de la confrontation brutale du Noir avec le Blanc, qu'il soit arabo-berbère ou européen. *L'esclavagisme de case,* précisément le processus de captivité des civilisations noires déjà décrit, n'a rien de commun avec celui des musulmans ou des chrétiens. Au surplus, la captivité, selon les Tarikhs, n'a eu de l'importance que dans les grandes cités commerciales ou impériales déjà islamisées (Koumbi, Saleh, Oualata, Dienne, Tombouctou, Kano, Odienné, Kong, Bondoukou). La traite négrière n'a eu une aussi grande ampleur sur les mondes arabe et occidental, seulement parce que, depuis la haute antiquité, ils ornaient déjà des sociétés esclavagistes.

IV — Nouveaux concepts sur les périodisations de l'histoire économique de l'Afrique noire antique et médiévale

1) Le dépassement de l'explication bipolaire

En Afrique, le phénomène de la formation des empires et monarchies militaires paraît à notre sens beaucoup plus important que celui de l'esclavagisme. Ces empires n'ont pu s'édifier que grâce à la persistance et à la stabilité des communautés rurales qui leur servaient de grenier. C'est parce que l'économie africaine des origines était fondée principalement sur l'agriculture et la communauté paysanne qu'elle est restée, jusqu'aujourd'hui, l'élément de base de la civilisation négritique.

Or, toutes les sociétés bâties sur une communauté

agraire ont un caractère commun. Elles sont par essence *égalitaires*, elles sont très peu portées, sauf exception, sur l'accumulation des richesses matérielles pour les investir. La « bourgeoisie », si elle existe, y est fragile, voire éphémère. Ces sociétés ne doivent pas pour autant être caractérisées comme le dit Jean-Paul Sartre de « monde de la rareté » [27], car elles possèdent toutes plus ou moins de trésors (or, animaux, pagnes etc.). Mais à l'époque des grands empires noirs, si on thésaurisait des richesses, c'était pour les dépenser entièrement ensuite en fêtes, en œuvres somptuaires lors des baptêmes, circoncisions, mariages et funérailles, moments cruciaux des civilisations noires, et plus tard en pélerinage aux lieux saints de l'Islam : ce fut le cas du fastueux Kankan Moussa au XIVe siècle, au cours de son voyage à la Mecque, dont toute la communauté doit en principe en profiter spirituellement. Ceci montre d'ailleurs que la communauté (Djema'a) gardait un certain contrôle sur le pouvoir des chefs [28].

Il est remarquable que ces *sociétés non cumulatives* furent extrêmement riches en œuvres d'art, en chefs-d'œuvre culturels de tout acabit (bronze d'Ife, masques rituels etc.). Cette importante création artistique va être brisée avec l'apparition des religions monothéistes : l'islam puis le christianisme sanctifièrent les bris des statuettes, facilement dénommées idoles, par les iconoclastes musulmans ou nazaréens.

Et cette acculturation eut pour pendant soit l'européanisation, soit l'arabisation culturelle avec comme corollaire économique, l'apparition du concept de l'accumulation progressive de richesses matérielles pour les investir, grâce au développement d'un certain mercantilisme orienté vers les métropoles.

Ce processus d'accumulation apparaît d'abord en la forme de pensée nécessaire permettant une accumulation de nouvelles connaissances diamétralement opposées aux acquisitions anciennes. Il y avait certes, des universités de renommée en Afrique de l'Ouest mais elles étaient plus préoccupées de théologie, d'exégèse coranique et de cléricalisme plutôt que de calcul économique, l'islam et son support culturel, l'arabe, étant peu enclins à cette époque au développement du calcul économique.

Paradoxalement, dès la fin néolothique jusqu'au Moyen Age, le *processus cumulatif* apparaît surtout avec la maîtrise du fer et les techniques agricoles et pastorales, sublimées par la « boomanie » des Peuls du Soudan occidental. Ces différentes innovations ont permis une certaine accumulation interne mais souvent non monnayable immédiatement, si ce n'est sous la forme de troc. Ces produits n'entraient donc pas dans le commerce à longue distance.

En outre, la réaction des différents groupes ethniques devant les phénomènes du développement économique variait à l'infini : la réaction des gens du nord s'oppose à celle des gens du sud, les populations maritimes et celles de l'intérieur perçoivent différemment le même phénomène.

Que ressort-il de la confrontation entre africanistes de tendance ethno-sociologique et historiciste ?

L'ethno-sociologisme : la première tendance liquidatrice d'histoire part d'une remarque, d'ailleurs fort juste au départ, à savoir que toute société constitue *un tout,* possède un équilibre interne, une certaine cohésion. Cette tendance se borne à noter, tous les traits communs à toutes les sociétés étudiées. C'est l'*aspect statique* qui y est accentué.

Quant à *l'historicisme,* tel qu'il est apparu dans le schéma marxiste, il insiste sur la *mobilité* et le devenir des sociétés. Il part d'une remarque également juste à savoir qu'aucun équilibre ne se maintient indéfiniment ; que tout équilibre est perpétuellement menacé. Mais l'historicisme porte le devenir à l'absolu, il ne voit plus que les *contradictions des sociétés* et de l'histoire. Il oublie que chaque société, à chaque moment de l'histoire, a eu sa cohésion. Il supprime la notion de totalité. Il oublie que du devenir sortent des êtres distincts, différents, qui se maintiennent pendant un certain temps.

La troisième tendance consiste donc à dépasser cette opposition entre *l'unilatéralité* du sociologisme et *l'universalité* de l'historicisme, en restituant la *mobilité* dans la *totalité*, et la totalité dans la mobilité.

C'est la mobilité de l'histoire, qui constitue des sociétés cohérentes ; mais la cohésion des sociétés ne les met pas à l'abri du devenir. On trouve heureusement le dépassement des deux attitudes chez Karl Marx qui, dans *Das Kapital,* montre clairement l'histoire constitutive de la société, mais une société cohérente structurée avec une auto-régulation interne. Pour Marx, le capitalisme est doté d'une totalité, avec des lois régulatrices, une tendance à la formation d'un taux moyen de profit pour l'ensemble des capitalistes. Or, la sociologie considérant les sociétés en tant que totalité, recherchera leurs liens de cohésion par exemple, l'accord de la technique et des idées. Mais l'histoire étudiera les sociétés, sous l'angle de leur devenir et de leur formation. Ce dépassement permet d'ailleurs de répondre à une difficulté du schéma marxiste des disciplines, qui considèrent comme moteur de l'histoire, tantôt les forces productives, tantôt les luttes de classes. En fait, les luttes de classes dégagent les rapports sociaux naissant des forces productives et comme le disait avec force le professeur Henri Lefebvre : « C'est l'ensemble des contradictions qui constitue le tissu dialectique de l'histoire ». A la lumière de ces nouvelles réalités, il faut à présent *redéfinir* l'histoire des sociétés africaines.

2) Redéfinition des moments historiques : concepts de sociétés non cumulatives et sociétés cumulatives en Afrique noire

A — Les problèmes de synchronisation historique et de chronologies

Maints historiens considèrent toujours sans désemparer les sociétés dites *archaïques*, notamment celles de l'Afrique noire, comme barbares, a-historiques, immuables [29]. Mais l'explication de l'immuabilité des sociétés dites « archaïques » est aujourd'hui considérée comme insuffisante. En fait, toute société humaine même la plus archaïque a son histoire particulière, seulement cette histoire ne doit pas être entendue dans le même sens que celle des sociétés d'Occident.

Du coup, le terme *historique* même devient ambigu s'il n'est pas précisé au préalable des limites pour certaines grandes civilisations du Tiers Monde. A notre avis, comme de celui de plusieurs spécialistes, les périodisations les mieux adaptées pour la plupart des pays du Tiers Monde (Asie, Afrique, Amérique précoloniale), s'articuleraient comme suit :

a) pour la préhistoire de 12 millions d'années avant notre ère à la période pharaonique ;

b) de l'époque pharaonique antique jusqu'à l'Islam (Moyen Age) et l'époque moderne.

Si les sources écrites hiéroghyphiques et gréco-romaines

marquent cette période préhistorique et antique concernant l'Afrique, à partir du VIIe siècle, l'apparition de l'islam et des sources écrites arabes doivent être considérées comme le début d'un âge nouveau en Afrique noire.

La durée islamique devrait être divisée en deux phases :

— la première allant de l'hégire (+ 622) au milieu du XIe siècle (1050).

— la seconde du XIe siècle au XIXe siècle, période charnière annonçant les temps modernes.

Pourquoi ce découpage spécifique à l'Afrique noire ? C'est qu'ici, la notion d'antiquité doit être revue ; elle n'est ni assimilable aux faits et chronologies en honneur dans l'histoire de l'Europe occidentale, ni identifiable sauf partiellement à l'antiquité classique gréco-romaine.

En effet, l'antiquité africaine ne s'achève pas avec les invasions barbares en Occident, mais plutôt avec l'irruption du fait islamique dans le Ghana antique (756 avec la conquête d'Uqbar-Ben Nafi).

En fait, l'islam, par la profondeur et l'ampleur de son impact, représente ici une rupture avec un passé que nous pourrions dénommer, antique ou préhistorique selon les régions d'Afrique.

Si l'histoire médiévale de l'Afrique nord-saharienne peut correspondre à cette première phase (622 à 1050), grâce à son organisation selon le modèle islamique et à son rattachement à un empire pluri-continental (Califat Umayyade, Abasside, Fatimide).

La seconde phase (XIe au XVe siècle) correspond assez bien aux mouvements historiques endogènes d'organisation conçus par les autochtones de l'Afrique noire subsaharienne au Soudan occidental par exemple, où s'effectue une profonde transformation économique et culturelle avec l'implantation de l'empire du Ghana.

En Egypte et en Afrique orientale, la césure politique se situe un siècle plus tard avec les Ayyubides, c'est à cette époque, que les foyers importants du grand commerce se transportent du golfe Persique à la mer Rouge et que progressivement s'installe la configuration des échanges économiques du Moyen Age, à l'échelle mondiale.

En résumé, la chronologie de l'histoire africaine s'articulera comme suit :

a) la préhistoire : de – 12 millions à – 3 000 ans avant notre ère ;

b) l'Antiquité : de – 3 000 avant notre ère à + 622 ans après notre ère ;

c) le Moyen Age : de + 622 à la fin du XVIIIe siècle avec la fin de la traite négrière.

En synchronisant avec les grandes phases économiques mondiales, nous pourrions concevoir deux divisions bien appropriées concernant l'Afrique noire subsaharienne antique et médiévale.

Premièrement, *une économie primitive non cumulative à temps cyclique* qui couvrirait la période allant de la préhistoire (– 12 millions d'années) au début du Moyen Age africain (+ 622).

Deuxièmement, *une économie primitive à processus cumulatif, à temps linéaire*, comprenant du début du Moyen Age africain (de + 622) à la période dite des grandes découvertes européennes, voire même jusqu'au début du XIXe siècle pour certaines régions tropicales.

Compte tenu de la double nécessité de diversité et d'unité historiques de l'Afrique noire, nous décomposerons les phases précitées comme suit :

a) Le *premier âge* de l'économie préhistorique (de – 12 millions d'années avant notre ère à – 1 700 000 avant notre ère) constitue au vrai la *phase de l'hominisation,* correspondant à la mise en place définitive des premières organisations humaines.

b) Le *second âge* ou l'âge de l'économie à processus non cumulatif, ou à fluctuations stochastiques (– 1 700 000 à – 5 000 av. J.-C.). Cet âge commence de la préhistoire à la fin du néolithique. Il comprend deux sous-âges :

— le passage de l'économie *nomade* à l'économie *sédentaire* ou *agraire* (– 1 700 000 à – 8 000 avant notre ère).

— l'économie *domestique* de (– 8 000 à – 5 000). Elle correspond à la naissance des civilisations autour des grands fleuves (Nil, Niger, Congo) et autour des grands lacs de l'Afrique orientale avec l'implantation progressive des premières techniques agricoles.

c) Le *troisième âge* ou celui de l'économie primitive à *processus cumulatif,* à temps linéaire (d'environ – 5 000 avant notre ère à 500 après notre ère), avec comme sous-âge :

— le monde antique de (– 5 000 époque prédynastique jusqu'à – 3 800 avec l'apparition des premières écritures hiéroglyphiques).

— l'économie médiévale en Egypte avec l'apparition et la confirmation de la vie urbaine (de – 3 800 à 500).

— l'économie des échanges des origines (de – 500 à + 600, période islamique).

d) Les économies esclavagistes islamo-christianiques du VIe au XVIIIe siècle après Jésus-Christ avec comme sous-âges :

— l'économie agraire de l'Afrique subsaharienne du VIe au XVe siècle.

— l'économie coloniale esclavagiste du XVe au XVIIIe siècle.

— les économies modernes et contemporaines de la fin du XVIIIe au XXe siècle.

B — Concepts de sociétés cumulatives et non cumulatives.

Les notions que nous proposons sont les suivantes :

— Les sociétés primitives à processus non cumulatifs, à temps cycliques, n'accumulent ni les techniques, ni les richesses comme le feront plus tard les sociétés à processus cumulatifs. Elles sont restées, à bien des égards, *archaïques* et *statiques*, dans la mesure où elles sont demeurées elles-mêmes à travers les millénaires, sans vraiment entamer un processus dans les techniques révolutionnaires. Ces sociétés archaïques à processus non cumulatifs sont fondées sur le *nomadisme*, sur la *cueillette*, la *chasse*, rarement agricoles et enveloppées dans un temps cyclique [30].

— Quant aux sociétés cumulatives à temps linéaire, elles se distinguent, mais pas nécessairement, par l'invention ou l'adoption de l'écriture (Egypte, Axoum, Nubie). En effet, l'invention de l'écriture (– 3 800), a été décisive dans le système d'accumulation. Elle a contribué à libérer les forces vives de la société, pour la faire accéder à un stade supérieur d'organisation. C'est l'écriture qui a favorisé la capitalisation et la diffusion des idées et des connaissances transmises, la cohésion et le dynamisme du corps social. Bien avant les autres, les sociétés à écriture ont engendré les sociétés cumulatives, mais pas uniquement. Au vrai, des sociétés sans écriture, mais à coutumes fortement établies peuvent également appartenir à cette catégorie.

Par conséquent, nous entendons par sociétés à processus cumulatif *les sociétés commerciales, artisanales, manufacturières, industrielles évoluant dans un temps linéaire* [31].

En Afrique noire, les *deux* sociétés : cumulatives et non cumulatives se superposent. Et si certaines sociétés forestières relevaient des formes archaïques non cumulatives des origines, en revanche, les sociétés d'Afrique orientale et occidentale, soudanienne et sahélienne étaient parvenues au stade cumulatif dès le cinquième millénaire avant notre ère, avec les premières institutions de l'Egypte et du Ghana. bien avant celles de Jenne Jeno (Soudan occidental).

Ce phénomène, en permettant l'apparition de la division du travail, grâce à l'apparition des catégories sociales, ou de véritables castes dans certaines régions, ainsi que des classes de commerçants (dioula, haoussa ou kounta), a été déterminant dans l'évolution de l'histoire humaine.

Toutefois, un problème se pose. Pourquoi ces sociétés archaïques n'accumulent-elles pas ? Au vrai, elles n'en n'avaient pas la possibilité, car la communauté primitive, dont l'organisation était à la base clanique ou tribale, pratiquait une rotation des terres, une redistribution périodique, et une égalisation de la propriété qui empêcheraient toute accumulation abusive de richesses individuelles. Mais, concurremment, dans ces sociétés primitives la communauté paysanne restreinte au village, au plus à la tribu, garantissait *l'égalité* de ses membres par un contrôle quasi permanent de toute la communauté et surtout ce qui tend à s'élever au-dessus du reste de la population. Ce type de société non cumulative à fluctuations stochastiques, interdisait la croissance de l'économie, puisque le phénomène de non-accumulation et répartition égalitaire des richesses est une cause importante de la stabilité tribale.

Les sociétés archaïques non cumulatives ont néanmoins une histoire intérieure. Elles pouvaient même concevoir des sociétés quasi stratifiées ou des systèmes de castes. Des groupes d'individus pouvaient même tendre à émerger du peuple, mais ils ne pouvaient jamais devenir une classe dominante, fortement structurée, à cause du contrôle que continue à exercer la tribu d'une manière plus ou moins forte. Ces sociétés arrivent quelquefois à élaborer des styles de vie et des cultures originales.

Quant à la *société à processus cumulatif, à temps linéaire,* elle a non seulement une *histoire intérieure* consignée, mais également, une *histoire extérieure* mouvementée. On assiste à la constitution politique de vastes empires, qui installent des appareils étatiques et militaires sur des masses de communautés paysannes qui continuent cependant de conserver leur mode de vie. Un fait important cependant : dans les sociétés à processus cumulatif, tous ceux qui s'érigent en conquérants, généraux vainqueurs, rois et empereurs deviennent de plus en plus difficiles à contrôler « démocratiquement ». Dans ces sociétés, l'organisation politique est assez élaborée, et c'est généralement une *monarchie* du type pharaonique, axoumite, mossi-dagomba, ou un empire du type soudanien. Dans ces organisations, *le roi règne et la coutume gouverne.* Dans ces systèmes, il s'agit presque toujours d'un régime monarchique, mais tempéré par toute une série de coutumes, dont la précision, la rigueur, la permanence et la cohésion réalisent une véritable règle fondamentale : une constitution non écrite et qui reste invariée depuis des siècles (l'immolation des rois après un certain temps de règne en Egypte ou chez les Akans).

En conclusion, les sociétés à processus non cumulatif et celles à processus cumulatif appartiennent toutes à la société africaine traditionnelle, sans que le schéma implique que la naissance d'un mode nouveau de production suppose la fin du précédent. Ces différents modes de production persistent simultanément et souvent très longtemps, créant, puis approfondissant ainssi des différences entre les sociétés.

Le schéma tracé et adapté à l'*éco-système africain* apparaît maintenant comme valable et permet d'étudier à la fois le devenir des structures économiques et sociales des sociétés africaines, de la préhistoire à nos jours, qui deviennent ainsi, suivant une chaîne continue, une totalité dans la totalité [32]. Hier et aujourd'hui encore, l'Afrique noire qui est à la recherche d'une structure propre, et d'un nouvel équilibre, n'en continue pas moins de porter en elle le lourd héritage de l'histoire préhistorique, antique et médiévale. Et plus que tous les autres, les peuples de l'Afrique noire resteront marqués par ces temps où l'économie marchande signifiait économie de prélèvements. Surtout dans un monde où la primauté financière et les spécialisations marchandes sont fondées sur les richesses du sol et du sous-sol et dont l'accès est de plus en plus scientifique. L'Afrique noire, aux énormes potentialités, doit pour s'affirmer se dépasser en tout instant dans la connaissance de soi, en même temps que dans la maîtrise de la technique de la technologie.

Notes

1. Coquery (V.), *l'Afrique noire de 1800 à nos jours*, Paris, PUF, pp. 338-339, 1974.

2. Webster (J.B.), *The african Churches among the Yoruba, 1888-1922,* Oxford Clarendon Press, p. 217, 1964.

3. Hopytoff (J.H.), « A preface to modern Nigeria, The Sierra-Leonians in Yoruba 1830-1890 », Madison, 1965.

4. Wilson (H.S.), *Origins of west-african Nationalism*, Londres, 1969.

5. Hair (P.E.H.), « Africanism, the Freetown Contribution », *Journal of modern Studies*, vol. 4, pp. 521-539, 1967.

6. Holden (E), *Blyden of Liberia* (an account of the life and labors of E.W. Blyden... as record in letter and inprint), New-York, 1966.

July (R), *West african Historians of the XIXth century;* Tarikh, II, 2, 1950.

Shepperson (G), Frank (E.D.), *African Heritage Books*, Edimbourg, University Press.

7. Pour le Nègre, l'animisme vulgairement dénommé paganisme se présente sous l'aspect matériel et sensible ; il y a un monde d'âme : force spirituelle, principe de vie intellectuelle et morale, qui anime chaque être, chaque plante, chaque chose pourvue d'un caractère propre : montagne, caverne, rocher, lac. C'est l'âme qui meut le corps, mais elle ne peut le faire que par l'intermédiaire du *souffle vital*. Celui-ci est le principe de la vie physique. Il est une matière extrêmement subtile, comme l'air que nous respirons. On comprend, dès lors, que l'âme des choses inertes sans souffle vital, sans corps vivant à animer, soit plus libre et plus puissante. Donc l'âme est dans son essence, force active, et aussi l'âme des morts, délivrée qu'elle est de son enveloppe charnelle. Le double cependant, rejoint l'âme après la mort. C'est pourquoi les morts « reviennent dans les villages » pour se réjouir avec les vivants en prenant l'essence des mets qu'on leur sert, pour les aider dans leurs difficultés ou leur retirer l'appui des ancêtres quand ils violent la tradition. Mais les morts ont leur séjour propre, un ciel vague, le même que celui des demi-dieux et de Dieu ; car les ancêtres, avec le temps, participent de la nature des demi-dieux, avec lesquels ils se confondent dans la légende. Dieu lui-même n'est parfois que l'ancêtre. Le créateur

répond aux hommes : « Votre tête est vide, n'êtes-vous pas les fils de Ndun et mes enfants ». Voilà la religion des Négro-Africains. On entend par religion : 1) un ensemble d'idées formant doctrine — 2) un culte, qui comprend les manifestations de cette doctrine.

L'humanisme dont la doctrine a été brièvement définie, consiste dans l'institution d'un monde surréel, où l'homme est lié d'une part à l'homme, d'autre part à Dieu par la médiation des Esprits-Ancêtres.

Cf. — Léopold S. Senghor, *liberté I,* pp. 72-73.

— Blaise Cendrars, *Anthologie nègre,* p. 16, (légende fân).

— Delafosse, *Civilisations négro-africaines,* stock, p. 9.

7 bis. Dubois naquit le 23 février 1868 à Great Barington, dans le Massachusetts (Nouvelle Angleterre) et il mourut le 27 août 1963 à Accra, au Ghana. Né cinq ans après la proclamation de l'émancipation des esclaves, il finit ses jours citoyen ghanéen, six ans après l'indépendance du Ghana. Il consacra sa longue vie à la ségrégation raciale et en tant que militant panafricain. De 1919 à 1945 il organisa cinq congrès. A celui de 1945, les grand nationalistes africains comme Jomo Kenyatta et Kwame Nkrumah étaient présents pour tenir le flambeau de la revendication africaine à l'indépendance.

En 1957, la Gold-Coast, accédait à l'indépendance. En 1961, l'Osagyefo Kwame Nkrumah invita Dubois à se rendre au Ghana pour entreprendre la rédaction d'une encyclopédie africaine. Ce projet était cher à Dubois car dès 1909, il avait préparé le plan d'une encyclopédie où le rôle que jouait l'Afrique dans l'histoire du monde serait reconnu. Ayant renoncé à la nationalité américaine, c'est comme Ghanéen que Dubois s'établit à Accra où il mourut à l'âge de quatre-vingt-quinze ans, toujours obsédé par le problème du XXe siècle : *la décolonisation.*

8. Kesteloo (T.L.), « Les écrivains noirs de langue française », *Naissance d'une littérature,* Bruxelles, 1965.

Sainville (L.), *Anthologie de la littérature négro-africaine,* tome I, « Romanciers et conteurs », Paris, 1963.

Mphalele (E.), *The africain Image,* Londres, 1962.

9. Cisse (A.D.), Docteur Houphouët Boigny : *Homme de la terre, une approche économique,* Annales Fac. sciences économiques, pp. 41-87, tome IV, 1981.

10. Benot (Y.), *l'Afrique des Africains,* Paris.

Bonnaf (E.), Catry (M.), « Idéologies politiques des pays en voie de dévelopement », rév. *Sciences politiques,* avril 1962.

Duse (A.), *In the land of the Pharaons,* Londres, entr. de Khalil-Mahmud, 1911.

11. Leduc (G.), *Les investissements privés au service du Tiers Monde,* Paris, France-Empire, 1970.

12. Tibor Mende, *De l'aide à la recolonisation,* UNCTAD, Genève, 1970.

13. Samir Amin, *L'échange inégal,* Maspero, 365 p, 1969.

L'Afrique de l'Ouest bloquée, 1970.

— *L'accumulation à l'échelle mondiale,* éd. Anthropos, 1970.

14. Cisse (D.A.), *L'intégration économique des Etats de l'Afrique de l'Ouest,* CEAO, 1978 — *Offre de monnaie et processus d'intégration économique en Afrique de l'Ouest,* Annales universitaires, Abidjan, série K.T.II, pp. 6-27, 1979.

15. Endre Sik, *Histoire de l'Afrique noire,* 1965.

Akademiai-Kiado, Budapest, tome I, p. 19.

16. Karl-Marx, *Grundrise der Kritik der politishen Oekonomie,*

Rohen turuf Dietzverlag, trad. anglaise, K. Marx, « Pré-capitalist economic formation », London, Laurence and Wishart, 1964.

17. Suret canale, « A propos du mode asiatique de production », Centre d'études africaines et asiatiques, journal *le Monde* du 19 janvier 1966.

— Rodinson Maxim, « Une querelle théorique dans le monde marxiste sur le mode de production asiatique », *Le Monde* du 3 décembre 1965.

— Godelier Maurice, « La notion de production asiatique et les schémas marxistes d'évolution des sociétés », CERM, *Les temps modernes* n° 228, mai 1965, pp. 2 002-2 007.

— Diop (C.A.), *Civilisation ou barbarie*, éd. Présence Africaine, Paris, 1981.

18. Engels (F.), *Origine de la famille, de la propriété et de l'Etat.*

19. En fait, notons que le mode de production asiatique a d'ailleurs été seulement signalé par Marx au livre I du Capital. Marx et Engels, dira Godelier, *op. cit.*, n'avaient pas de solides connaissances en histoire ancienne, en dehors de la Grèce et de Rome.

20. « Si l'on entend par despotisme, une autorité absolue et arbitraire, on ne peut que rejeter l'idée d'un despotisme africain » J. Suret, Canale, *op. cit.*, p. 125.

21. Nous ne pensons pas qu'il y ait lieu de chercher dans l'organisation des Etats africains la reproduction d'un modèle emprunté à l'Asie, tout au plus peut-on relever quelques similitudes superficielles.

22. Le grand nombre des esclaves à Rome a amené le danger de soulèvements et de guerres serviles. Des révoltes d'esclaves éclatent périodiquement. La plus célèbre et la plus longue à réduire est dirigée par Spartacus. Vendu à Capoue comme gladiateur, il s'évade avec 70 compagnons auxquels s'adjoignent de nombreux autres esclaves. Successivement Spartacus vainc le prêteur Claudius, les lieutenants du prêteur Varinius, puis Varinius lui-même. L'armée de Spartacus, renforcée d'une multitude de bouviers et de pâtres, atteint 70 000 hommes. Ce n'est que grâce aux divisions internes des révoltés que Grassus parvient à les battre ; Pompée achève la campagne et remporte de faciles lauriers (71 av. J.-C.).

23. Ki-zerbo (J.), *op. cit.*, p. 52 et suite.

24. Samir Amin, « Mode de production, formations sociales », *Introduction aux concepts*, séminaire IDEP, 74 pronéotypes.

24a. Nous préférons le terme *conféodal* à celui de confédéral car il s'agit d'une allégeance de vassaux au roi (Mansa).

25. Coquery, Vidrovitch, H. Monod, *L'Afrique noire de 1800 à nos jours*, Paris, PUF, 1974.

J. Goody, « Economy and Feodalism in Africa », *The Economy History*, review XXII, 3. pp. 393-405, 1969.

E. Terray, *Technologie, Etat et tradition en Afrique*, Annales de l'université de Dakar, sept.-oct., pp. 331-338, 1973.

26. Person (Y.), *Samory et la révolution djula*, Bifan, Dakar.

Gisse (D.A.), *Marchands dioulas et marchés de l'Afrique noire occidentale*, étude ronéotypée, 900 p., 1963.

27. Sartre (J.P.), *Critique de la raison dialectique, théorie des ensembles pratiques*, tome I, Librairie Gallimard, Paris, 1960.

28. Dans le Mandingue médiéval, la circoncision, véritable initiation à la vie virile et aux secrets du peuple mandingue, était l'occasion de très grandes dépenses pour la communauté entière (fêtes somptueuses,

ripailles extraordinaires). Il en était de même des mariages : la dot d'une jeune fille s'élevait à 15 vaches, l'équivalent de 3 captifs mâles (1 captif = 5 vaches), des caisses de pagnes et de boubous et surtout beaucoup d'or. C'était la manière la plus naturelle de redistribution des fortunes dans la communuté. Les biens matériels changent de mains suivant le hasard des naissances des jeunes filles, la répartition des naissances féminines dans une famille ne dépendant que de Dieu et non des hommes.

29. Hegel, dans son cours sur la philosophie de l'histoire en 1830 disait : « l'Afrique n'est pas une partie historique du monde. Elle n'a pas de mouvement, de développements à montrer, de mouvements historiques en elle, c'est-à-dire que sa partie septentrionale appartient au monde européen, ou asiatique ; ce que nous entendons précisément par l'Afrique est l'esprit a-historique, l'esprit non développé, encore développé dans des conditions de naturel et qui doit être présenté ici seulement comme au seuil de l'histoire du monde ».

Coupland, dans son manuel sur l'histoire de l'Afrique oriental écrivait en 1928 : « Jusqu'à D. Livingstone, on peut dire que l'Afrique proprement dite n'avait pas eu d'histoire. La majorité de ses habitants étaient restés, durant des temps immémoriaux, plongés dans la barbarie. Tel avait été, semble-t-il, le décret de la nature. Ils demeuraient stagnants sans avancer ni reculer ».

Eugène Pittard : « Les races africaines proprement dites, celle de l'Egypte, et d'une partie de l'Afrique mineure mise à part n'ont guère participé à l'histoire, telle que l'entendent les historiens... Je ne me refuse pas à accepter que nous avons dans les veines quelques gouttes d'un sang africain (d'Africain à peau vraisemblablement jaune), mais nous devons avouer que ce qu'il en peut substituer est bien difficile à retrouver. Donc deux races humaines habitant l'Afrique ont seules joué un rôle efficient dans l'histoire universelle : en premier lieu et d'une façon considérable, les Egyptiens, puis les peuples du nord de l'Afrique ». E. Pittard, *Les races et l'histoire*, Paris, 1953, éd. Albin Michel, p. 505.

En 1957, c'est P. Gaxotte qui écrit dans la *Revue de Paris* : « Ces peuples (vous voyez de qui il s'agit...) n'ont rien donné à l'humanité, et il faut bien que quelque chose en eux les en ait empêchés. Ils n'ont rien produit, ni Euclide, ni Aristote, ni Galilée, ni Lavoisier, ni Pasteur. Leurs épopées n'ont été chantées par aucun Homère », R. Paul, oct. 1957, p. 12.

Enfin Charles André Julien va jusqu'à utiliser un paragraphe de son ouvrage sur l'histoire de l'Afrique, *l'Afrique pays sans histoire*, dans lequel il écrit « l'Afrique noire, la véritable Afrique, se dérobe à l'histoire ».

30. Les lois cycliques sont des phénomènes qui se produisent identiques à eux-mêmes, à partir d'une certaine période. Ce phénomène cyclique comprend un ensemble de mécanismes qui alternent par un processus de déclenchement. Il fait partie des *processus non cumulatifs*. Par exemple, variation du nombre de chèvres et de lions sur une île déserte, étant donné que l'une de ces espèces se nourrit de l'autre.

31. On appelle sociétés à processus cumulatif, celles qui s'accumulent les unes sur les autres, nous induisons à partir de là, qu'avec les courbes de ce genre, il y a un processus de renouvellement à partir de quelque chose. Pourquoi à temps linéaire ? Admettons une variable de base importante ; le temps = t ; la pente (a), c'est-à-dire la rapidité

d'augmentation de la courbe. (A) est le rapport de l'accroissement de (y) à l'accroissement correspondant de (x). Et pour un même accroissement de la variable, il y aura une augmentation plus ou moins grande de la pente. Par exemple : l'augmentation du nombre d'automitrailleuses chez les militaires en fonction du temps.

32. Le concept de totalité qui désigne primitivement un système philosophique cohérent, passe peu à peu aux différentes sciences. L'étude des différentes sociétés en tant que *totalité* montre qu'il doit exister un accord harmonieux entre les techniques et les idées, et que chaque société a un style de vie, une sagesse et par conséquent une idéologie propre, jouant un rôle très important dans la consolidation de la cohésion.

A la division marxiste en étages, dans laquelle les rapports sociaux et les superstructures, considérés comme superficiels, on pourrait substituer, dans le cadre des pays du Tiers Monde, *la conception d'une totalité mouvante* dans laquelle cohabiteraient des groupes sociaux avec leurs tensions et aussi leur lutte de classes, mais formant malgré tout un ensemble. Cette totalité : c'est la *praxis*, c'est-à-dire la pratique sociale.

LIVRE PREMIER

L'économie préhistorique

L'origine des espèces humaines de Charles Darwin

INTRODUCTION

Charles Darwin [1] fut le premier savant à publier en 1860, une théorie moderne et révolutionnaire sur *l'origine et l'évolution des espèces*. Il fut aussi le premier à désigner l'Afrique, comme son lieu d'origine. Adam était-il africain ?

L'Afrique, en effet, a été le continent où, pour la première fois, les hominidés — descendants lointains du singe — apparurent, y acquirent la *bipédie* et la *station verticale* qui furent les éléments décisifs de leur adaptation, pour la conquête et l'asservissement de tous les êtres vivants sur la terre.

Il est donc intéressant de rechercher quand, comment et par quels processus l'homme a-t-il pu réaliser cette adaptation. Comment a-t-il pu survivre ? Cette question fait appel sans conteste, à l'économique. En effet, la survie de l'hominidé serait due à la lente acquisition des techniques nouvelles. Vivre et se défendre ! Tels furent les motifs premiers de l'espèce *homo*. Retrouver les vestiges probants, constitue par conséquent un problème important pour la connaissance des origines de l'économie humaine.

Les recherches sur les origines de l'homme et concurremment sur les premiers âges de l'économie sont largement fondées sur une démarche pluridisciplinaire, qui ne se limite pas seulement à l'étude des ossements fossiles et des vestiges archéologiques. La géologie, la paléontologie, la géophysique et la géochimie jouent un rôle important. Quand les hominidés ont-ils commencé à utiliser des outils ? Ici, l'archéologie et les problèmes de datation deviennent d'un intérêt primordial. Quelles plantes, quelles graminées a-t-il pu utiliser pour survivre ? La botanique et ses disciplines connexes, dont la biomasse, pourront apporter certaines réponses.

Actuellement, les paléontologues ont découvert, partout à travers le monde, des fossiles osseux et des outils de pierre. Les archéologues ont reconstitué une masse importante de données sur les *technologies primitives*. Ils ont beaucoup contribué à consolider nos connaissances sur l'apparition et les activités de l'espèce *homo,* sans doute considéré comme le *seul animal* capable de fabriquer des outils.

Toutefois, l'état actuel de nos connaissances, encore incomplètes, ne nous permettent pas de clore le débat sur la période préhistorique pour laquelle nous ne disposons pas encore de datation historique sûre. Les dates connues nous sont le plus souvent fournies par le « carbone 14 ». Ces datations sont relativement sûres mais la marge d'imprécision pour la période qui nous concerne peut atteindre plus d'un siècle.

Plutôt que de s'attarder sur l'établissement d'une date précise pour cette période, les spécialistes procèdent à des grandes divisions :

— Pour la préhistoire par exemple, elle s'étend de 12 millions d'années à 3 000 avant notre ère. Pour cette période nous inclurons *la civilisation du galet (peble culture)*, puis le *néolithique* et le début de l'âge du fer se terminant aux alentours de l'an 1000 avant notre ère dans la plupart des régions qui nous concernent.

— Le néolithique est un terme générique utilisé pour désigner un certain type *d'économie agricole*. Le terme sert aussi à opérer des distinctions au sein d'instruments incluant des outils tranchants en pierre polie ou taillée, des poteries, souvent aussi des meules de types divers. Le terme néolithique a souvent servi à ces deux fins à la fois.

— Les chronologies concernant les premières communautés d'agriculteurs ne sont pas nécessairement synchrones. Les *outils en silex,* par exemple, firent leur apparition pour la première fois chez les chasseurs-collecteurs des diverses régions d'Afrique, il y a environ 7 000 à 8 000 ans avant notre ère. Des pièces analogues étaient sans doute utilisées dans certaines parties du Zaïre (Uelian) ou en Afrique occidentale forestière, jusqu'aux environs de l'an 1000 après Jésus-Christ.

— La poterie semble même avoir été en usage chez les chasseurs-cueilleurs, vivant auprès des agriculteurs bien avant que ces nouveaux utilisateurs ne deviennent eux-mêmes des agriculteurs, donc sédentarisés.

— Les meules exhumées pour la première fois en diverses régions dans les sites de la fin de l'âge de la pierre, témoignent de l'utilisation plus intensive des aliments végétaux.

Et lorsque nous parlerons du début de l'âge du fer, nous entendrons ainsi l'époque oü l'on recourut durablement à une technologie fondée sur le fer, au lieu de l'emploi sporadique des outils en fer. Généralement, le début de l'âge de fer correspond en Afrique subsaharienne au début des établissements humains à faibles effectifs, dispersés, et non à la naissance d'États au sens plein du terme, qui ne verront le jour qu'à la fin de l'âge de fer.

Dans les régions comme les confins du Sahel, le pourtour de l'Afrique du Nord et à Madagascar, on observe des métissages entre les populations , indépendamment de celles du Sud-Est asiatique telles les Mélano-polynésiens à Madagascar, et ceux des peuples proches de ceux du pourtour méditerranéen ou de l'Asie du Sud-Ouest, installés tardivement en Afrique du Nord et au Sahara.

En fait, ce qu'il faut retenir tout au long de l'époque préhistorique subsaharienne est que des peuples contemporains ont pu atteindre des niveaux de développement économiques et techniques très inégaux. En Afrique noire, l'âge de la pierre n'a pas connu une fin uniforme ; les techniques agricoles ont été adoptées à des périodes variables. Certaines communautés concernées ont dû utiliser jusqu'à la fin du premier millénaire de notre ère, une technologie spécifique à l'âge de la pierre. Pourtant comme précédemment analysé, aucune société humaine n'est restée statique, souvent des contacts culturels intenses ont pu exister, malgré les grandes distances. Même le Sahara, le plus grand désert du monde n'aurait pas constitué une barrière infranchissable. Il aurait même joué un rôle d'uniformisation.

Ces remarques préliminaires nous amène à traiter dans un premier chapitre, l'origine et l'évolution de l'espèce humaine et dans un chapitre second, le problème de l'hominisation et les formations sociales.

1. Darwin (Ch.), *L'origine des espèces*, 1860, réed. Jean Bonnot, Paris, 1982. Charles Darwin affirme que toutes les espèces animales sont issues de quatre ou cinq vivantes primitives, ayant *un seul et unique prototype*. L'homme serait l'aboutissement de cette sélection naturelle.

Darwin a accumulé les preuves. Les fossiles témoignent de l'évolution et les vivants aussi. Il démontre que la main de l'homme, le pied du cheval ou l'aile de la chauve-souris sont bâtis sur le même modèle ou renferme le même os. Il aboutit à des précisions troublantes : l'oie possède vingt-quatre vertèbres embryonnaires exactement comme la queue de l'archacoptérix, cet animal mi-reptile, mi-oiseau qui vivait il y a 200 millions d'années. On retrouve la même évolution dans le développement de l'embryon humain que chez un minuscule animal marin vivant, il y a plus de 500 millions d'années.

Chez l'homme adulte, le cœur comporte deux oreillettes et deux ventricules, tout comme le premier mammifère, d'il y a 200 millions d'années. En quelques phrases, Darwin a balayé toutes les théories scientifiques, toutes les philosophies et tous les dogmes religieux. Après plus d'un siècle, la révolution scientifique de Darwin, dont le génie est comparable à celui de Galilée, de Copernic ou d'Einstein, n'est pas tout à fait apaisée et si la science a dû accepter ses théories, toutes les religions s'y sont opposées et pour cause ! Il aurait fallut jeter aux orties le talmud du juif, la bible du chrétien et le coran du musulman. C'est immoral ! diront certains mystiques et autres « créationnistes ». Mais avouons, c'est un fait scientifiquement établi ! Il n'y a à chercher aucune moralité dans les faits.

Première partie :

HOMINISATION ET FORMATIONS SOCIALES

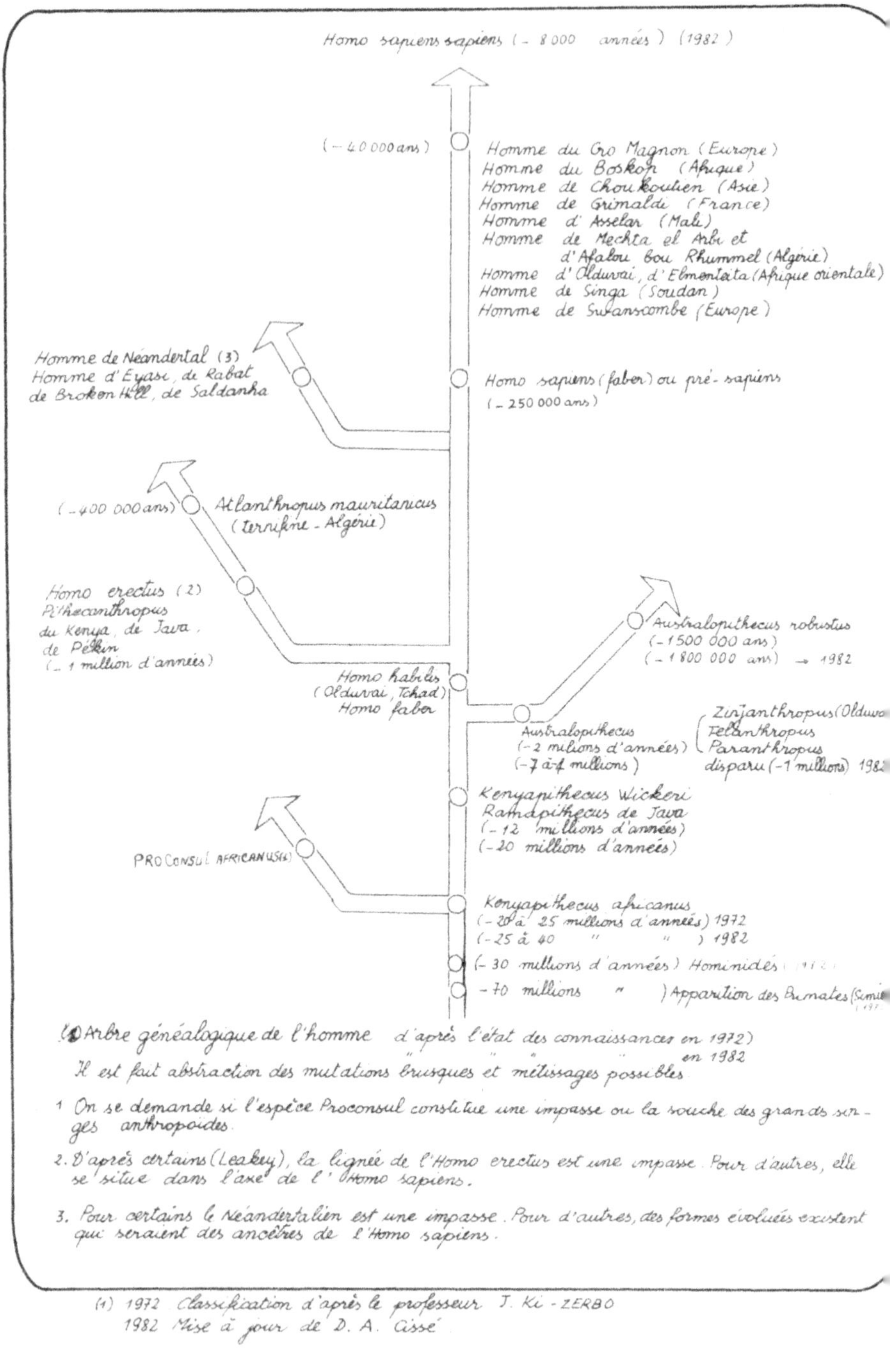

Arbre généalogique de l'homme

Chapitre I

ORIGINE ET ÉVOLUTION ÉCONOMIQUE DE L'ESPÈCE HUMAINE

(– 12 millions à – 8 millions)

Originellement, l'homme est un mammifère, plus précisément un *mammifère placentaire* [1]. Il appartient à l'ordre des primates. Les primates apparurent vers la fin de l'ère secondaire, il y a environ 70 millions d'années [2]. Ils se différencient des autres mammifères placentaires par « le développement précoce du cerveau, l'amélioration de la vision devenue stéréoscopique, la réduction de la face, le remplacement des griffes par des ongles plats et l'opposabilité du pouce aux autres doigts ». Parmi les primates, divisés en prosimiens et simiens, l'homme fait partie des seconds, ceux-ci se caractérisent par un accroissement de la taille, « une migration des orbites en façade, une amélioration consécutive de la vision et l'indépendance des fosses temporale [3].

I — Les orientations fondamentales de l'espèce humaine

Selon les paléontologues, à l'oligocène supérieur (30 millions d'années environ) une explosion de formes se manifeste parmi les simiens, qui a permis de dire que la *différenciation* de la famille des hominidés pourrait remonter à cette époque. Le genre *homo*, ancêtre de l'homme moderne, se caractérise par la bipédie, avec transformation du pied, de la partie inférieure du bassin, de l'orientation du crâne et du visage, avec notamment : la réduction de la face, la parabolisation de l'arc dentaire, la réduction de la canine, l'enfoncement du palais. Le genre homo exemplaire est le *ramapithèque* dont le cerveau paraît avoir atteint 400 cm^3, la face réduite, l'arc dentaire arrondi, les incisives et les canines réduites et implantées verticalement.

Bien après 4 millions d'années avant notre ère, apparurent les australopithèques à tendance évolutive. Ils ont acquis une bipédie permanente, avec deux pieds humains, des mains humaines, un cerveau assez volumineux, des petites canines et une face réduite. Les australopithèques sont considérés comme des hominidés.

Le genre *homo* constitue la fin de la chaîne. Il se distingue des australopithèques par une augmentation de la taille, une amélioration de la station verticale, un accroissement du volume cérébral (880 cm^3) et une transformation de la denture qui voit se développer les dents antérieures, relativement aux dents latérales à la suite d'un *changement du régime alimentaire* ; le genre *homo* passe définitivement de végétarien au régime *omnivore.*

Dès l'éocène, les Simiens [4] vont se scinder en deux grands groupes : les platyrhiniens [5] ou singes du nouveau monde à cloison nasale épaisse et 36 dents et les catarhiniens ou singes de l'ancien monde à cloison nasale mince et 32 dents.

Les catarhiniens vont eux-mêmes se diviser en un certain nombre de familles : les cercopithècides, les pongoïdes, les hominidés, les hylobaticides, les oréopithècides, les gigantopithèces, les sivapithècides.

L'acte de naissance de l'homme, peut être sûrement établi, au moment où les premiers hominidés commencèrent à fabriquer des *outils de pierres reconnaissables,* selon des formes et des types prédéterminés de façon régulière et répétitive. Cette combinaison des *capacités physiques et mentales pour la production généralisée d'outils* — en d'autres termes, le dépassement de sa condition biologique, grâce à l'industrialisation commençante et le fait de dépendre de plus en plus de ces capacités et activités extra-biologiques, c'est-à-dire *culturelles* et *économiques* — distingue l'homme des autres animaux et définit... *l'humanité.*

L'évolution procédant toujours du plus simple au plus complexe et de l'indifférencié au spécialisé, *l'homo oeconomicus*, est donc cet *homo sapiens-sapiens* (homme savant parmi les savants) constituant la fin de la chaîne. Il est extrêmement habile à transformer à son profit le monde environnant grâce à l'outil.

L'outil, dans la mesure où il a été conservé contre l'usure du temps, donc réellement discernable, peut permettre non seulement de saisir les débuts de l'économie, mais être le critère premier d'hominisation. Mais pour qu'un outil puisse être considéré comme tel, le concept d'utilisation par l'être vivant d'un objet extérieur aux « outils naturels » ne suffit pas. Les paléontologues exigent le *concept de la transformation délibérée*, et l'aménagement de cet outil. Il faut prouver *l'intention humaine* sur les outils les plus rudimentaires, les moins élaborés. Et les savants sont unanimement d'accord sur les faits que le degré de développement du cerveau variant entre 800 cm^3 et 1 700 cm^3, est nécessaire à l'appréhension *des techniques nouvelles*. L'aptitude à la manipulation des outils et la bipédie, peuvent être considérées comme les meilleurs repères pour retracer l'histoire économique de notre espèce à travers le temps. Actuellement tous les spécialistes de la question témoignent que cet homme « savant », cueilleur, chasseur, pêcheur et artisan serait apparu pour la première fois en Afrique noire, exactement dans sa partie orientale, il y à environ 3 millions d'années : c'est dit-on, le *kenyapithecus africanus* qui, en se multipliant, se serait répandu à travers tous les autres continents, à la faveur des migrations successives qui ont marqué l'aube de l'histoire de l'humanité.

II — Genèse de l'évolution humaine

En se référant aux travaux récents des archéologues et paléontologues dont Coppens et Léakey, nous pouvons classer l'évolution du tertiaire en quatre grands étages du paléocène au pliocène :

1) entre 20 et 40 millions d'années : du paléocène à l'éocène ;

2) entre 10 et 20 millions d'années : de l'éocène à l'oligocène ;

3) entre 10 et 1 millions d'années : de la fin de l'oligocène au miocène ;

4) enfin le dernier million d'années au pliocène [6].

En fait, les fossiles de la famille de l'homme (hominidés) peuvent être présentés comme distincts et séparés des grands singes actuels. Les pongidés sont apparus depuis plus de 14 millions d'années, mais la différenciation semble ne s'être effectuée qu'entre la période allant de 14 millions d'années à 3 millions d'années avant notre ère. A partir des travaux des paléontologues, les témoins fossiles relatifs aux groupes autres que l'homme sont souvent mieux connus et comportent un matériel plus complet. Ces vestiges sont importants et permettent de reconstituer l'*environnement économique primitif* des hominidés aux premiers stades de leur évolution. Il existe actuellement des données sur plusieurs périodes importantes, où de nombreuses espèces animales subirent des changements très rapides en réponse aux pressions de l'environnement.

Il est prouvé de même, que l'homme est passé par divers stades avant de devenir le bipède hautement cérébralisé qu'il est aujourd'hui. A une certaine époque du tertiaire ont existé plusieurs types d'hommes, donc chacun pourrait représenter une adaptation spécifique. Les mutations, à partir de la forme simiesque des hominidés du miocène par exemple, peuvent représenter une certaine forme de spécialisation d'adaptation, qu'il faudrait élucider, à partir des travaux scientifiques contemporains en suivant les étapes ci-avant.

1) L'évolution des pré-ancêtres de l'Homme du paléocène à l'éocène (– 20 à – 40 millions avant notre ère)

La préface à l'apparition des *pré-hominiens* est illustrée par une variété de primates datés entre 20 et 40 millions d'années, découverts dans le gisement de Fayoum à quelques dizaines de kilomètres au sud du Caire et qui ont pour noms : *parapithecus ; l'apidium ; l'oligopithecus ; le propliopithecus ; l'aelopithecus ; l'aegyptopithecus.*

Les deux premiers pré-hominiens, le *parapithecus* et *l'apidium* ont trois prémolaires donc 36 dents comme les prosimiens ou les platyrhiniens (singes du Nouveau

Monde). Ils sont considérés comme les ancêtres des protocatarhiniens à 36 dents.

Le reste, à savoir : l'*oligopithecus*, le *propliopithecus*, l'*aelopithecus*, l'*aegyptopithecus* sont munis de deux prémolaires ; il s'agit alors de catarhiniens proprement dits possédant 32 dents. L'*oligopithecus,* le plus ancien primate connu qui ait 32 dents, serait un primate de petite taille (environ 30 centimètres de hauteur) muni de molaires de type primitif. Les savants le relie aux cercopithèques.

Le *propliopithecus* a des canines faibles et une première molaire inférieure à un tubercule et demi. Certains paléontologues y ont vu la première esquisse de l'*homomorphie,* avec deux prémolaires inférieures, caractéristiques des hominidés. Est-il l'ancêtre de l'homme ou l'ancêtre commun aux grands singes et aux hommes, ou déjà un pongidé ?

L'*aegyptopithèque* enfin, a également de grandes canines et des prémolaires hétéromorphes ; il est considéré comme l'ancêtre des dryopithèques de l'Ancien Monde et peut-être de celui des *chimpanzés.*

En fait, il y a 30 millions d'années, les orientations primordiales vers l'hominisation étaient prises, une variété de petits primates peuplaient le nord-est de l'Afrique, préfigurant déjà les primates contemporains : cercopithèques, pongidés, hylobatidés et enfin les *hominidés.*

2) L'évolution des ancêtres de l'Homme de l'éocène à l'oligocène (– 10 à 20 millions d'années avant notre ère)

Au congrès panafricain de Dakar en 1967, L.S.B. Leakey [7] a montré que le *kenyapithecus africanus,* petit primate qu'il a découvert au Kenya et en Ouganda, date de 20 millions d'années d'âge. A Fort-Ternan au Kenya, il a également exhumé une autre espèce du même genre, *Kenyapithecus Wickeri* daté cette fois de 14 millions d'années. Leakey affirmait que ces deux petits primates étaient des hominidés, s'appuyant pour ce faire sur des *arguments culturels et économiques.* Il avait présenté des pierres de basalte dont les tranchants naturels portaient des *traces d'usage.* En 1971, au Congrès d'Addis Abeba, il déclarait que des ossements d'animaux découverts en association avec Kenyapithecus Wickeri étaient artificiellement brisés. Leakey concluait alors, que ces petits primates africains choisissaient des cailloux pointus ou tranchants pour préparer leurs nourritures. Physiquement, ces petits primates avaient déjà une conformation quasi humaine. *Kenyapithecus africanus* par exemple, avait :

> « l'arcade dentaire arrondie, les dents jugales supérieures divergentes, le prognatisme faible ; ses incisives et ses canines sont plantées verticalement et les couronnes de ses prémolaires et des molaires sont basses. » [8]

Enfin, d'après Yves Coppens :

> « Il y a 12 millions d'années se balançait de branche en branche, dans la forêt de Toscane, mais aussi peut-être au Kenya un autre primate, *l'oréopithèque,* découvert en 1872 à Grosseto en Toscane décrit par J. Hürzeler, mais découvert par Gervais qui a récolté un squelette entier d'*oreopithecus Bambolii.* Ce primate toscan a une « face courte » ; les os du nez font saillie par rapport au profil de sa face ; ses incisives sont petites, ses canines aussi. Sa première prémolaire inférieure est *bicupside* ; son bassin est celui d'un bipède, mais ses membres antérieurs sont extrêmement longs. » [9]

L'oréopithèque est, semble-t-il, un petit hominidé, en tout cas c'est un primate brachiateur, adapté a un mode de vie forestier [10].

En résumé, plusieurs lignées de primates sont ici représentées et apparurent entre le miocène et le pliocène, qu'ils soient *kenyapithecus africanus, kenyapitecus wickeri, ramapithecus pinjabicus, gigantopithecus blacki, gigantopithecus-cilaspurenisis, oreopithecus bambolii.* Leur caractère commun est celui d'un *primate brachiateur* qui, vivant en forêt, semble pour la première fois venir « s'alimenter en partie en zones ouvertes », autour des lacs et le long des rivières. De *nouveaux modes de vie* vont apparaître avec ces sorties de la forêt, en même temps qu'apparaît une nouvelle adaptation biologique. Les besoins créant les fonctions, apparaissent en même temps une réduction des dents antérieures, une réduction de la face, une tendance de la première prémolaire qui n'est plus gênée par la canine, a doublé sa *cupside* initiale. C'est déjà la préfiguration, une sorte d'avant-première de la *conquête de la savane* par les primates déjà différenciés et avec elle la *bipédie* [11]. Ce mode de locomotion terrestre qu'est la bipédie permet à l'hominidé de se déplacer à travers la nature. C'est assurément la première grande victoire de l'homme sur la nature [12].

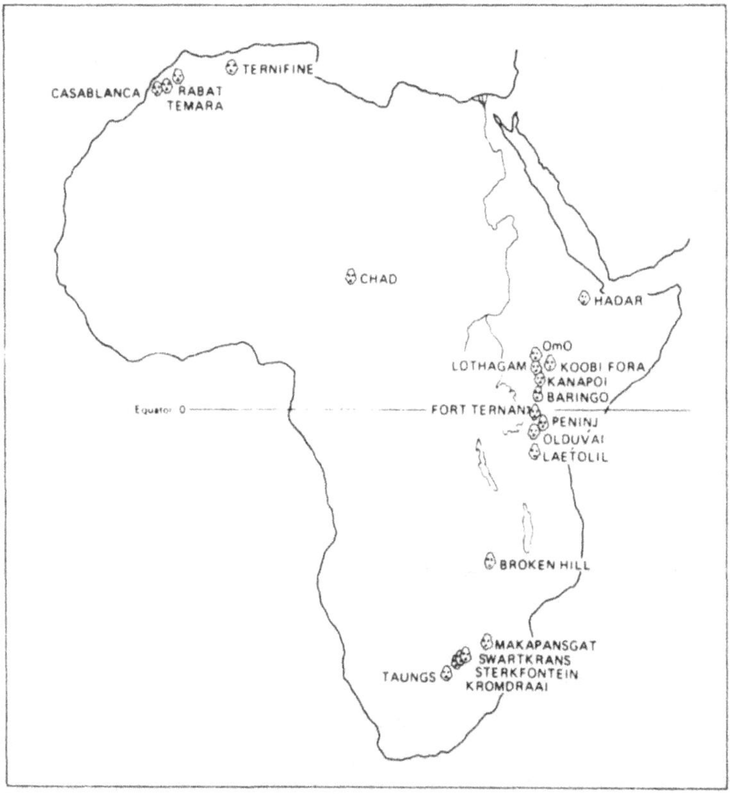

• Quelques-uns des plus importants sites d'hominidés in *Histoire générale de l'Afrique*, Unesco, 1984, tome I.

3) L'apparition des hominidés, de l'oligocène au miocène (10 à 1 million d'années)

De – 10 à – 1 million d'années avant notre ère, nombre de paléontologistes [13] ont découvert dans plusieurs sites d'Afrique orientale, un groupe de primates à la fois polymorphes et très localisés : les *australopithèques*.

Ces australopithèques semblent être apparus vers 6 à 7 millions d'années pour disparaître aux alentours d'un million d'années. En Afrique orientale, notamment au Kenya, en Tanzanie, en Ethiopie, en Afrique du Sud, plusieurs fouilles ont permis d'exhumer beaucoup de fossiles d'hominidés. Le premier découvert fut dénommé *australopithecus robustus* ou l'australopithèque robuste, ou paranthrope ou encore zinjanthrope ; le second, australopithecus gracilis ou l'australopithèque gracile ou paranstralopithèque. Un troisième encore appelé *homo habilis* ou *australopithecus habilis*. Enfin le quatrième hominidé découvert fut baptisé *homo erectus* ou *telanthropus* ou *meganthropus*.

III — Mode de vie des hominidés et évolution morphologique

Selon l'étagement et le système de classification adoptés par Darwin, les paléontologistes considèrent d'une part que l'origine de *homosapiens* remonte à plusieurs millions d'années, et d'autre part, qu'aux différentes époques, il a existé plusieurs types morphologiquement distincts, au sein même de la lignée. La composition générique de *l'homme moderne* reflète tant soit peu cet héritage composite.

Dans la pratique, les paléontologues classent les spécimens similaires dans la même espèce ; les *différences mineures* servant de base pour différencier l'espèce, tandis que les *différences majeures* servent à l'identification du genre. Le problème actuel est de pouvoir considérer l'évolution dans le temps d'une espèce particulière, qui a pu subir des transformations rapides.

Dans ces conditions le terme « d'espèce morphologique » est utilisé pour décrire les fossiles qui présentent des caractères physiques semblables. Les fossiles des trois derniers millions d'années ont permis d'identifier au moins deux genres et plusieurs espèces d'hominidés. Cette variété permet de mieux comprendre l'origine de notre espèce. Il n'y a pas si longtemps, on pensait que l'évolution s'était développée à un *rythme uniforme,* mais il est prouvé maintenant que des populations locales d'une espèce donnée peuvent avoir réagi différemment aux forces de la sélection.

A travers la chaîne des évolutions, il semble que des formes « primitives » peuvent être contemporaines des formes avancées ou « progressives ». L'identification des caractères « primitifs » chez une espèce est moins difficile à cerner, lorsque l'échantillon est limité, car il est possible d'identifier des tendances et des adaptations qui permettent d'expliquer le *processus de survie par modifications progressives.* En se référant aux publications récentes [13], les restes des fossiles humains retrouvés en Afrique noire, révèlent à l'analyse deux groupes principaux :

Primo : le genre *australopithecus*, éteint il y a environ un million d'années.

Deuxio : le genre *homo*, identifiable jusqu'à nos jours.

1) Les australopithèques ou pré-hominidés

Cette espèce a une aire de répartition assez large en Afrique orientale et méridionale. Généralement l'espèce se caractérise par de très fortes mandibules, de grandes prémolaires et molaires en comparaison avec les incisives et et les canines, une capacité crânienne inférieure à 550 cm^3, le dimorphisme sexuel est révélé par les caractères externes du crâne, tels que les crêtes sagittales et occipitales développées chez le mâle. Ce que l'on connaît du squelette post-crânien s'avère également caractéristique, fémur, humerus astragale.

A — L'australopithèque robuste

Son aire de répartition est l'Afrique du Sud, il y a 2 à 2,5 millions d'années ; en Ethiopie (vallée de l'Omo) ; au Kenya (Lac Turkana, Chesowanja : 1 100 000 ans, Olduvaï : 1 800 00 ans).

On l'a dénommé *robuste* parce qu'il est effectivement plus fort et plus grand que les autres.

> « Sa morphologie crânienne révèle un appareil masticateur puissant : ses molaires et prémolaires sont en effet énormes. Il s'ensuit une mandibule robuste, des muscles masticateurs à l'ancrage résistant, une arcade zygomatique vigoureuse et pour les muscles temporaux une crête sagittale impressionnante. » [14]
>
> D'autre part « le front est absent. La face est haute et plate et les dents antérieures petites, ce qui favorise les mouvements latéraux de broyage. La mandibule a consécutivement une haute branche montante, ce qui accroît les

mouvements de mastication des muscles masseters et ptérygoïdiens »[15].

Le corps de l'*australopithecus robustus* est plus massif que celui des autres espèces. Sa taille est évaluée à 1,55 mètre environ, son poids variant de 35 à 65 kilos. Sa bipédie n'était certainement pas parfaite, car les fémurs ont des têtes petites et de longs cols. La capacité crânienne a été estimée à 530 cm^3 à Swartkrans et 530 cm^3 à Olduvaï.

La caractéristique de l'australopithèque robuste est le *développement du cervelet,* indiquant ainsi un plus grand degré de contrôle des mouvements de la main (brachiation) et de la locomotion (bipédie).

B — L'australopithèque gracile

Il a été retrouvé en Afrique du Sud (Makapansgat et Sterfontein) en Ethiopie (Garusi, Afar), en Tanzanie (Laetotil). Il mesure environ 1 à 1,25 mètre, pèse 18 à 31 kilos. Sa face est plus projetée que celle de l'australopithèque robuste.

> « Ses arcades suborbitaires modérément développées, supportent un front relativement développé.
>
> Les incisives spatulées sont implantées verticalement, les canines, petites, ressemblent à des incisives. Les dents jugales divergent, ce qui donne une arcade dentaire parabolique. »[15]

Ses dents jugales étaient grosses, leurs *cupsides* rondes, l'émail épais, l'usure à plat, dans le cas même de australopithecus... gracile a une alimentation plus variée que le robustus ; son *alimentation de base devait être également végétarienne.* L'épaisseur de la mandibule, celle de l'émail, l'usure à plat, la brièveté de la face, la grande taille des prémolaires et des molaires indiquent en fait un puissant masticateur.

Leakey a également constaté un retard dans l'éruption dentaire, et ce retard joint à l'épaisseur de l'émail signifie l'adaptation à une vie et plus spécifiquement à une adolescence plus longue. La capacité endocranienne varie entre 428 à 485 cm^3 soit 444 cm^3 de moyenne, pour la forme sud-africaine. Les os longs, en particulier l'humerus et l'omoplate, rappellent une brachiation ancestrale. Toutefois l'*australopithecus gracilis* est un bipède permanent.

Australopithecus était-il l'ancêtre du genre *homo* ? La

plupart des savants répondent par l'affirmatif. Certains, cependant, pensent que ces deux formes avaient un ancêtre commun distinct. Les recherches en cours confirmeront ou infirmeront ces deux thèses. Toutefois il est nécessaire d'examiner les deux genres du point de vue de leurs « adaptations spécifiques » et de considérer, s'il en existe, des taux de variation. Il est donc essentiel de définir clairement les caractéristiques qui sont typiques de chacun d'eux, et qui se sont révélées permanentes dans le temps.

2) Le genre homo (pré-sapiens)

De la forme pré-sapiens, le genre homo se subdivise en deux espèces : *homo habilis* et *homo érectus*.

A — Homo-habilis

Le plus ancien du genre homo, il a été trouvé successivement en Ethiopie (Laetotil et l'Hadar), au Kenya (dans l'est du Lac Turkana à Kanapoï, à Koobi Fora). Les principales caractéristiques seraient un développement relativement important du cerveau, une capacité crânienne pouvant dépasser 750 cm^3 [16], des ossements crâniens relativement minces, une voûte crânienne assez développée, et une constriction post-orbitaire réduite. Les incisives sont assez larges, les molaires et les prémolaires réduites ; la mandibule dénote un bourrelet externe ; les éléments du squelette post-craniens sont morphologiquement proches de ceux de l'homme moderne. Sa clavicule rappelle l'ancestralité brachiatrice. On a estimé sa taille entre 1,20 à 1,40 mètre.

B — Homo-erectus

C'est le pré-sapiens le mieux connu, puisque largement répandu. Cette espèce a d'abord été reconnu en Chine, plus récemment en Afrique du nord, en Afrique orientale et méridionale. Les spécimens asiatiques n'ont pas reçu une datation précise. Néanmoins la datation pour une partie du matériel suggère que *homo-erectus* apparaît dans des sites vieux de 1,5 à 0,5 million d'années en Afrique, en revanche des datations précises atteignent 1,6 million d'années.

Cette datation très reculée pourrait témoigner d'une origine africaine de homo-erectus et les savants acceptent généralement l'idée que tous les témoignages de cette humanité découverte hors d'Afrique viendraient des populations ayant émigré d'Afrique au début du pléistocène.

Le matériel disponible a permis de montrer que cette espèce était largement répandue en Afrique et qu'elle se rencontrait aussi en Asie et en Europe. Les restes de membres dénotent la station verticale, l'adaptation à la marche et une bipédie analogue à celle de l'homme moderne. Le degré d'intelligence peut être sommairement évalué par estimation du volume de la boîte crânienne. Cette capacité varie de 750 cm^3 pour *homo erectus*, alors que la moyenne de *homo sapiens* est supérieure à 1 400 cm^3.

3) Le dernier million d'années (apparition de l'homo-sapiens)

Cette dernière période s'étendant sur le pliocène voit naître *homo sapiens*. Déjà l'accroissement démographique est de plus en plus accéléré, cette démographie galopante s'accélérant au fil des siècles, puis des ans. Ainsi, au XIXe siècle, l'humanité a mis cent quinze ans pour passer de un milliard à deux milliards d'individus. De 1900 à 1935 soit trente-cinq ans, la population mondiale est passée de deux à trois milliards. De 1935 à 1950, soit quinze ans, elle passe de 3 à 4 milliards.

En 1980, l'humanité compte environ 7 milliards d'habitants et dépassera certainement le cap des 10 milliards avant l'an 2000 dont les deux tiers appartiendront au Tiers Monde. L'Afrique, qui compte aujourd'hui 600 millions d'habitants, dépassera le milliard avant l'an 2000. Le Nigéria qui compte à présent environ 115 millions, atteindra, selon l'évaluation du rapport de Lagos [17], 450 millions d'habitants en l'an 2050 et deviendra la troisième puissance démographique après la Chine et l'Inde !

IV — Les débuts de l'évolution technologique : sites, habitations et outils des premiers hommes

L'origine exacte des *facultés techniques* des hominidés est difficile à situer ; on peut au mieux, comme le suggère Yves Coppens [18], situer leur apparition au cours du pléistocène, peut-être en liaison avec « la réponse adaptative qui est au cœur de la différenciation du genre *homo* » [19].

1) Sites, habitations et outils pré-hominiens

Procédant à des fouilles, le Dr Leakey remarqua, à partir des couches les plus anciennes d'Olduvaï (1 800 000 ans avant notre ère) des *outils* abondants et constants, des *galets aménagés* particulièrement fréquents rappelant l'industrie du « *pebble culture* » ou oldwayen.

Continuant ses fouilles aux niveaux les plus anciens d'Olduvaï, Leakey constata une grande accumulation de cailloux de basalte. Au fur et à mesure que la fouille progressait, il s'aperçut que ces cailloux, loin d'être éparpillés anarchiquement, s'ordonnaient en petits tas dessinant un cercle. Il conclut que chaque petit tas représentait les pierres de calage d'un poteau. En imaginant un cercle de piquets ou d'arceaux et de peaux ou feuillages tendus entre ces piquets, Dr Leakey a cru découvrir les restes d'une construction. On serait en présence, soutient-il, d'une *structure d'habitation* d'il y a environ deux millions d'années.

A Melka-Kontouré près d'Addis-Abeba, Jean Chevaillon [20] a mis au jour, dans le niveau oldowayen, le plus ancien site (1 500 000 ans), une structure d'habitation assez semblable à celle du Dr Leakey. Au milieu d'un sol d'occupation jonché d'outils, il a dégagé une « surface ronde de 2,50 mètres de diamètre, sans le moindre outil, surélevée de 30 cm par rapport au reste du sol que bordait une gouttière de 2 mètres de longueur, quelques petits tas de cailloux évoquent ici aussi la présence de poteaux » [20].

Nous pouvons donc conclure qu'aux époques les plus reculées, l'habitat des origines peut être considéré comme un *cadre communautaire* qui est apparu dès les premières lueurs de l'intelligence humaine.

Au début, les préhominiens, puis les hommes préhistoriques se sont sans doute retrouvés en hordes, puis en bandes ; plus tard organisés en troupes et en équipes à la faveur des tâches techniques concrètes, qu'on ne pouvait accomplir qu'en groupes pour survivre, et pour mieux vivre. L'habitat, même transitoire, était un point adapté au repos, à la défense, à l'approvisionnement. Il était également le lieu de rassemblement par excellence. Le feu « prométhéen » déjà apprivoisé réunissait les membres de la troupe pour les protéger contre la peur des bêtes.

Dans la vallée de l'Omo (Ethiopie), il paraît donc convenable que d'humbles vestiges lithiques, intentionnellement agencés et exhumés, soient les linéaments de « cases » des premiers hominidés. Ces techniques de construction iront en se perfectionnant jusqu'à ces *villages néolithiques* perchés sur des positions stratégiques, à l'abri des innondations et des attaques, mais à proximité d'un point d'eau. L'acquisition de ces techniques nécessitait à cette époque, une certaine maîtrise, grâce à la *division du travail* qui prendra toute sa signification au néolithique, à cause précisément de la diversification croissante des activités économiques. Si au paléolithique inférieur, l'homme n'avait pas de choix à faire quant aux activités économiques qui étaient automatiquement orientées vers la cueillette, la chasse et la pêche, au néolithique cependant, le choix pour l'agent économique semblait beaucoup diversifié et impliquait, semble-t-il, une répartition judicieuse des travaux exigeant une certaine spécialisation pour les hommes, les femmes et les enfants, les paysans et les pasteurs. Déjà les *corps de métiers* existaient : cordonniers, artisans de la pierre, du bois, de l'os. A l'âge du fer, les forgerons commençaient à être mis en place.

Donc, dès les débuts de l'évolution humaine, une technologie se dégage. C'est chez les australopithèques de l'Afrique de l'Est et du Sud qu'apparaît l'*outil fabriqué,* qui plus tard, à la faveur des migrations du genre *homo,* d'Afrique vers l'Asie du Sud et l'Europe s'étendra. Plusieurs types d'outils seront rapidement créés pour des destinations précises, leur fabrication enseignée et transmise d'Afrique aux autres continents.

Enfin, des structures d'habitations apparaissent. C'est en ce sens que tous les savants ou presque concluent sur l'origine africaine de l'humanité : la première civilisation est née en Afrique.

A quelle date pourrait-on situer le développement du *galet aménagé* ? Certainement au pléistocène ancien. Vers 1,6 million d'années, des bifaces grossiers font leur apparition. Le développement du *galet aménagé* en biface peut être suivi à Olduvaï et d'autres sites de l'Est africain le confirment également.

En Europe, les plus anciennes industries découvertes, à une époque récente, étaient des industries à biface. Les savants pensent à une migration de groupes humains à « biface » depuis l'Afrique vers l'Europe et l'Asie au début du pléistocène. Le développement des industries de pierre suppose l'apparition des industries post-acheuléennes déjà liée à l'émergence de l'*homo-sapiens*.

En résumé, il existe maintenant des preuves d'une étonnante diversité des hominidés du plio-pléistocène en Afrique. Cela a été interprété comme la conséquence d'une différenciation au cours du pliocène, suivi d'expériences évolutives différentes jusqu'au début du pléistocène.

2) Les industries préhistoriques

En 1969, dans les gisements de l'Omo, une mission française a mis au jour des outils en pierre et en os de plus de 2 millions d'années. En 1970, la Mission kenyanne de l'est du lac Turkana, recueillait en place dans un niveau volcanique daté de 2 000 000 d'années, une industrie de pierre et d'os comparable aux outils de l'Omo. Avec les découvertes du bassin plio-pléistocène du lac Turkana, l'âge des premières outils taillés a été repoussé à plus de 2 millions et demi d'années, sans doute 3 millions, rallongeant de près d'un million d'années l'âge des plus anciennes industries connues jusqu'alors [21].

Cette première industrie de l'histoire est constituée par une grande quantité d'éclats, artificiellement percutés et utilisés pour leurs tranchants, de galets dont une pointe ou un tranchant a été aménagé par une série d'enlèvements et d'ossements ou de dents préparées ou utilisées directement lorsque leur forme s'y prêtait : canine d'hippopotame par exemple. Ces outils peuvent se ranger en un certain nombre de types ; chacun de ces types est reproduit en un certain nombre d'exemplaires.

Cela signifie que leur forme a déjà fait l'objet d'une recherche, qu'elle est l'acquisition d'une expérience transmise de génération en génération impliquant une certaine *vie sociale*. En d'autres termes, depuis plus de 2 500 000 ans, l'*outil est né* ; au-delà il doit se confondre avec les objets naturels.

Après une très longue évolution, l'homme apparaît au bout de la chaîne comme un *primate différencié* qui lentement mais sûrement, s'est efforcé, grâce à une certaine *lueur d'intelligence,* d'améliorer l'outil dont il se servait. Cette continuité dans le temps, cet entêtement à toujours mieux faire ses instruments de production dont l'outil et l'habitat, éclaire brusquement un *primate réfléchi* qui prévoit, apprend, transmet, construit la première société qu'il dote de la première culture. L'Afrique , par le nombre et l'importance des trouvailles tirées de ses entrailles, est aujourd'hui reconnue comme le *continent-mère de l'humanité*.

Dans la chaîne ininterrompue de l'évolution humaine, les savants ont démontré qu'il y a 6 à 7 millions d'années avant Jésus-Christ, naissait en Afrique orientale et du Sud-Est, un groupe d'hominidés, dénommé australopithèque. De cette souche-mère, il y a 2 à 3 millions d'années, émergeait, un être australopithèque lui-même, mais *déjà homme,* puisque capable de tailler la pierre et l'os, de construire des huttes et de vivre en petites sociétés, représentant, ainsi, par toutes ses manifestations, l'origine proprement dite de l'*humanité fabriquante.*

Ainsi naquit, en Afrique noire, la *première économie,* le *premier homo œconomicus,* la première *societas œconomica.*

En vérité, l'Afrique est la mère de l'agriculture et de l'industrie, la mère de toute civilisation humaine connue sur la planète terre ! On est certain désormais, que l'origine de l'humanité est unique, et elle est africaine, est-africaine précisément.

Notes

1. Les mammifères placentaires représentent les plus évolués dans cinq classes de vertébrés : ils disposent d'un organe nouveau, le placenta, destiné à la respiration et à la nutrition des fœtus.

2. Le temps géologique se subdivise en ères : primaire, secondaire, tertiaire et quaternaire. Les primates qui apparaissent à la fin du secondaire, il y a 70 millions d'années, se développent durant les ères tertiaire et quaternaire. Le tertiaire est divisé en cinq grands étages qui varient du plus ancien au plus récent : le paléocène, l'éocène, l'oligocène, le miocène et le pliocène. Le quaternaire, ne comprend que deux étages : le pléistocène et l'holocène.

3. Coppens (Y.), « l'hominisation : problèmes généraux » in *Histoire générale de l'Afrique*, pp. 435 et suivantes, 1980.

Le singe, l'Afrique et l'homme, Paris, Ed. Fayard, 148 p., 1984.

4. Quant aux prosimiens, les plus anciens primates, ils sont réprésentés aujourd'hui par les *lémuriens* malgaches, les *tarsiers* des Philippines et d'Indonésie et le petit *galagos* d'Afrique tropicale.

5. Voir glossaire donnant la définition des différents termes scientifiques utilisés à la fin du livre premier.

6. Coppens (Y), *op. cit.*, p. 437, 1980.

7. Leakey (L.S.B.), « Dimple-Based pottery from Central Kavirondo Kenya » Coryndon Mem. Occ. Papers 2 : 43 (25).

8. L.S.B. Leakey, *op. cit.*, p. 439. Comme certains paléontologues, s'appuyant sur certains caractères ou interprétant certains autres, le Dr Leakey situe ces primates parmi les grands singes. D'ailleurs depuis 1934, dans les formations mio-pliocènes du nord de l'Inde et du Pakistan, on a découvert un autre primate *ramapithecus pinjabicus* (8 à 14 millions d'années), puis *bramapithecus* découvert par Simons de Yale pesant 18 à 36 kilos. En Chine, il a été découvert le *gigantopithecus blacki*, et *gigantobilaspurensis* en Inde. En Grèce, Lide Bonis a découvert *ouranopithecus macedoniensis* (– 10 millions d'années).

9. Person (Y), pp. 440 à 441.

10. La brachiation est un mode de locomotion arboricole qui consiste à se déplacer de branche en branche, suspendu par les membres antérieurs.

11. La bipédie est un mode de locomotion terrestre qui consiste à se déplacer et à se dresser sur ses deux membres postérieurs.

12. L'adaptation de l'homme au milieu ambiant fut l'un des facteurs les plus déterminants et l'un des plus puissants modes de façonnement et de mutation. Les caractéristiques morpho-somatiques des populations africaines ont été élaborées dans cette période de la préhistoire.

13. Ce sont notamment le professeur R. Dart, qui en 1924 baptisa l'australopithèque découvert en Afrique du Sud et en 1939, le professeur allemand L. Kohl Larsen qui étendait à l'Afrique orientale, l'aire de la répartition de ces hominidés avec les découvertes de Laetotil. En 1967, trois équipes : la première, kényane, sous la direction du Dr L.S.B. Leakey et son fils Richard ; la seconde, française, sous la direction des professeurs C. Arambourg et Y. Coppens ; la troisième, américaine, sous la direction du professeur Eclark Howell, ont découvert une série d'australopithèques dans les régions méridionales et orientales de

l'Afrique, notamment N'Goraralothagam-Kanapoï (Kenya) Laetotil en Tanzanie, Turkana-Swartkrans et Kromdraaï et Chesowanga en Afrique du Sud.

14. Coppens (Y.) : 1980, *op. cit.*, p. 449, chap. 17.

15. Leakey : 1980, cité Coppens, p. 450.

16. Un crâne de l'Est Turkana atteint presque 800 cm^3. D'après les anthropologues, notamment Yves Coppens, la vie a peu à peu évolué. Les organismes vivants sont devenus de plus en plus complexes en se modifiant jusqu'au moment de l'apparition de la forme la plus élaborée de l'homme. On situe en Afrique de l'Est sa probable apparition à environ 2 millions 300 000 années la première trace de « *l'homo habilis* », véritable ancêtre de l'homme.

Le cœlacanthe, pêché dans le canal du Mozambique en 1935 puis, plus tard, au large des Comores, éveilla très vite l'intérêt des scientifiques. Cet authentique « fossile vivant » (que l'on croyait disparu depuis longtemps) est en effet considéré comme l'ancêtre de tous les vertébrés terrestres, donc de l'homme. Il a permis de reconstituer l'histoire de l'apparition de l'homme. Par une série de diversifications subtiles et de mutations brutales, le cœlacanthe a transformé, il y a quelques 400 millions d'années, ses nageoires en pattes et s'est doté de poumons. Ainsi pourvu, il est parti à l'assaut des continents.

17. Rapport de Lagos, 1980, OUA.

18. Coppens (Y.) : *op. cit.*, p. 483 et suivantes.

19. Leakey : *op. cit.*, p. 455.

20. Chavaillon (J.) : 1973, *Chronologie des niveaux paléolithiques anciens en place dans les alluvions de Melka Konturé (Ethiopie)*, CRAS 276 : 1533-6 (17).

21. Chevaillon (J.), Brahimi (C.) et Coppens (Y.) 1974, « Première découverte d'hominidé dans l'un des sites acheuléens de Melka-Konturé (Ethiopie) », CRAS 278 : 3 299-3 202 (17).

Chapitre II

HOMINISATION ET FORMATIONS SOCIALES EN AFRIQUE NOIRE

(– 8 millions d'années à – 3 millions avant notre ère)

I — Les problèmes généraux de l'hominisation

Mais quand et comment l'homme est-il apparu ? Voici posé le problème de l'origine de l'homme qui ne fait pas encore l'unanimité chez les chercheurs. Certains savants n'admettent pas encore tout à fait l'origine unique des hommes actuels. *Polycentristes,* ils pensent que des pré-hominiens dispersés sur des territoires différents ont évolué séparément pour donner les prototypes des trois grands groupes actuels de l'espèce humaine : le *Blanc, le Noir* et le *Jaune.* Cette thèse, influencé par quelques écrivains « racistes » d'aujourd'hui ne fait que reculer le problème, car ces lignées « parallèles » ne se réunissent-elles pas quelque part en amont dans une souche commune ? Et cette souche ne peut être, selon toute probabilité, que l'homo-sapiens.

La thèse des polycentristes se trouvent donc de plus en plus abandonnée, en faveur du *monocentrisme,* et de l'*évolutionnisme,* même par ceux qui comme Teilhard de Chardin croient à la création de l'homme par Dieu.

1) La thèse monogéiste : l'Afrique, berceau de l'humanité

Le processus de l'hominisation est selon Balout :

« Cette cérébralisation progressive qui permet à

l'homme de concevoir et de réaliser, par la mise en œuvre de techniques de plus en plus élaborées, un outillage (ce terme étant pris dans son acception la plus large), si diversifié et si efficace, qu'il multiplie, au fil des millénaires, son action sur l'environnement naturel au point de rompre à son seul profit les équilibres biologiques. L'évolution paléontologique qui conduit à l'homme ne permet pas de définir aisément un *seuil* de l'hominisation, la pierre taillée démontre que celui-ci est franchi. »[1]

Pierre Teilhard de Chardin l'a très bien dit dans une formule restée célèbre :

> « L'homme est entré sans bruit (...). En fait, il a marché si doucement que lorsque, trahi par les instruments de pierre indélébiles qui multiplient sa présence, nous commençons à l'apercevoir, déjà (...), il couvre l'Ancien Monde. »[2]

Cet homme qui est entré et a couvert l'Ancien Monde subrepticement, sans bruit, est caractérisé comme démontré au chapitre premier, par la station debout, la bipédie, le pouce opposable avec une longueur équivalant à 65 % environ de l'index, la denture rangée en courbe parabolique, la troisième molaire, étant la plus petite, la capacité crânienne comprise entre 800 et 1 700 cm^3, l'utilisation de l'outil et finalement la réflexion et la conscience.

En fait, cet homme est apparu sur terre au début de l'ère quaternaire, « pléistocène », succédant ainsi à *homofaber* ou pré-sapiens de la fin du tertiaire. L'ère « néozoïque » s'est donc prolongée plusieurs centaines de millénaires au cours desquels *homofaber* a lentement évolué comme nous le verrons pour devenir homo sapiens-sapiens (homme savant parmi les savants). Les paléontologues ont en effet, exhumé et classé, plusieurs spécimens de squelettes de ces ébauches d'hommes, avortons non parvenus à l'épanouissement intégral. Les plus célèbres sont ceux de l'homme de *Néandertal, Sinanthrope,* l'*homme de java,* l'*australopithecus* etc. Mais pourquoi ces branches collatérales de singes anthropoïdes n'ont-elles pas pu accéder au statut de l'homme ? Pourquoi ont-ils été éliminés en tant qu'espèces ? Sans doute à cause de cette dure lutte pour la vie, *the struggle for live* qui impose la survivance du plus apte, du plus intelligent et seul homo-sapiens, le plus évolué des primates et ancêtres de l'homme actuel a pu arriver sur la rampe de lancement d'hominisation, en éliminant pour ce faire les autres espèces, après probablement plusieurs dizaines de millénaires de combats ; telle est la position générale des monocentristes.

Quant aux tenants de la *théorie polycentriste,* homo-sapiens s'est trouvé dans plusieurs endroits du globe à la fois, là où les conditions naturelles lui permettaient d'acquérir les éléments vitaux nécessaires à sa conservation et à la continuité de l'espèce. Par conséquent, pour les polygénéistes, l'origine de l'homo-sapiens serait multiple, la continuité de l'espèce humaine serait donc *pluricentriste.*

Cette thèse polygénique a été réfutée au profit de l'évolutionnisme par la plupart des savants. Plusieurs paléontologues pensent en effet que cet homme serait apparu pour la première fois en Afrique noire. Car, c'est là que les conditions étaient les plus favorables. W.W. Howells soutient vigoureusement, dans *le courrier de l'UNESCO* que « les grands singes d'Afrique, le gorille et le chimpanzé sont même plus proches de l'homme qu'aucun des trois ne l'est de l'orang-outan d'Indonésie »[3]. Darwin et Huxley déclaraient sans ambiguité : « Il est probable que nos premiers parents aient vécu en Afrique plutôt que partout ailleurs »[4]. En effet, ces deux érudits considèrent les tropiques et le continent africain en particulier comme étant l'*habitat originel de l'homme,* puisque l'on y trouve le *chimpanzé* et le *gorille,* ses plus proches parents parmi les primates. Ces pongidés, de même que l'ancêtre commun des singes anthropoïdes et de l'homme sont arboricoles. Leurs caractéristiques morphologiques prouvent que leur évolution a dû s'accomplir au cours d'une très longue période d'adaptation à la vie des forêts tropicales dans les basses terres et moyennes montagnes. En Afrique orientale et méridionale, les hominidés des fossiles les plus anciens ont été exhumés dans les prairies semi-arides et les forêts claires de caducifoliacés. Leurs ancêtres ont dû faire face à des problèmes de survie entièrement différents, avec des ressources potentielles infiniment plus variées que celles dont disposent les anthropoïdes. D'après l'interprétation des témoignages paléontologiques, cette séparation a dû se produire pendant le cénozoïque ancien au cours du miocène, il y a environ 25 millions d'années.

Enfin cette hypothèse est confirmée par le père jésuite Teilhard de Chardin qui écrit à propos de l'apparition de l'homme :

« C'est au cœur de l'Afrique que l'homme a dû émerger pour la première fois [5]. En se multipliant, l'homo-sapiens se serait répandu à travers le globe à la faveur des migrations ; la mère de l'humanité reste donc, sans contestation aucune, l'Afrique. »

2) Technique et seuil d'hominisation

Si donc, pour le paléontologiste, il y a un *seuil* de l'hominisation « le rubicon cérébral » que le professeur Vallois fixa à une capacité cérébrale de 800 cm^3, pour le préhistorien il existe « un seuil de technicité » qui une fois franchi, ouvre la voie du progrès technique jusqu'à nous. Définir ce seuil, selon Balout [6], postule la solution de deux problèmes : comment et quand ?

Le problème est d'éliminer toutes les causes naturelles pour, dans l'outil, reconnaître la main de l'homme.

Le second est de disposer de cadres chronologiques permettant de dater, avec une approximation acceptable, les témoignages les plus reculés d'une industrie.

Tout porte à croire que l'Afrique a été le théâtre principal de l'émergence de l'homme. Il est justifié par les pierres, les os taillés et les fossiles, car les industries préhistoriques sont attribuées avec une certitude à l'homo-sapiens.

En résumé, l'Afrique, plus précisément l'Afrique orientale est donc considérée actuellement comme le premier lieu d'habitation de l'humanité. Ce « berceau à roulettes » selon la boutade de l'abbé du Breuil, « longtemps balladé des sommets du Pamir aux plaines de l'Euphrate, s'est donc pour l'instant fixé en Afrique orientale, et cela il y a quelques 2 000 000 d'années au moins » [7].

II — Les problèmes généraux de raciation

Le concept de « race » parce qu'ambigu, est l'un des plus difficiles à cerner scientifiquement [8]. Des textes historiques mais aussi des réflexions plus philosophiques montrent encore que la « race », si elle n'est ni une réalité biologique, ni un fait psychologique ou morphologique n'en constitue pas moins, depuis les premiers cliquetis de l'histoire, une réalité à la fois idéologique, politique, culturelle et juridique. Celle-ci, en tant que telle, programme malheureusement encore nombre de discours, d'institutions et de comportements économiques dont ceux du comte De Gobineau et depuis ceux du nazisme avec son chef Hitler qui a affirmé dans son *Mein Kampf* [8a], qu'entre l'Aryen, « Prométhée du genre humain » et le Noir qui, « par son origine est un demi-singe », il y a le Méditerranéen considéré comme un intermédiaire ; le mythe racial ne meurt pas. Certains morphologistes continuent d'entretenir finement un certain racisme. Leurs interventions sont ponctuées de questions pertinentes et dérangeantes tout à la fois, comme celles qui portent la notion à la mode de « différence », ou de « droit à la différence », terme qui se substitue de plus en plus à celui de « race ». Cette notion de « différence » met en cause l'impératif de naturalité physique et d'égalité des races, mais peut néanmoins devenir parfaitement accueillant à ceux qui continuent à penser « racialement » [9].

Il existe donc des théories, thèses et hypothèses sur les phénomènes « raciaux » qui ont des implications juridiques et économiques sur les comportements des peuples. Il existe aussi plusieurs étapes dans l'investigation concernant les races. Voyons deux d'entre eux : l'étape morphotypologique et l'approche socio-biologique. Enfin, nous étudierons pour conclure la situation raciale du continent africain.

1) Approche morphotypologique

Eicksted définit par exemple les *races* comme « des groupements zoologiques naturels de formes appartenant au genre des hominidés, dont les membres présentent le même assortiment typique de caractères normaux et héréditaires au niveau morphologique et au niveau comportemental » [10].

Depuis la couleur de peau et de la forme des cheveux ou du système pileux, jusqu'aux caractères métriques et non métriques, jusqu'à la courbure fémorale antérieure, aux cupules et sillons des molaires, un arsenal d'observations et de mensurations a été ainsi dressé avec comme centre d'intérêt particulier l'indice céphalique, intéressant la partie de la tête qu'abrite le cerveau.

Sur la base de ces caractères anatomiques et morphologiques, les humains se répartissent en trois grands groupes principaux. Le premier groupe est constitué par la *race nègre,* répandue sur tout le continent africain, ainsi que dans certaines régions du Sud et du Sud-Est asiatique, au Mexique (site de Très Zapotes), récemment en Amérique du Nord et du Sud et dans les Caraïbes : Noirs de la diaspora [11]. Ce groupe négroïde est caractérisé surtout par une peau noire, une chevelure crépue, un nez petit et épaté, des lèvres généralement lippues, une mâchoire proéminente, une taille très grande (type soudanien) ou très petite (Pygmée) [12].

Le second groupe est constitué par la *race caucasienne* répandue en Asie centrale. Ce groupe comprend deux subdivisions : les races aryennes et sémites. La majorité des peuples de l'Asie centrale et de l'Europe du Nord s'apparente à la race aryenne, les peuples de l'Asie du Sud-Ouest à la race sémite. Ce groupe se distingue par une peau blanche dans les régions nordiques et brune dans le Sud, l'abondance des poils et des cheveux ondulés, une mâchoire fuyante, un nez étroit et haut, une taille grande ou moyenne.

Le troisième groupe comprend les peuples de *race mongole* habitant l'Asie de l'Est et du Sud-Est. A cette race appartiennent les Indiens de l'Est et du Sud-Est asiatique, les Indiens d'Amérique, les « Peaux Rouges », les peuplades hyperboréennes de l'Alaska et du Canada septentrional des régions polaires de l'Eurasie. Ce groupe est caractérisé par la couleur jaunâtre de la peau, par des cheveux lisses, des pommettes saillantes, des yeux bridés, une taille moyenne, un crâne large, un front haut et un nez petit et bas.

Ainsi les « fixistes » ont défini les caractères des trois grandes « races ». Or, les caractères morphologiques ne sont que le reflet plus ou moins déformé du stock génétique. Leur conjugaison, en un prototype idéal est rarement réalisé à la perfection. En effet, il s'agit de détails frappants situés à la frontière homme/environnement, qui justement pour cela, sont beaucoup moins innés qu'acquis. Les caractères anthropométriques sont davantages affectés par le climat que ne le sont les gènes, si bien que les affinités morphologiques tiennent plus à des environnements similaires qu'à des hérédités similaires. Les travaux de R.C. Lewontin [13] sur la base des recherches des hémotypologistes montre que, pour le monde entier, plus de 85 % de la variabilité se situe à l'intérieur des nations, 7 % seulement de la variabilité séparent les nations appartenant à la même race traditionnelle et 7 % seulement séparent les races traditionnelles. En somme, les individus du même groupe « racial » diffèrent plus entre eux que les « races » entre elles. C'est là une des plus grandes faiblesses de l'approche morphotypologique, où les exceptions finissent par être plus importantes et plus nombreuses que la règle actuellement. La méthode morphologique est pratiquement abandonnée.

2) L'approche socio-biologique

Landman définit une race comme un

> « groupe d'êtres humains qui (à quelques rares exceptions près) présentent les uns avec les autres plus de ressemblances génotypiques et très souvent aussi phénotypiques qu'avec les membres d'autres groupes » [14].

Pour maints savants dont Ruffie [15], aux origines de l'humanité, de petits groupes d'individus répartis dans des zones écologiques diversifiées et éloignées, en obéissant à des pressions sélectives très fortes, alors que les moyens techniques étaient infimes, ont pu se différencier au point de donner les variantes *homo-erectus, homo neandertalensis* et *homo sapiens* à ses débuts. Le bloc facial par exemple, le plus exposé à des environnements spécifiques a évolué différemment. La richesse de la peau en *pigments mélaniques* s'est développée en zones tropicales etc. Mais cette *tendance spécialisante, parce que rapidement bloquée* est restée embryonnaire. L'homme partout s'adapte culturellement (vêtements, habitats, aliments etc.) et non plus morphologiquement à son milieu. D'après J. Ruffie, l'homme né sous les tropiques — climat chaud — a évolué longtemps comme australopithèque, *homo-habilis* et même *homo-erectus* en climat chaud.

> « C'est seulement au cours de la seconde glaciation, grâce au contrôle efficace du feu, que *homo-erectus* a élu domicile dans les climats froids. De polytypique, l'espèce humaine devient monotypique et ce processus de *déraciation* semble irréversible. Aujourd'hui, l'humanité entière doit être considérée comme un seul *pool* de gènes intercommunicants. » [16]

En 1952, Livingstone publiait son fameux article : « De la non-existence des races humaines ». Devant la complexité et la faiblesse des preuves et critères retenus pour qualifier les races, l'auteur recommande de renoncer au système linnéen de classement suggérant un « arbre généalogique ».

En effet, selon Livingstone

> « dans les zones non isolées, la fréquence de certains caractères ou de certains gènes évolue progressivement dans les diverses directions, et les différences entre deux populations sont proportionnelles à leur éloignement physique, conformément à une sorte de gradient géographique (cline) ».

Selon le critère retenu (couleur de la peau, indice céphalique, indice nasal, caractères génétiques etc...) on obtient chaque fois des cartes différentes.

Aussi la plupart des savants concluent faute de preuves suffisantes que :

— toute la théorie des races est insuffisante et mythique ;

— les derniers progrès de la génétique humaine sont tels aujourd'hui, qu'aucun biologiste n'admet plus l'existence de races supérieures dans l'espèce humaine, surtout à partir des travaux de J. Ruffie ;

— biologiquement, la couleur de la peau est un élément négligeable par rapport à l'ensemble du génome.

Bentley Glass pense qu'il n'y a pas plus de six paires de gènes par lesquels la race blanche diffère de la race noire. Les Blancs diffèrent souvent entre eux et les Noirs aussi entre eux par un plus grand nombre de gènes. Aussi l'UNESCO après avoir réuni une conférence de spécialistes internationaux a déclaré : « la race est moins un phénomène biologique qu'un mythe social » [17].

Mais en admettant ces thèmes, les sentiments de type « racial » n'en seraient pas pour autant effacés. Ils conserveront quand même leur base matérielle visible et tangible, sous la forme des apparences phénotypiques. Malgré les combats d'avant-garde de la plupart des savants rejetant les théories racistes, il existe encore certains « éminents » biologistes de la « crâniométrie » utilisant des méthodes hypersophistiquées et destinées, grâce à l'examen des angles faciaux, des « bosses » et des volumes crâniens, à prouver la *supériorité de la race blanche* sur les autres. « L'aryanisme » inventé par le poète romantique Schlegel, quoique voué à l'échec est encore vivant. Les spéculations néo-darwiniennes et pseudo-linguistiques, qui alimentent largement certaines théories fascistes refont surface. Et ceux qui croient ces élucubrations définitivement révolues se trompent car savent-ils seulement qu'en France, aujourd'hui, un honorable généticien consacre ses recherches à la découverte du « chromosome d'Abraham » ? Censé biochimiquement répertorier la communauté juive [18], un texte de Nadine Fresco relève outre la recherche effrénée « du chromosome d'Abraham », une autre discipline, la crâniologie, destinée à fonder organiquement de façon « mesurable » les différences d'intelligence en fonction des races [19].

Il faut réfuter ces nouvelles théories sociobiologiques, dont le racisme d'aujourd'hui se conforte en combattant leurs partisans, sur le même terrain scientifique où ils prétendent se situer. Certains des sociobiologues insinuent habilement, au nom de la science, que dans l'état actuel des connaissances génétiques les seules conclusions que l'on puisse tirer sont que le concept de « race » est rigoureusement inopératoire, que chaque individu est unique et que les individus ne peuvent en aucun cas être génétiquement hiérarchisés. Mais, l'Américain Charles Frankel fait voler en éclats la prétendue scientificité de la doctrine sociobiologique d'Edward O. Wilson. Pour ce faire Frankel éclaire ses vices de méthode, analyse très finement les glissements qui l'amènent à poser de pures hypothèses établies ; des découvertes provisoires érigées en « vérités absolues » et livrées sous un emballage scientifique, de pures et simples élucubrations, comme ce « gène de sacralisation » que Wilson repère derrière les conduites religieuses et qui ne sont pas sans invoquer la fameuse « vertu dormitive » de l'opium. C'est enfin le texte très complet et très minutieux d'Albert Jacquard, qui démonte point par point les thèses et les principes de cette « idéologie génétique » où l'on trouve l'écho, à notre époque, de ce que fut la déformation du darwinisme social au siècle dernier.

Enfin, pour cerner le racisme qui engendre la haine entre peuples, il faut dire qu'il ne relève pas seulement du domaine des « idées », le racisme est une *question d'angoisse* chez certains peuples (Juifs des périodes nazies ; Nègres des Etats Unis ou d'Afrique du Sud ; Peaux Rouges du Brésil ou de l'Amérique du Nord), il est aussi jouissance chez les peuples oppresseurs, Ku Klux Klan américain, afrikaner d'Afrique du Sud, néo-nazis allemands. Les mécanismes inconscients qu'il met en jeu sont loin d'être réductibles à une rationalité pré-freudienne.

III — La situation raciale sur le continent africain

Certains théoriciens mal intentionnés ont tenté d'expliquer le peuplement de l'Afrique par des migrations venues d'Asie en se fondant comme Seligman [20] sur une nébuleuse théorie *hamitique*. Aujourd'hui, il est unanimement admis que les populations de ce continent sont en grande partie autochtones, deux grands groupes « raciaux » sont repérables avec certitude sur le continent, de part et d'autre du Sahara.

Au nord, le groupe arabo-berbère alimenté au patrimoine génétique « méditerranéen » (Lybiens, Sémites, Phéniciens, Assyriens, Grecs, Romains, Turcs...), à l'Est, au Sud et à l'Ouest le groupe nègre.

L'ensemble *négroïde* se serait autonomisé il y a 120 000 ans, alors que les mongoloïdes et caucasoïdes se seraient individualisés il y a seulement 55 000 ans. Selon Ruffie, ce schéma cadre avec la plupart des données de l'hémotypologie fondamentale [21]. Aujourd'hui les savants reconnaissent l'unité génétique fondamentale des peuples subsahariens. Et si l'on admet comme la majorité des savant après Darwin [22] que la *souche de l'espèce humaine est unique*, dans ces conditions la théorie des « races » ne peut se développer scientifiquement que dans le cadre de *l'évolutionnisme*.

D'après les travaux de J. Hiernaux [23], la raciation s'inscrit dans le processus général d'évolution diversifiante, elle requiert deux conditions :

l'isolement sexuel, souvent relatif, qui provoque peu à peu un paysage génétique et morphologique singulier. La raciation est donc fondée sur un stock génétique différent, provoqué :

— soit par une dérive génétique [24], le hasard de la transmission des gènes, faisant que tel gène est transmis plus fréquemment qu'un autre, à moins que ce ne soit au contraire l'allèle [25] qui soit le plus largement diffusé ;

— soit par sélection naturelle, celle-ci entraîne une

diversification adaptive, grâce à laquelle un groupe tend à conserver l'équipement génétique qui l'adapte le mieux à un environnement donné.

En Afrique subsaharienne, les deux processus ont certainement dû jouer. En effet, la dérivée génétique qui s'exprime au maximum dans les petits groupes a fonctionné dans les petites ethnies à rayonnement restreint, soumises par ailleurs à un processus social de scissiparité à l'occasion des disputes de successions ou de terres, et en raison des grands espaces vierges disponibles.

Ce processus a dû marquer particulièrement le patrimoine génétique des ethnies endogames ou forestières.

Quant à la *sélection naturelle,* elle avait l'occasion d'entrer en jeu à la faveur des écologistes aussi contrastées que celles du désert et de la forêt dense, des hauts plateaux et des côtes à mangroves. En fait, biologiquement, les hommes d'une « race » ont en commun quelques facteurs génétiques qui dans un autre groupe « racial » sont remplacés par leurs allèles, les deux types de gènes coexistant chez les Métis.

Donc, l'identification des « races » s'est faite d'abord à partir des critères apparents, pour, par la suite, prendre en compte peu à peu des réalités plus profondes. Les caractéristiques extérieures et les phénomènes internes ne sont d'ailleurs pas absolument séparés, car si certains gènes commandent les mécanismes héréditaires qui règlent la couleur de la peau, celle-ci est liée à l'environnement.

Ainsi a-t-on observé une corrélation négative entre la stature et l'humidité chez les peuples de forêt et peuples de savane. De même, un nez étroit réchauffe mieux l'air dans un climat plus froid et humidifie l'air sec inspiré. En revanche, l'indice nasal augmente nettement chez les populations subsahariennes du désert vers la forêt en passant par la savane. Bien qu'ayant le même nombre de glandes sudoripares que les Blancs, les Nègres transpirent davantage, ce qui maintient leurs corps et leur peau à une température moins élevée. Il existe donc plusieurs étapes dans l'investigation scientifique concernant les races. Dans la lignée darwinienne la « race » serait en fait *un processus en marche,* et les peuples seraient tous des *Métis* accomplis ou en voie de l'être ; chaque rencontre des peuples s'analyse en fait comme une migration génétique et ce flux génétique remet en cause le capital biologique des deux parties en présence.

Que pouvons-nous dire, concernant l'homme subsaharien ? Linné attribua une première dénomination : *homo afer* (africain) ; puis on a parlé des *Nègres,* ensuite de *Noirs,* enfin le terme générique de *Négroïdes* englobant ainsi tous ceux qui, sur les marges du continent, ou dans d'autres continents, ressemblent aux Noirs. De nos jours, généralement la plupart des savants reconnaissent l'unité génétique fondamentale des peuples subsahariens. Il n'existe qu'un seul groupe négroïde comprenant toute la partie du continent situé au sud du Sahara qui comprend aussi bien l'Ethiopien, englobe les Soudanais, les Bantus, les Côtiers, les Sahéliens, les Khoïsans, également les Pygmées aussi bien que les Nilotes, Peuls et autres « éthiopides ».

Mais J. Hiernaux montre en revanche, la grande distance génétique qui sépare les *Noirs asiatiques* des *Noirs africains. Les Egyptiens actuels* étant en partie des *migrants arabes* se sont installés sur un fond nègre [26]. D'autre part, les variantes somatiques sont explicables scientifiquement par les causes de changements évoquées plus haut, singulièrement les biotopes qui suscitent tantôt des agrégats de populations plus composites (vallée du Nil en Egypte et au Soudan), tantôt des isolats de peuples qui développent des caractères plus ou moins atypiques (forêts, montagnes, marais etc.).

Enfin, l'influence biologique de la péninsule arabique sur la Corne de l'Afrique se ressent sur les peuples de cette région : Somaliens, Gallas, Ethiopiens mais aussi sans doute Toubous, Peuls, Toucouleurs, Songhaïs, Haoussas, sonninkés de l'Afrique occidentale.

En résumé, la variété remarquable des phénotypes africains est le signe d'une évolution particulièrement longue de ce continent. Les récoltes paléontologiques montrent une implantation du type sud-saharien très vaste ; depuis l'Afrique du Sud jusqu'au nord du Sahara, le Soudan et la Nubie ayant joué le rôle de tampon, les égyptologues considèrent la fin d'un débat sur l'origine nègre de l'Egypte, le début de l'élaboration d'un nouvel humaniste moderne plus total.

IV — Evolution des systèmes économiques et formations sociales en Afrique noire préhistorique

Les différentes étapes de l'évolution des systèmes économiques à l'époque préhistorique requiert l'approche paléontologique culturelle et géographique

Dans l'approche *paléontologique*, le fait que l'Afrique soit le berceau de l'humanité ne pose plus problème ; ainsi les points essentiels admis par presque tous les savants sont des réaffirmations telles que :

— l'origine africaine de l'humanité et la dispersion progressive des hommes sur tous les continents à partir du berceau africain ;

— cette humanité originelle ne pouvait pas ne pas être nègre et sa différenciation raciale s'est effectuée en Europe [26] ;

— l'existence d'une parenté génétique, entre la civilisation de l'Egypte pharaonique et les civilisations négro-africaines.

Elles constituent la conclusion du débat renouant aussi avec les travaux de Darwin, du Dr Leakey et du professeur Cheick Anta Diop.

Mais pourquoi cette avance de l'Afrique sur les autres continents ? Pourquoi cette domination et cette influence de la civilisation nègre et africaine sur toutes les civilisations du bassin méditerranéen de l'époque. L'étude comparée des conditions géoclimatiques des deux continents, l'Europe et l'Afrique, permettent de sortir des conjectures, en confirmant ou en infirmant ces interrogations, grâce à l'argument essentiel, certainement fondamental du facteur climat.

1) Les conditions géoclimatiques de l'Europe à l'époque préhistorique

L'Europe, le continent asiatique, étaient à cette période des régions froides. Les offensives du froid qui entassaient des montagnes de glace jusqu'à la Méditerranée, abaissaient le niveau des eaux marines, chassaient toute la faune vers les zones tropicales, rendaient ainsi les zones nordiques d'Europe impropres à tout développement humain avancé.

Ainsi donc, à cause des différentes glaciations, les activités économiques de subsistance de l'hémisphère Nord étaient sporadiquement interrompues. Même durant les périodes interglaciaires, la fonte des glaces provoquait de grandes inondations, par définition impropres à tout épanouissement de l'homme préhistorique dans ces régions. Et pendant les quelques deux cent mille ans du Kaguérien, l'Europe, envahie par les calottes glaciaires n'offre aucune trace *d'outils paléolitiques* [27], tandis que l'Afrique d'alors présentait trois variétés successives de pierres taillées selon des *techniques en progression.*

En effet, les latitudes africaines jouissaient d'un climat plus doux que celui de l'Europe, ce qui explique la place de premier ordre qu'a détenu le continent africain dans l'accumulation des progrès techniques culturels et artistiques. Même si l'Afrique connaissait elle aussi des perturbations climatiques assez fortes et cycliques, les phases pluviales étant synchronisées en gros avec les périodes glaciaires d'Europe, néanmoins à chaque période interglaciaire, le continent africain passait par une phase interpluviale de sécheresse ou de moindre humidité qui n'empêchait guère le maintien de la vie et des activités humaines. La preuve en a été fournie par les fouilles des couches qui ont toutes exhumé des vestiges d'outils de poteries et de parures. Ces couches sont d'ailleurs considérées par les archéologues contemporains

> « comme autant de feuillets d'un gigantesque livre d'histoire avant l'écriture. On y voit les films de l'industrie depuis ses premiers balbutiements (*pebble culture*) jusqu'aux civilisations de type chelléen ou acheulien dont la période s'étend sur un millénaire » [28].

Nous pouvons donc retenir qu'à l'époque préhistorique, les peuples d'Europe occidentale et méridionale, le nord de l'Afrique et l'ouest de l'Asie avaient une *vie primitive,* fondée uniquement sur le *nomadisme,* la cueillette, la pêche et la chasse.

Dans les régions glaciales du Nord européen, les premiers hommes se réfugiaient dans les grottes tandis qu'ils pratiquaient le nomadisme dans les régions tempérées. Les instruments qu'ils utilisaient étaient *le silex,* plus exactement des pierres aiguisées d'un seul côté (uniface), qu'ils manipulaient pour les besoins de la cause : se défendre, égorger les animaux, les dépouiller de leur peau. Et conformément aux découvertes archéologiques récentes, les savants ont pu retracer avec netteté le mode de vie des premiers hommes, reconstituer leurs activités économiques, partout où ils sont passés.

2) Les conditions climatiques favorables à l'éclosion d'une technologie africaine préhistorique

En Afrique, à la même époque, *homo sapiens utilisait des instruments en pierre. Ces homo sapiens* étaient — nous le répétons — des *Négroïdes*, partis d'Afrique orientale et méridionale, pour se répandre sur le reste du continent et dans les régions d'Europe occidentale (homme de Grimaldi, Cro-magnon etc.), dans les régions du sud-ouest de l'Asie (homme de Choukoutien), dans le sud de l'Inde et dans le sud de l'Australie.

Une découverte récente, faite aux environs de Khartoum [29] a révélé l'existence de groupements *négroïdes* datant de la fin de l'ère paléolithique. Elle donne une idée de ce qu'a pu être le niveau de civilisation atteint par les éléments de la même race, vivant dans des régions proches. Ceux-ci pratiquaient la pêche, la chasse, et la cueillette de certains fruits, notamment ceux de la *celtis integrifolia*. Des trouvailles similaires furent également faites en Afrique du Nord, du centre de l'Ouest.

Parmi les premières manifestations culturelles de cette période, il faut noter essentiellement des dessins reproduisant les animaux qui abondaient alors et constituaient d'importants troupeaux. Ces *dessins rupestres* étaient tracés à la surface des collines, qui se trouvaient dans les régions subsahariennes. Le style, les proportions des membres des animaux reproduits et le mode d'exécution étaient presque identiques dans toute l'Afrique subsaharienne, comme dans celle du bassin du Nil. C'est une preuve tangible de la communauté de culture et du brassage continuel de ces peuples nomades, toujours à la recherche de régions favorables aux troupeaux sauvages déambulant dans les steppes. Au vrai, ces animaux ont été pour l'homme de cette époque, un facteur essentiel de vie, non seulement comme alimentation protéinée, mais aussi comme protection contre le froid : vêtements de peau, toitures et même cloisons pour les huttes des stations préhistoriques ou pré-villages (voir chap. I, titre II).

D'autre part, le climat pluvieux de l'ère pléistocène est parmi les éléments qui ont le plus contribué au déplacement de l'homme africain, à la fin de l'ibéromaurussien (– 5 000), qui se trouve être la période maximale du Sahara humide. Le Sahara était alors irrigué par des eaux de pluie, abondait en végétation et était couvert de vastes marécages. Il constituait donc un milieu *privilégié*, propice à la vie des troupeaux, à celle des bêtes et animaux sauvages, et par déduction à celle de l'homme.

Le climat pluvieux qui existait dans les régions de l'Afrique du Nord, de l'Ouest et du Nord-Est a duré plusieurs millénaires. C'est à partir de 6 000 ans avant notre ère, que des changements radicaux se manifestèrent dans ce climat, qui devint de moins en moins pluvieux, de plus en plus sec. L'ensemble de ces régions connut alors le début d'une période de sécheresse qui entraîna l'apparition des grandes étendues désertiques, dépourvues d'eau et de végétation. Ce fut le début de la formation du plus grand désert du monde : le Sahara ; bétail et bêtes sauvages effectuèrent alors des migrations vers des régions plus clémentes convenant à leur nature, vers les cours d'eau et les régions où abondaient encore les pluies, les forêts vierges et les pâturages. Il était donc naturel que les groupes humains suivent les trajets de ces troupeaux. Un peu comme aujourd'hui, avec les vagues de migrations des Peuls et hommes des savanes de l'Afrique de l'Ouest partant des régions sahéliennes vers les régions subtropicales du Sud (phénomène de migration des Peuls du Sahel vers la Côte d'Ivoire).

Cette époque semble avoir été celle de migrations généralisées, au cours desquelles d'innombrables groupes humains se déplacent des régions sahariennes vers de nouveaux climats plus humides. Ailleurs, commencèrent les déplacements des *peuples sémites* qui habitaient la presqu'île arabique, les uns en direction du nord, vers les régions du croissant fertile, les autres vers l'ouest pour rentrer en Afrique par le détroit de Bab El Mandeb, ou à travers le golfe de Suez, pour se diriger vers la vallée du Nil. Les groupements qui peuplaient l'Afrique du Nord et les groupements nègres, du Sahara et des régions sahéliennes, accoururent vers les grands fleuves : le Nil ou le Niger.

Il est donc probable, qu'à partir du début de la période sèche, la *pureté* des « races » n'a plus été possible et ne pouvait plus l'être. Une ère nouvelle s'instaure dans l'histoire de l'humanité : l'homme se transforme radicalement, il passe de la vie de chasse, de pêche, de cueillette et de nomadisme constant, au *sédentarisme* près des fleuves, rivières et cours d'eau. L'homme s'approprie définitivement certaines connaissances concernant *l'industrie* du silex et du bois, favorisant ainsi l'agriculture et l'élevage. Il maîtrise enfin plus complètement, l'utilisation du feu « prométhéen ». Ce changement marque le début de l'âge néolithique (– 5 000 av. J.-C.).

Il est certain que la vie sédentaire qui est le caractère propre de l'âge néolithique a permis à l'homme de cette époque d'accéder à une étape supérieure de la civilisation. Abandonnant, la vie quasi-isolée des grottes naturelles, des cavernes ou des stations préhistoriques, l'homme du néolithique s'installe en groupes dans des *pré-villages*. Le passage successif de l'habitation dans les grottes à une civilisation pré-villageoise de campement, puis *villageoise,* enfin *urbaine,* a été essentiel dans l'évolution de l'humanité. Elle a marqué de façon extrêmement importante, l'*influence du milieu* sur chaque groupe humain.

Dès lors, on constate qu'il existe une *différenciation* de plus en plus marquée entre les civilisations des groupes.

La diffusion des techniques agricoles apparaît au néolithique, l'Afrique jouera toujours le rôle de premier plan dans l'ordre économique et culturel, dont le point culminant sera ce qu'on est convenu d'appeler : le *miracle égyptien* à partir de 4 000 ans avant notre ère.

Au total, l'activité industrielle des origines offre un spectacle impressionnant dans l'évolution de l'aventure humaine :

— au début apparut la *vie nomade* de – 1 700 000 à – 5 000 environ ; soit du premier âge de la pierre au troisième âge, où l'homme se rend aux lieux de production ;

— ensuite apparut la vie *sédentaire,* à partir du troisième âge de la pierre (fin gamblien/– 8 000 environ) dont l'acteur principal fut *Homo-Sapiens*. Du point de vue climatique, cette période correspond à une extension maximale du Sahara humide, avec le début de l'agriculture et de l'élevage. Ce début de sédentarisation de l'homme se caractérise par l'*attirance* des produits vers les lieux de consommation, qui à cette époque, étaient les grottes, les cavernes, plus tard des stations ou campements préhistoriques ;

— enfin l'*économie domestique* correspond au moment où la production et la consommation furent intégrées dans le cercle familial, à partir de – 4 000 avec le début de la *civilisation des cours d'eau* ; comme celle du Nil et du Niger, avec successivement, l'apparition de l'âge du cuivre, du bronze, du fer, des mégalithes.

Ces trois moments de l'histoire : *nomadisme, sédentarisme* et *économie domestique,* correspondent à ce que nous avons appelé la période de l'*économie primitive non cumulative* à temps cyclique ou à fluctuations stochastiques.

Il faudra attendre le début du « miracle égyptien » pour voir s'affirmer l'économie à *processus cumulatif* et à *temps linéaire,* à laquelle correspond le *monde antique,* avec la naissance de l'*économie urbaine,* celle des cités antiques et avec comme corrolaires la *division du travail* entre producteurs et consommateurs, la consolidation du système des *marchés villageois,* puis *urbains.*

Plus tard, au début de la période antique, ou à l'aube du *monde médiéval* apparaît, selon les régions, l'*économie interurbaine,* enfin l'*économie internationale* caractérisée par la consolidation de l'économie monétaire sous-tendue par des échanges diversifiés dans le temps et dans l'espace.

En accord avec la périodisation ci-avant, l'activité économique des origines peut être schématisée dans le temps et dans l'espace. Ces points de repère permettent de sortir de la chronologie classique couramment admise et de mieux comprendre l'évolution des systèmes économiques africains ; ce sont :

a) l'économie primitive à processus non cumulatif, à temps cyclique ou à fluctuations stochastiques de – 12 millions à – 5 000 ans avant notre ère ;

b) l'économie primitive à processus cumulatif, à temps linéaire de – 5 000 au XIe siècle après J.-C.,

c) l'économie coloniale du début du XVIIIe siècle au XXe siècle ;

e) l'économie contemporaine après 1960.

Bien entendu, tous les peuples préhistoriques de la planète ont vécu avec plus ou moins de bonheur toutes les phases du développement économique, suivant leurs rythmes propres. Par exemple, les cités africaines d'Egypte, de Nubie, de Koush et du Soudan oriental et occidental, étaient déjà arrivées au stade des échanges interurbains, voire même internationaux entre le IIe millénaire et le Ier millénaire avant notre ère, alors qu'à la même époque, la plupart des peuples d'Europe et d'Asie en étaient encore à l'étape de la vie nomade.

Néanmoins, une question fondamentale non encore résolue reste celle de la *frontière précise* entre la préhistoire et l'époque historique. Quelques contributions intéressantes, notamment celles de Cheick A. Diop [30], nous éclaire un peu en posant le principe selon lequel *l'époque historique* commence avec les premières communautés humaines régies par des *conventions* dont la première serait la *prohibition de l'inceste*. En cela, l'histoire ancienne mord sur l'époque dite du néolithique, caractérisée par la *révolution agricole* [30bis].

Avant de conclure ce titre premier, consacré à la prodigieuse évolution de l'espèce humaine depuis son apparition sur la terre, nous devons, une fois de plus, nous poser la question si discutée : la civilisation nègre est-elle antérieure ou postérieure aux autres civilisations de la planète terre ? La race négroïde est-elle à la source du monde ?

Il y a longtemps, que les préhistoriens et anthropologues connaissent l'essentiel de notre passé, il y a longtemps qu'ils ont fixé, daté les différents stades de l'évolution de l'espèce humaine. Mais ces informations, quelque peu savantes, n'avaient point quitté les cimes de l'érudition pour parvenir jusqu'au grand public. Grâce aux tentatives de vulgarisation de la recherche fondamentale pendant les deux dernières décennies, pour compléter sinon fonder notre identité profonde, voilà rétabli définitivement le concept de *l'antériorité de la race et de la civilisation nègre* [31].

Au plan anthropologique, s'appuyant sur les travaux poursuivis après les découvertes des professeurs Leakey et Cheick Anta Diop à la suite de Darwin, nous sommes conduits à admettre que *l'humanité a pris naissance en Afrique orientale,* exactement dans la zone des sources du Nil. La loi de Glocer, qui s'appliquerait aussi bien à l'espèce humaine qu'aux autres espèces, veut que les animaux à sang chaud, qui se développent sous un climat chaud et humide, aient une *pigmentation noire* (euméléni-ne). Le premier peuplement humain de la terre était donc *ethniquement homogène et négroïde.* De la zone primordiale (Afrique orientale), le peuplement a gagné d'autres régions de la terre par deux voies exclusivement : la vallée du Nil et le Sahara.

Dans la vallée du Nil, ce peuplement a eu lieu du sud au nord [31], du paléolothique au protohistorique, dans un mouvement progressif [32]. On pourra retenir que les populations égyptienne, nubienne, éthiopienne d'origine prédynastique étaient nègres. Les mensurations ostéologiques et l'étude des groupes sanguins complètent les possibilités anthropologiques décisives. Il est remarquable par exemple que les Egyptien d'aujourd'hui surtout en Haute-Egypte, appartiennent au même groupe sanguin B que les populations d'Afrique occidentale et non au groupe A_2 de la race blanche.

Depuis le paléolithique supérieur, l'humanité a enregistré une disparition progressive de son homogénéité initiale. Les origines actuellement reconnues de l'humanité se situent à – 5 300 000 années avant Jésus-Christ et ces origines sont africaines.

Par conséquent, il y a un peu plus de cinq millions d'années en Afrique, vivaient des êtres ayant toute l'apparence de l'homme, déjà juchés sur leurs pattes arrières ; ils s'exprimaient par des sons signifiants. Pourtant, il a fallu un peu plus de deux millions d'années pour que ces mêmes hominidés prolongent leurs mains par cet instrument essentiel, *l'outil,* qui décuplait, sinon centuplait, les possibilités d'action sur la nature du petit homme, car il était petit.

Un million d'années plus tard, apparaît *Homo-Erectus* c'est-à-dire nous-mêmes à quelques différences près, différences qui sont, pour ainsi dire, effacées par *Homo-Sapiens,* toujours du Néanderthal qui vivait approximativement il y a quelques cent mille ans, exactement 150 000 ans ; il peupla progressivement toutes les parties habitables de la terre.

Telle est en fait, l'histoire passionnante, extravagante, fascinante de l'aventure humaine. Nous voyons tout à la fois, et en parallèle, l'évolution physique de l'homme depuis son apparition sur la terre : la forme de son crâne, le développement de ses membres, l'accroissement de sa taille, mais aussi la progression de ses inventions,

Reconstitution d'après des documents paléontologiques du paysage de la basse vallée de l'Omo vers 2 millions d'années, cadre d'existence des Australopithèques est africains. Dessin de M. Bertoncini et M. Gaillard sous le contrôle scientifique d'Y. Coppens. Coll. Musée de l'Homme.

• 2. Gisement de l'Omo. Ethiopie, photo Y. Coppens, Coll. musée de l'Homme.

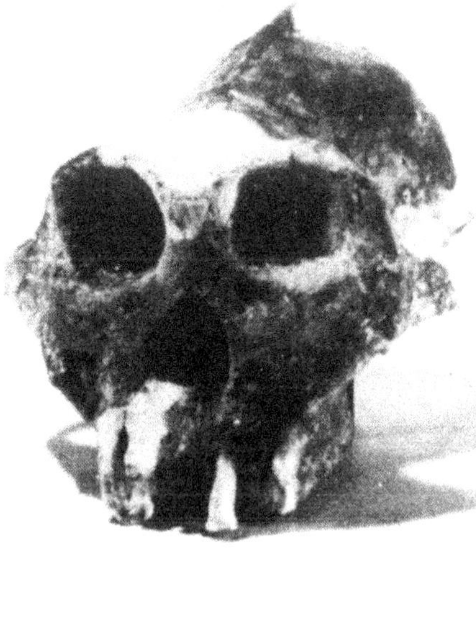

• 3.4. Crânes d'Australopithecus Boisei, gisement de l'Omo, Ethiopie - Expédition Y. Coppens 1976 - Photos J. Oster (N° D-77-1497-493 et D-77-1496-493). Coll. musée de l'Homme.

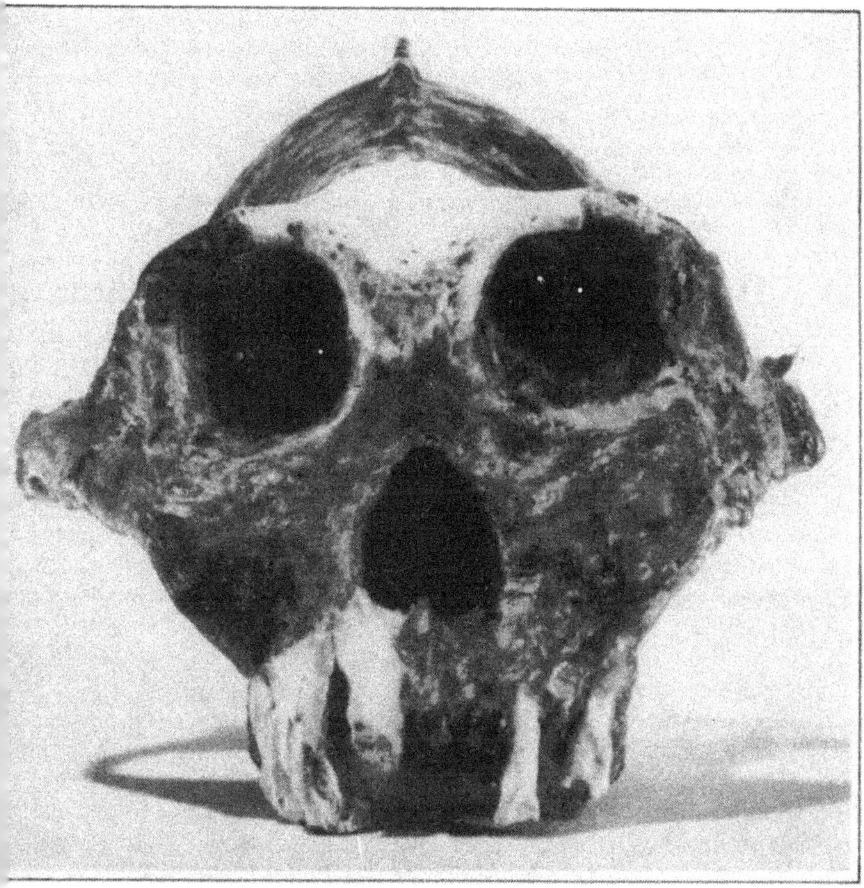

De la nature brute à une humanité libérée.
Australopithecus boisei, gisements de l'Omo. Coll. musée de l'Homme (photo Oster, 77.1495.493).

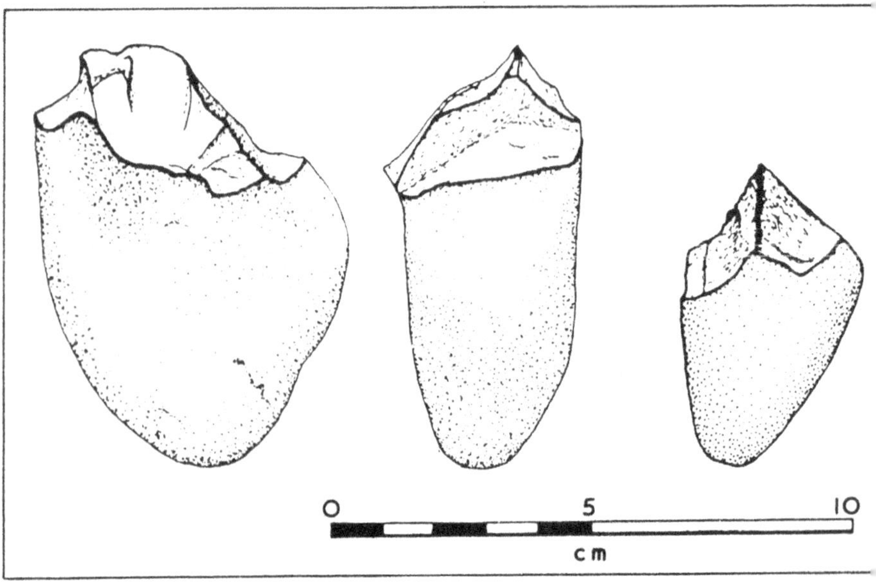

● 2. *Early Stone Age, première phase : outils oldowayens typiques (« galets aménagés »)*

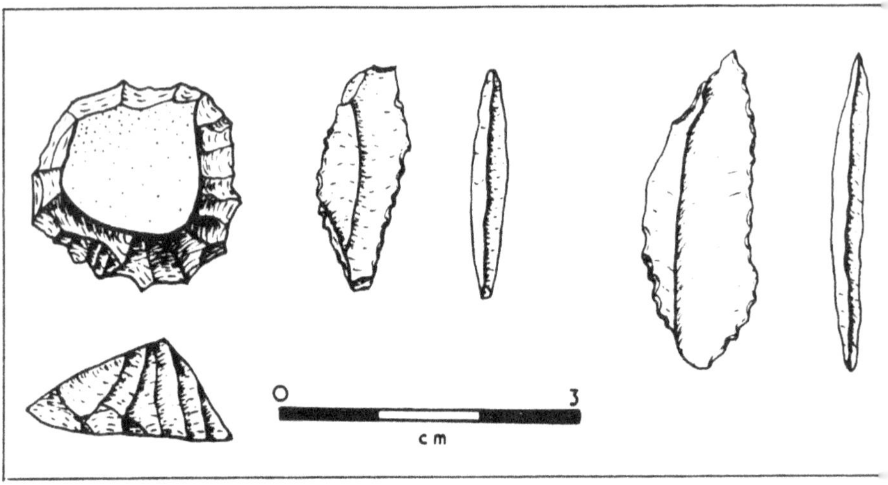

● 1. *Late Stone Age : lame à bord abattu (à doite) ; segment de cercle (centre) ; racloir et microlithe (à gauche), faits en obsidienne dans la vallée du Rift (Kenya).*

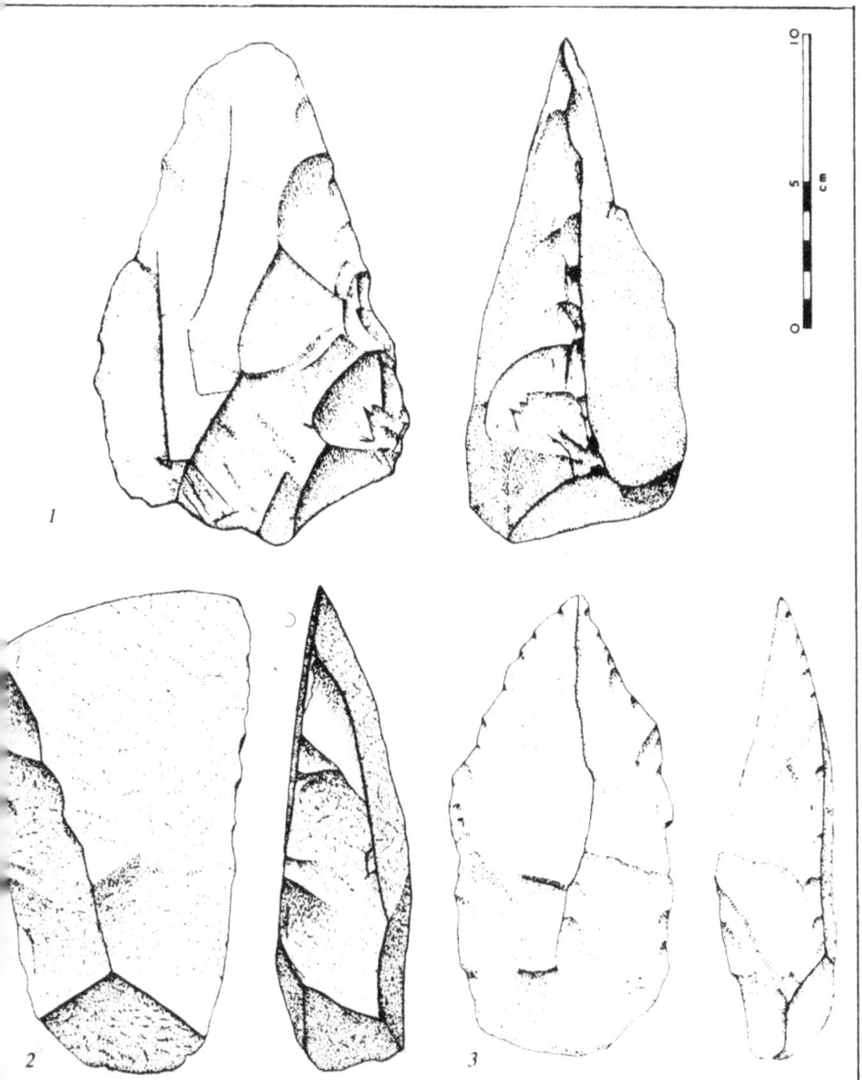

arly Stone Age, deuxième
e : outils acheuléens typiques
et profil). 1. : pic ; 2. :
ereau ; 3. : biface.

e : Histoire générale de l'Afrique, tome 1, Jeune Afrique/Unesco.

• *1. Céramique (tessons décorés) du Cap Manuel, Sénégal, musée de l'IFAN (photo I. Diagne).*

• *2. Lissoir en os trouvé sur le gisement néolithique du Cap Manuel, musée de l'IFAN (photo I. Diagne).*

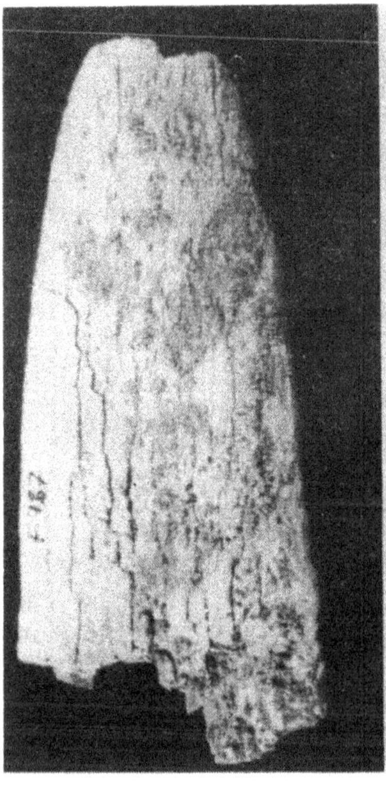

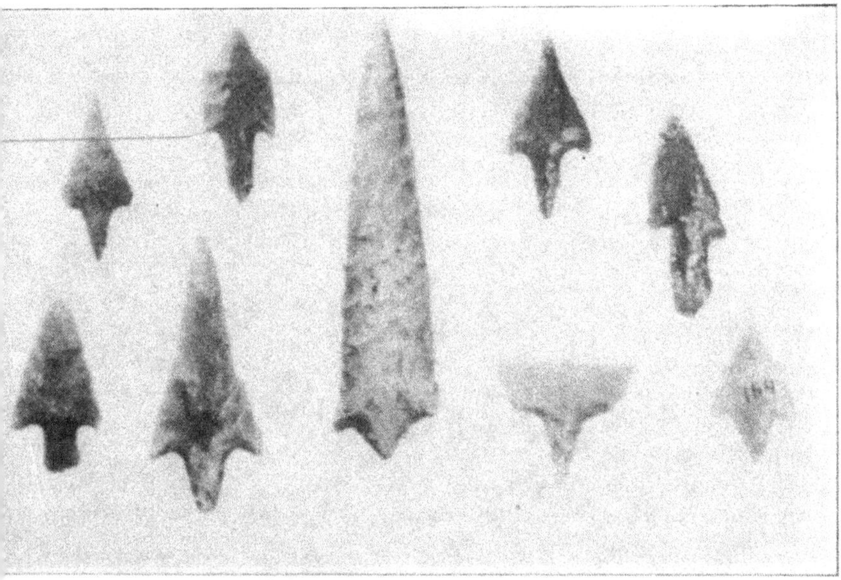

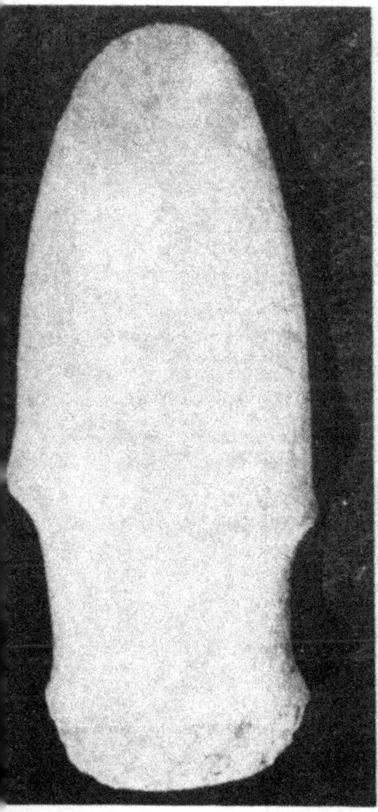

2

Pointes de flèches néolithiques, In Guezzam (Niger).

Hache à gorge néolithique, Adrar Bous (Niger) ; 3. Hache polie néolithique, région de Faya ad).

ce : Histoire générale de l'Afrique, tome 1, Jeune Afrique/Unesco.

• *1. Céramique néolithique, Dhar Tichitt (Mauritanie).*

• *2. Céramique d'Akreijit, Mauritanie.*

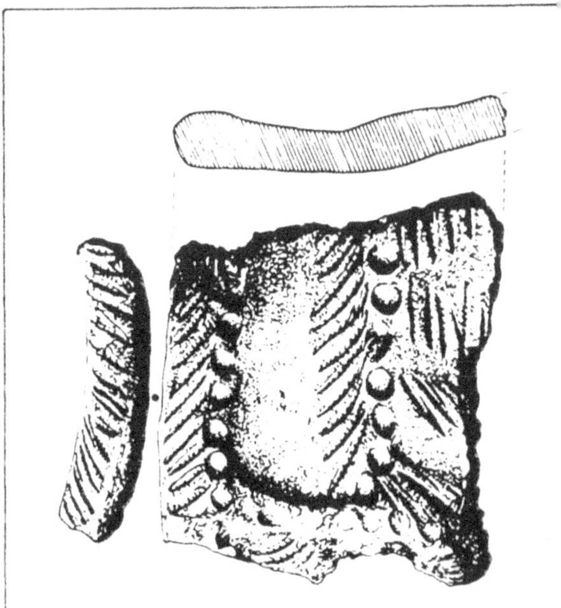

Source : Histoire générale de l'Afrique, tome 1, Jeune Afrique/Unesco.

c'est-à-dire de son imagination, de son intelligence. Invention de l'outil, mais aussi la découverte du feu ; et puis les multiples et complexes utilisations de ces outils et de ce feu. Grâce à eux, la création de ce que l'on peut appeler un rudiment de *vie sociale* autour du feu, autour du foyer, tout logiquement, l'habitat, la maison, les ateliers. Début fondamental, émouvant de nos civilisations.

D'aucuns diront que l'Egypte n'est plus « noire » et plus généralement l'Afrique du Nord. Il est vrai que, depuis la colonisation de l'Afrique du Nord par les Indo-Européens et les Sémites, les peuples de cette partie de l'Afrique se sont métissés de Blancs. Malgré cela, ils demeurent, biologiquement et culturellement, plus près des Négro-Africains, surtout des Soudano-Sahéliens. Dans son ouvrage *De la biologie à la culture,* Jacques Ruffié, créateur avec Jean Bernard, de l'hématologie ethnique, nous apprend que ce qui fait la race, ce n'est ni la couleur ni les formes du corps, mais le sang et, plus précisément dans celui-ci, les gènes. Tous les peuples étant aujourd'hui métissés, le degré et la qualité du métissage se mesurent au tableau numérique des groupes sanguins. Or, d'après leurs tableaux numériques d'aujourd'hui, les peuples du Maghreb sont plus près des peuples sahéliens de l'Ouest africain que des Français ou des Scandinaves. Quant aux Egyptiens à un ou deux points près, ils ont le même tableau que les Noirs africains qui passent généralement pour les Nègres typiques.

Nous pouvons logiquement en déduire que, dans la haute antiquité, avant le double apport euro-sémitique, toute l'Afrique était noire, comme nous le disent les anciens Grecs. Ceux-ci appelaient le Maghreb, Mauroussia et l'habitant du Maroc, Mauros, « maure » dont le sens éthymologique est de « couleur sombre ». Au vrai, il y avait avant le métissage, deux types d'Africains :

1) le type du Nord, de la savane boisée, dolichocéphale, grand, élancé dont la couleur allait du brun chocolat au noir d'ébène selon *l'ensoleillement* ;

2) le type du Sud, de la forêt, brachycéphale, petit, trapu, dont la couleur était d'un brun jaunâtre. D'un côté le type Touareg ou Soudanais, de l'autre le type Pygmée ou Hottentot.

Ainsi donc, pendant deux mille ans, cet homme à peine différent au départ de l'animal n'aura cessé de progresser vers un but unique : la domination de la nature ; c'est cela sa finalité. Prédateur, dominateur, mais diminué physiquement, il compense cette faiblesse par l'invention de tous les outils et machines possibles. Alors, tout au long de cette prodigieuse saga, il va dévouvrir la cueillette, puis l'agriculture, il va creuser le sol et en extraire du minerai, tailler et émonder les forêts, à chaque instant de son évolution, marquer la nature de son sceau. Tel un dompteur, il ne cesse et ne cessera jamais de maîtriser son ennemi intime, la nature, d'où vient le danger, donc la mort et la disparition de l'espèce.

Ce qu'il y a de plus évident dans l'aventure humaine, c'est cette finalité de domination et, en l'exerçant surgissent la naissance puis le développement de l'angoisse, du doute et de la peur ; pourtant, il semble bien que la peur, celle des tous premiers âges ait été maîtrisée. L'outil inventé était rassurant, tout autant que le feu qui réchauffait le corps, éloignait les bêtes. Cependant, au fur et à mesure que s'estompait cette peur, grandissait l'angoisse ; mais une angoisse enrichissante, car obligeant *Homo-Sapiens* à se poser les questions essentielles sur la vie et à s'efforcer d'y répondre.

Combat avec lui-même, qui fit se développer son intelligence et son imagination, mais aussi son orgueil. Car cette aventure-là, la nôtre dont on a peine à mesurer l'immensité, l'extravagance, est aussi une extraordinaire explosion d'orgueil. Certitude pour l'homme qu'il devait être le seul et unique dominateur de sa planète, affirmation paranoïaque de son existence, volonté de puissance, son goût du pouvoir.

A la fin de ce titre premier, il n'est pas interdit de se poser cette simple question. L'évolution n'est pas terminée, il n'y a pas de raison. Alors dans cent mille ans ou un million d'années, que sera l'homme ? Comment sera-t-il ? Que fera-t-il ?... A la condition bien sûr qu'il existe encore...

Notes

1. Balout, 1980, « Histoire de l'Afrique », UNESCO p. 456 et suite, ch. 17.

« l'hominisation » : problèmes généraux 435-457.

2. P. Teilhard de Chardin, 1956, *L'apparition de l'homme*, Seuil, p. 279 — 1954, *Les recherches pour la découverte des origines humaines en Afrique au sud du Sahara*, Anthropologie, Paris (58). 1955, « L'Afrique et les origines humaines » — *Revue des questions*

scientifiques, UNESCO 1972 — « les origines de l'homme », *le courrier*, août-septembre 1972.

3. W.W. Howells : 1972, « 20 millions d'années pour faire un homme », dans *le courrier de l'UNESCO*, août-sept. 1972.

4. Darwin et Huxley cités par Balout, 1980, *op. cit.*, p. 457.

5. Teilhard de Chardin : 1956, *op cit.*, p. 279.

6. Balout : *op. cit.*, p. 458 et Coppens (Y.), 1980, « Hominisations, problèmes généraux », chap. 17, en *Histoire générale de l'Afrique*, UNESCO, Paris, pp. 435-456.

7. Abbé du Breuil : « En fait, l'*Ancien testament* (livre de la genèse) situait le paradis terrestre, l'Eden, dans un paysage de jardins de plantes cultivées. Dieu vouait Adam à l'agriculture et à l'élevage, à un genre de vie « néolithique » dans une région où tout un paléolithique allait peu à peu se révéler. Toutes les choronologies tirées de l'Ecriture Sainte dataient la création en 6484 et 3616 avant notre ère. Sans doute, le Proche-Orient fut-il, sinon le plus ancien foyer de néolithisation ; rien ne permet plus de dire qu'il fut le berceau de l'humanité et le père Teilhard de Chardin disait « l'homme est entré sans bruit et ce sont les pierres taillées par lui, qui longtemps après trahissent son existence ; l'espèce humaine n'a rien ébranlé dans la nature au moment de son apparition. Elle émerge phylétiquement à nos yeux comme n'importe quelle autre espèce exactement ». Père Teilhard de Chardin, *op. cit.*, par Balout p. 456.

Breuil (Abbé H.) : 1931, « Afrique », *Cahiers d'art*, Paris ; 1944, « Le paléolithique au Congo belge d'après les recherches du docteur Cabu », VI Plateau de Bena Tshitolo — TRSA XXX 143-60. ; 1952, « Les figures incisées et ponctuées de la grotte de Kiantapo (Katanga) », AMRCD 1-32.

8. Au début du siècle, Ch. Seignobos dans son histoire de la civilisation écrit : « Les hommes qui peuplent la terre... diffèrent aussi par la langue, l'intelligence et les sentiments. Ces différences permettent de partager les habitants de la terre en plusieurs groupes qu'on appelle « races ». Un dictionnaire français de médecine et de biologie, en 1972 maintient encore le concept de race dont il existe trois principaux groupes (Blancs, Noirs, Jaunes) fondés sur des critères morphologiques, anatomiques, sociologiques... et aussi psychologiques... » voir Kizerbo, *Histoire générale de l'Afrique* p. 296.

8a Gobineau (Comte de), *Essai sur l'inégalité des races humaines*, livre II, chap. VII, 1re édition 1853-1855.

Hitler (Adolf), 1939, *Mein Kampf* (Mon combat).

9. Cette étude est fondée en partie sur les études faites par le groupement UNESCO.

Hermiaux (J.), 1974, « Rapport sur le concept de race », Paris.

Rightmire (G.P.), 1974, « Comments on race and population history in Africa New ».

Strouhal (E.), 1976, « Problems of study of human races ».

Kizerbo (J.), 1980, « Théories relatives aux *races* et histoire de l'Afrique », *Histoire générale*, UNESCO.

10. Eickstedt, *Histoire générale de l'Afrique, op. cit.*, p. 292.

11. En 1939, l'archéologue Mathew Striling estime que les ***premiers** immigrants américains* étaient des *Nègres* venus de Nubie (**Soudan**). **Ce** sont des Nègres qui auraient découvert l'Amérique 2 000 **ans avant** Christophe Colomb. Pour les archéologues américains, la preuve la plus évidente de la présence des Noirs d'Afrique en Amérique est la

découverte des *têtes monolithiques* du site de Très Zapotès sur la côte orientale du Mexique. (Sur la question voir la note 12.)

12. Une énigme réside dans la découverte de l'Amérique avant Christophe Colomb ! En effet, qui a découvert l'Amérique ? Des Noirs disent certains archéologues américains des Etats-Unis dont Matthew Stirling en 1939, Ivan Vansertima de la Rutgers University, anthropologue réputé ; voici la thèse de ces deux universitaires :

En 1939, l'archéologue Matthew Stirling exhume une énorme et superbe tête monolithique du site de Très Zapotès sur la côte orientale du Mexique. Cette tête de basalte haute de deux mètres cinquante est vieille de près de trois mille ans.

Dans les années qui suivent, onze sculptures analogues sont découvertes à la Venta et San-Lorenzo, distantes respectivement de 6 et 11 kilomètres de Très Zapotès. La plus grande pèsent près de 35 tonnes. Toutes ont des traits communs : nez larges et épatés, bouches lippues, plusieurs présentent un profil prognathe. Elles semblent indiquer l'emplacement d'un grand centre cérémonial.

Ces grandes têtes sculptées, toutes orientées vers l'Atlantique seraient pour certains anthropologues américains la preuve la plus évidente de la présence des Noirs d'Afrique en Amérique, 2 000 ans avant Christophe Colomb. Leur chef de file est un anthropologue linguiste de Rutgers University, Ivan Vanserima. Pour cet anthopologue réputé, penser que des Noirs soient arrivés sur les côtes américaines 20 siècles avant le navigateur génois n'est pas une spéculation.

Il estime que les premiers immigrants africains seraient venus de Nubie (Soudan oriental) dont l'histoire a été liée à celle de l'Egypte antique. En effet, après avoir soutenu pendant des siècles le trône d'Egypte de leur puissance militaire, les rois noirs de Nubie fondèrent en Egypte leur propre dynastie au VIIIe siècle avant Jésus-Christ. C'est à cette époque qu'ils seraient arrivés au Mexique.

Comment ? Vansertima pense que du fait de leur présence en Egypte, les Nubiens connaissent la navigation en haute mer ; ils avaient des contacts permanents avec les navires marchands phéniciens qui sillonnaient la Méditerranée et s'aventuraient même jusqu'aux îles britanniques pour s'y fournir en étain. Toutefois, l'arrivée des bateaux phéniciens sur les côtes américaines se serait produite accidentellement. Pour étayer cette hypothèse, l'anthropologue américain s'appuie sur la traversée de l'Atlantique effectuée par Thor Heyerdal à bord d'un bateau en papyrus semblable aux vaisseaux égyptiens, le *Râ*, dont l'équipage se nourrissait uniquement de pêche et d'eau de pluie. Porté par les courants, l'esquif, parti des côtes du Maroc avait atteint l'île de la Barbade dans les Antilles. Vansertima considère que la traversée avait dû être plus facile sur des galères phéniciennes plus grandes que sur un bateau de style égyptien.

13. Lewontin (R.C.), travaux UNESCO, 1969.

14. Landman..., *op. cit.*, p. 298.

15. Ruffie (J.), 1977, *De la biologie à la culture*, Paris, Flammarion, 598 p. ; 1978, « Génétique et anthropologie », *Science et Vie* n° 120 hors série (11).

16. Livingstone (F.B.) : 1958 *Anthropological implications of sickle cell gene distribution in West Africa* — A.A. 60, 3 : 533-62 (24) ; 1952, De la non-existence des races humaines (article...)

17. UNESCO, Paris, 1969.

18. Fresco (N.), article, revue *Le genre humain*, 14 novembre 1981.

19. Un devancier de la crâniologie avait en 1871 tenté de mesurer le crâne de 15 millions d'écoliers allemands afin de prouver leur incontestable « aryanité », mise en cause par un craniologue français de l'époque, pour qui les Allemands avaient le crâne plutôt « finois » c'est-à-dire barbare et quasi préhistorique. Article cité de Nadine Fresco.

20.

21. Ruffie, *op. cit., L'origine de l'espèce.*

22. Darwin, 1832, *op.cit., l'origine de l'espèce.*

23. J. Hiernaux, *Rapport sur le concept de race,* Paris, 1974, UNESCO.

24. Dérive génétique : bouleversement du patrimoine génétique dans un groupe humain réduit et isolé, du fait d'un accident provoquant la baisse de fréquence ou la disparition d'un allèle.

25. Allèle : variante du gène.

26. En fait, l'Egypte pendant les 25 siècles d'histoire (2 500 ans avant Jésus-Christ) a été envahie par les Perses, les Hyksos, les Grecs, les Romains, les Turcs et enfin les Arabes. L'Egypte pharaonique était l'essence nègre. En observant le paysage humain du Caire d'aujourd'hui, la population égyptienne, malgré la « domination arabe », a conservé en grande partie ce *fond nègre* si caractéristique. Ce qui frappe l'observateur, c'est le *teint buriné* de l'*Egyptien typique.* Et l'un des plus grands chefs d'Etat que l'Egypte ait eu depuis les pharaons : le *raïs* Anouar El Sadate, est originaire du sud de l'Egypte. Il disait qu'il était, tout comme l'Egypte de descendance noire. Il était, en effet, issu d'une mère noire et d'un père arabe. Aujourd'hui, des égyptologues considèrent le débat sur la négritude de l'Egypte ancienne comme clos. Pour eux l'Egypte ancienne est nègre.

26 bis. On vient de découvrir en France, que le premier *homo-erectus* d'Europe est un négroïde venu en migrateur à partir de l'Afrique. L'accord actuel sur le fait que l'*homme Cro-Magnon* soit le premier Leucoderme (homme à peau blanche) permet de déduire que *Homo-Sapiens* était un Nègre. *Homo-Sapiens* est venu en Europe comme migrateur négroïde.

27. Ces époques ont reçu des sites géographiques de l'Afrique orientale.

28. Kizerbo (J.), 1972, *op. cit.*, p. 41.

29. Leakey *(op. cit.)* — 1970 — 1974 et suite.

30. Diop (C.A.), *L'unité culturelle de l'Afrique noire,* 1 p. 142, Paris, 1959.

30 bis. Diop (C.A.), 1979 - Nations nègres et culture. 2 en édition t. I.

1979 — L'antiquité africaine (négro-africaine) par l'image ; notes africaines, Dakar.

1967 — Antériorité des civilisations nègres, Paris.

1977 — Parenté génétique, Paris 797.

31. Diop (C.A.), *Civilisation ou Barbarie,* Ed. Pres. Africaine, Paris, 526 p., 1981.

32. Leakey — (L.S.B.).

Deuxième partie :

L'ÉCONOMIE PRÉHISTORIQUE

(De – 3 millions d'années
à – 3 000 ans avant notre ère)

INTRODUCTION

Dans l'établissement chronologique de la préhistoire, archéologues et paléontologues distinguent conventionnellement trois âges : le paléolithique, le mésolithique, le néolithique [1].

— Le *paléolithique* ou premier âge de la pierre est cette période où celle-ci est simplement taillée ou éclatée pour servir d'outil. C'est la civilisation dite du « *Pebble culture* », oldowayen[2] correspondant au début de l'industrie du gallet.

— Le *mésolithique* ou épipaléolithique correspond au second âge. C'est, semble-t-il, une phase de bouleversement technique au cours de laquelle le façonnement de l'outil de pierre, d'os et de corne atteint une miniaturisation remarquable (microlithes). Et comme toute miniaturisation, elle engendre une spécialisation grâce à un affinement de sa facture.

— Le *néolithique* enfin, correspond au troisième âge : c'est la période où le polissage du silex devient une pratique courante dans le cadre d'une civilisation nouvelle, intégrant des techniques agricoles, des coutumes et des croyances inédites. Pourtant, malgré cet effort de classement des civilisations des spécialistes, elles ne s'appliquent pas toujours d'une manière uniforme, des écarts existent. Dans la préhistoire africaine par exemple, ce système de classification a été abandonné : concernant l'Afrique subsaharienne, le « *Stone Age* » ou âge de la pierre est généralement divisé en trois grandes périodes *early, middle, late age*, qui se distinguent par des modifications culturelles et économiques reconnaissables dans l'évolution de la technologie.

— *Earlystone age* encore dénommé *Oldstone age*, s'étend depuis l'époque où les outils de pierre étaient les plus primitifs, il y a environ – 3 millions d'années jusqu'à – 100 000, voire à 15 000 ans environ avant notre ère.

— *Late stone age* : de – 15 000 ans environ au début de l'âge du fer soit – 2 000 avant notre ère.

Deux âges, caractérisent cependant cette période, ce sont :

— le *paléolithique* correspondant en gros au *Early Stone Age*, c'est l'époque où l'Afrique noire s'affirme en tant que *foyer économique de premier ordre* dans l'élaboration et la diffusion des techniques de la pierre, notamment dans l'industrie du gallet.

— le *néolithique*[3], correspond au *Late Stone Age* où après la différenciation des races, l'Afrique prendra le *learder-ship* de la civilisation humaine dont l'apogée concrétisera la *civilisation pharaonique,* à partir de – 5 000 ans avant Jésus-Christ.

1. Voir glossaire en annexe.

2. Tiré du mot Olduvaï en Tanzanie septentrionale : cela signifie que les outils cités furent fabriqués pour la première fois à Olduvaï.

3. Terme forgé en 1865 par J. Lubbock (tiré du grec neos : nouveau, lithos : pierre ; c'est-à-dire âge de la pierre avec production de nourriture : agriculture et pastoralisme).

Chapitre I

TECHNOLOGIE ET ÉCHANGES ÉCONOMIQUES DANS LE MONDE PRÉHISTORIQUE

Les découvertes archéologiques ont permis de constater une *homogénéité* remarquable dans les formes des outils, ainsi que dans les techniques utilisées par les façonniers préhistoriques ; la seule différence résidant dans le matériau utilisé, comme l'obsidienne en Afrique et le silex d'habitation et de consommation.

A certaines époques de l'âge de la pierre, des technologies nouvelles ont pu être pratiquées simultanément à l'intérieur d'une même zone de « civilisation ». Certaines traditions spécifiques correspondent à la vie des régions forestières, aquatiques ou arides des savanes ; les ressources alimentaires et leurs méthodes d'exploitation pouvant alors susciter une adaptation culturale et une technologie différente. Il peut aussi arriver que les activités d'une même communauté : chasse de gibier, piégeage, arrachage de racines et de tubercules, travail du bois et du cuir, etc. dont certaines sont saisonnières, apparaissent suffisamment variées, pour rendre compte de la différence des outillages d'un même âge, dans une même localité. Un mélange de techniques à la fois, innovatrices et conservatrices, dans une même région, peut être le signe d'un *changement graduel.* La transition n'étant pas toujours perceptible.

I — Production et diffusion industrielle de l'âge de la pierre

1) *Old Stone Age ou Early Stone Age* : cette première période se divise en deux phases, où sont associés *Homo-Habilis* et *Homo-Erectus*.

A — La phase dite oldowayenne se caractérise par des outils, dont les plus anciens que nous connaissons datent d'une période comprise entre – 3 millions d'années et un million d'années avant notre ère. Ils ont été découverts en Tanzanie (Rift Valley), au Kenya (site du Lac Turkana), et en Ethiopie (vallée de l'Omo). Les pierres les plus anciennement taillées sont des tout petits éclats de quartz.

Mais beaucoup plus abondantes et mieux connues sont les industries dites à *choppers* ou à *galets aménagés* contemporains ou légèrement postérieurs. Ils sont de la taille d'un poing. Ce sont de petits blocs de pierre, pour produire des outils coupants, grossiers à l'origine, mais utilisables pour abattre les animaux, briser ou broyer les matériaux végétaux. Certains outils ne pouvant être tenus à pleine main, étaient secondés par un grand nombre d'éclats plus minces, plus tranchants, convenant mieux pour accomplir certains travaux plus légers, plus spécifiques comme le dépouillement d'un animal tué ou des travaux domestiques, dans les abris ou dans les pré-campements.

Des études faites par le Dr Mary Leakey dans la Gorge d'Olduvaï[1] et par J. Chavaillon à Melta-Konture en Ethiopie[2], ont révélé une grande variété de *galets aménagés* pour la fabrication des *choppers* ; mais aussi des os et sans doute du bois écarri étaient également utilisés, pour satisfaire certains besoins domestiques.

D'où le nom de « phase oldowayenne » parce que ces outils ont été fabriqués, pour la première fois, à Olduvaï en Tanzanie septentrionale. Des os fossilisés découverts avec les outils, à proximité des campements permettent de penser, que ces fabricants de *galets aménagés* se livraient non seulement à la chasse du petit gibier, comme les oiseaux, lézards, tortues et hyrax pour compléter leur nourriture à base de fruits, de végétaux et insectes mais aussi à la grande chasse : éléphants, grandes antilopes. Certaines de ces grosses bêtes ont dû être capturées au piège ou poussées dans des marécages par « ces chasseurs

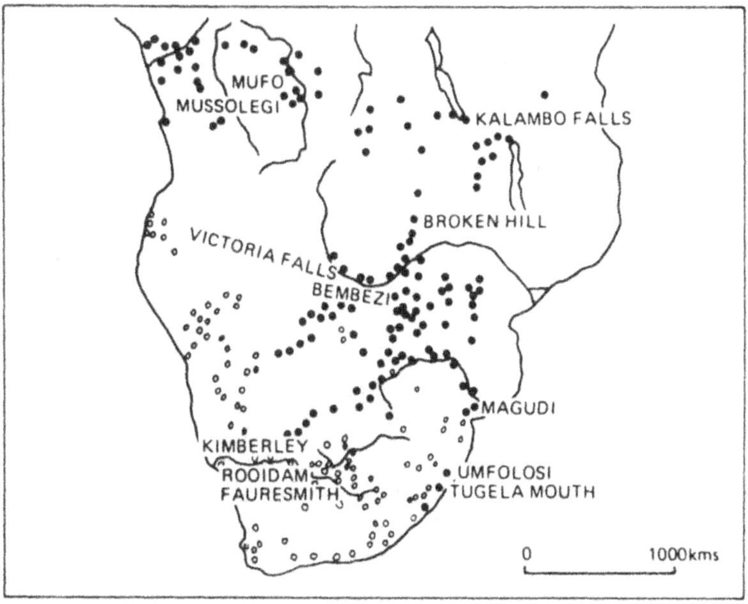

1

● *1. Répartition des gisements « Fauresmith » (○) et sangoens (●) en Afrique australe (Fig. 21. in « The Prehistory of Africa ». J.D. Clark, 1970. Thames and Hudson, Londres).*

● *2. Gisements d'homme fossile du Pléistocène supérieur (●) et quelques gisements d'homme fossile du Post-Pléistocène (○) en Afrique australe (Fig. 25. in « The Prehistory of Africa ». J.D. Clark, 1970. Thames and Hudson, Londres).*

2

in *Histoire générale de l'Afrique*, Jeune Afrique/Unesco, 1984, tome 1.

primitifs » qui les achevaient avec des épieux, des masses de bois ou encore des projectiles de pierre. Une partie de la viande était certainement consommée par les chasseurs, sur le lieu-même où l'animal avait été tué — comme il est de coutume encore aujourd'hui —, mais il est aussi naturel de penser qu'une partie était toujours ramenée au campement, pour être partagée avec le reste du groupe, y compris les femmes et les enfants.

En effet, les fouilles du Dr Mary Leakey[3] dans la gorge d'Olduvaï ont permis d'exhumer les débris d'ossements de différents animaux mêlés à divers outils servant à couper, gratter et broyer. Ils constituent un témoignage assez remarquable de ce que pouvait être un lieu d'habitat à ce stade le plus primitif de l'humanité. Au surplus en 1967, au colloque panafricain de Dakar, l'étude de la répartition des vestiges, faite par le Dr Leakey suggère que, dans l'habitat primitif, des *pare-vent* étaient élevés. A Olduvaï, un cercle approximatif de pierre a été interprété par Leakey, comme la base de la charpente d'une hutte ou d'un abri en bois, qui était peut-être recouvert de peaux. A Melka Konture, une plate-forme artificielle exhumée a pu avoir le même usage.

Outre plusieurs sites, des rivages lacustres qui s'étendent d'Olduvaï au Lac Turkana et parmi lesquels figurent les plus anciens sites connus, des gisements à *galets amenagés* ont été exhumés depuis l'Afrique du Sud jusqu'aux rives de la Méditerranée. Ce qui prouve, que cette industrie a dû naître, en Afrique centrale ou orientale pour se répandre sur l'ensemble du continent. L'association occasionnelle, en Afrique orientale de gallets avec les ossements humains d'australanthropiens — hominidés les plus primitifs — dont certains croient reconnaître *Homo-Habilis,* permet de dater ces outils entre – 3 millions à – 1 million d'années.

B — La seconde phase dite *acheuléenne* correspond à la généralisation de la « civilisation des bifaces » à l'échelle mondiale, dans la mesure où des outils acheuléens auraient été façonnés, pendant plus d'un million d'années en Asie occidentale et méridionale, en Europe méridionale et occidentale.

Les débuts de la période acheuléenne en Afrique remonte à plus d'un million d'années jusqu'à 100 000 environ avant notre ère. Cette expansion acheuléenne est, sans doute, liée à une *explosion démographique* exceptionnelle de la population, celle-ci expliquant la fabrication en nombre de plus en plus important, d'outils de grande dimension facilement identifiables. Cette période correspond également, à des changements climatiques marqués à l'échelle mondiale.

Ces industries acheuléennes, où le *biface* est l'outil le plus connu, sont associées à *Homo-Erectus :* forme d'hominidé intermédiaire entre les *australanthropiens* et *l'homme moderne.* Et c'est vers la fin de cette seconde phase, que les savants fixent *l'évolution irréversible* de *Homo-Erectus* vers l'hominisation parfaite, constatée par l'érection de *Homo-Sapiens.* L'Afrique est reconnue pour être le cadre privilégié où se déroula cette révolution majeure, de même que *l'évolution culturelle* attestée par les techniques acheuléennes de fabrication d'outils est le *genre de vie* le plus efficace qu'il est possible d'en déduire. Il semble cependant que certaines traditions culturelles et biologiques plus anciennes, notamment celles des types physiques plus primitifs, se soient maintenues pendant un certain temps à côté des traditions nouvelles. Le meilleur témoignage est fourni par les niveaux successifs d'anciens rivages lacustres à Olduvaï, où des outillages distincts oldowayens et acheuléens ont été fabriqués et utilisés conjointement pendant des millénaires, au plus pendant un million d'années [4].

Les outils « bifaces » et « hachereaux » (termes archéologiques) ou encore « handaxes » ou haches à main, n'étaient pas une hache — à proprement parler — mais plutôt un outil d'usage général, dont l'extrémité pointue ou tranchante pouvait être utilisée pour fouir et dépouiller.

Ainsi le hachereau (*cleaver*), avec son extrémité coupante quadrangulaire convenait particulièrement pour le dépouillement des animaux. La différence entre les technologies de l'oldowayen et de l'acheuléen réside en grande partie dans une différence quantitative. A la fin de la période acheuléenne, les outils sont déjà mieux individualisés, avec un débitage plus précis, plus systématique sur les deux faces, avec un percuteur de bois cylindrique ou un os long d'animal, contrairement au percuteur en pierre de l'oldowayen. Cette innovation a permis la production d'outils plus grands, avec des tranchants plus longs et des éclats plus aiguisés utilisés comme couteaux.

En somme, pendant tout le *Early Stone Age,* les

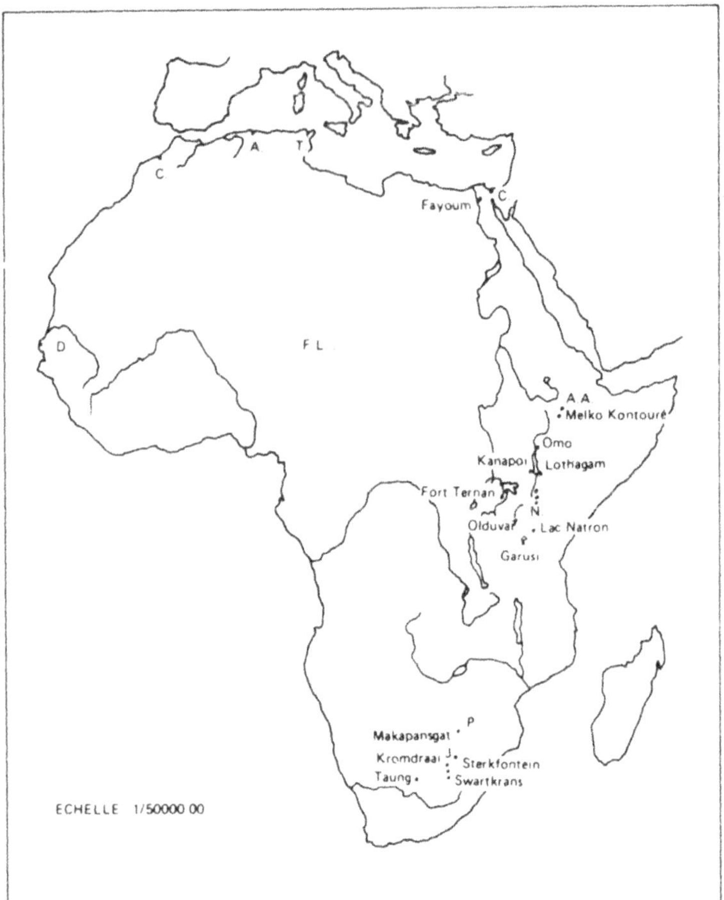

● *La préhistoire en Afrique orientale (1974)*

in *Histoire générale de l'Afrique*, tome 1, Jeune Afrique/Unesco, 1984.

populations étaient des *chasseurs-cueilleurs* qui se déplaçaient en groupes à chaque saison, dans les savanes, les steppes et les régions faiblement boisées en suivant, pour ce faire, les déplacements des animaux et l'évolution cyclique des plantes végétales, tout comme les *nomades contemporains* sahéliens et soudaniens. Il est vraisemblable qu'en une certaine période de l'année, généralement à la saison des pluies, ils se séparent pour se retrouver vers le début de la saison sèche en groupes plus compacts, auprès des lacs, fleuves, rivières ou points d'eau, ou de toutes surfaces riches en pâturages, comme sembleraient le prouver, les grandes concentrations d'outils acheuléens de belles factures collectés dans les sites comme Isimila ou Olorgesailée en Afrique orientale [5].

2) *Middlestone age :* il se caractérise par l'apparition et la *domination* progressive de *Homo-Sapiens,* avec en prélude, celle des *sous-espèces,* quelque peu différentes de *l'homme moderne.* Cependant, vers la fin du *Middlestone age,* non seulement l'homme moderne (Homo-Sapiens Sapiens) devait faire son apparition définitive, mais les caractéristiques physiques distinctives des races devaient être déjà développées en Afrique.

Au *Middle Stone Age,* la *technologie* enregistra des progrès importants. L'ancienne technique de fabrication d'outils de pierre, par enlèvements successifs d'éclats sur un bloc, jusqu'à ce qu'il approche d'une forme type, présentant des arêtes tranchantes utilisables, est abandonnée au profit d'une technique plus complexe consistant en une préparation du *nucléus* par enlèvements précis d'éclats pour lui donner la forme et la taille requises, permettant de détacher *l'outil fini.* Parallèlement est utilisée la technique de détachements d'éclats quelconques, qui sont ensuite mis en forme, par retouches successives.

Une innovation plus remarquable a été la production d'outils plus petits, d'une forme et d'un travail plus finis, plus minces et plus efficaces que les outils du *Early Stone Age.* Cette innovation de la seconde période du *Middle Stone Age* aura plusieurs conséquences qui sont :

Premièrement, *l'emmanchement d'outils* de pierre taillée dans du bois ou d'autres matériaux. Les pointes foliacées caractéristiques des industries « stillbayennes » retouchées par pressions successives, qui étaient sans doute fixées et collées dans la fente d'un manche de bois pour constituer une lance. Maints outils d'usage domestique devaient, de la même façon, être sertis dans les manches appropriés, ce qui impliquerait la préparation de gomme résineuse. Le façonnage, le dégauchissage et le rainurage du bois ; toutes choses qui étaient sans doute facilitées par un traitement au *feu prométhéen* déjà dompté à cette époque[6].

Deuxièmement, l'innovation technique du *Middle Stone Age* a suscité des évolutions économiques, ou du moins des modifications dans l'adaptation au milieu.

S'agissant du milieu climatique, cette période correspond à des changements climatiques aboutissant à des fluctuations entre les périodes sèches et humides, affectant ainsi l'expansion ou le recul de la forêt, la fréquence et la dimension des lacs ou des rivières et par conséquent la restructuration ou l'abondance des différentes ressources alimentaires. La spécialisation régionale, conséquence des fluctuations climatiques a permis au genre *homo* de commencer à couper de nouveaux territoires. L'*homo-sapiens* négroïde devenu migrateur exerce sa souplesse d'adaptation exceptionnelle tout en faisant reculer partout où il s'établit, les frontières de son ère de colonisation.

En Afrique apparaît pour la première fois une division culturelle précise entre les populations *homo-sapiens* qui avaient colonisé les régions plus humides à forêt dense, et *homo-sapiens* qui s'étaient établis dans les régions herbeuses ou de savane légèrement boisées. Et si l'*homo-sapiens* des savanes a développé la tradition de la chasse du gros gibier à la *lance,* sans exclure pour autant la cueillette, celui de la forêt se spécialisa surtout dans la cueillette des végétaux et des fruits, la pêche, ainsi que la capture du gibier au moyen de lances et de pièges divers.

Troisièmement, la question qu'il est nécessaire de poser à présent est la suivante : pourquoi les changements climatiques plus anciens n'avaient-ils pas entraîné en leur temps une percée technologique et économique plus avancée ? Au vrai, il n'y a pas actuellement de réponse précise. L'on peut supposer cependant que la *pression démographique* ait rendu nécessaire l'émergence des moyens plus efficaces et plus variés, surtout plus adaptés à l'exploitation de l'environnement au *Middle Stone Age* à partir du principe économique généralement admis que les *besoins créent les moyens.*

Mais faut-il souligner que durant la première phase du *Middle Stone Age,* cette spécialisation n'était pas aussi extrême que certains savants l'ont parfois supposé. En effet, nous acceptons cette idée de Balout soutenant que

> « dans les hautes terres du Kenya, si l'on excepte les marges forestières des outils connus sous le nom de « Fauresmithien », les outils principaux sont les mêmes, mais ils sont généralement de plus petite taille et combinent de nouvelles techniques de fabrication. Ces industries contrastent avec les industries « sangoennes » qui sont plus répandues et dont les meilleurs exemples ont été recueillis autour du lac Victoria et dans la Rift Valley occidentale. Ces industries présentent aussi un mélange d'outils de type acheuléen et de nouvelles techniques : mais les traits dominants sont différents de ceux du Fauresmith »[7].

Enfin, notons qu'il est vraisemblable que les sites de campements se soient trouvés dans les zones arborées et le long des rivages, plutôt que dans les grandes forêts denses. Il existait probablement de nombreuses traditions régionales résultant d'adaptations successives à des environnements locaux. Une fois solidement établies, elles ont maintenu nombre de leurs caractères distinctifs grâce à la tradition culturelle aussi bien qu'en raison des pressions écologiques ou économiques. Ces facteurs culturels régionaux sont responsables des différentes variantes africaines, après l'adoption des innovations technologiques du *Late Stone Age*.

3) *Late Stone Age :* à la différence du *Middle Stone Age,* spécialisé dans la production d'éclats à partir de *nuclei* préparés, le *Late Stone Age* se spécialisera surtout sur les lames en détachant par percussions directes ou indirectes des fragments à bords parallèles longs et fins. Ces lames pouvaient ensuite être stylisées en vue de leur donner des formes spécifiques, pour des emplois plus variés.

Généralement, certaines pièces très petites ou « microlithes » étaient d'une longueur parfois inférieure à un centimètre. D'autres en forme de « segments de cercle » avaient un tranchant droit et un bord abattu courbe, qui n'était pas destiné à être tenu par la main utilisée en tant qu'outil individuel, mais plutôt à être incrusté dans les poignées de bois et d'os. Au *Late Stone Age,* l'emmanchement était devenu une pratique courante, comme le révèle les trouvailles du Dr Leakey : plusieurs microlithes étaient fixés en séries, dans la fente d'un manche en bois pour constituer un « outil composite » comme un couteau ou une scie. Dans les régions produisant du silex ou encore du verre volcanique opaque (obsidienne) bien adapté à la fabrication des beaux segments, les lames à bord abattu, des perçoirs, des burins, des grattoirs ont été trouvés, notamment dans la Rift Valley en Tanzanie et au Kenya.

En somme, l'ère du *Late Stone Age* varie entre 15 000 à 2 000 ans avant notre ère, c'est-à-dire au début de l'âge du fer dans la plupart des régions. Elle se caractérise par une série d'innovations technologiques, culturelles et économiques, encore utilisées de nos jours.

En effet, c'est probablement durant cette période, que l'arc et la flèche furent découverts et utilisés pour la chasse. La technique des microlites placés en séries, fixés à l'extrémité d'une *hampe en bois* pour constituer la pointe et d'autres placés plus bas constituant les barbelures. En outre, la préparation de *poison* pour ces flèches à armature de pierre date probablement de cette époque, et les redoutables flèches empoisonnées des *Lobis* de Haute Côte d'Ivoire et de la Haute-Volta ainsi que la sagaie à pointe de fer des Peuls et Dogons du Mali, remontent certainement à cette époque.

De même, l'emploi des filets dans les régions boisées est suggéré par les pratiques de chasseurs-cueilleurs de l'Afrique contemporaine parmi lesquelles se maintiennent encore certaines traditions du *Middle Stone Age*.

Au surplus, l'os était sans doute utilisé abondamment et la découverte de perçoirs en pierre et de poinçons en os pourrait suggérer des scènes de *couture de peaux,* des premiers *maîtres-tailleurs,* pour la fabrication de vêtements en peau de bête et d'abris.

Des perles faites de graines d'os, de coquilles d'œufs d'Autruche et enfin de pierres ont semble-t-il été cousues sur ces vêtements ou enfilées en colliers pour, sans doute, rehausser la beauté primitive de la gente féminine.

— Les *meules primitives* encore en usage chez les Fellahs d'Egypte ou en Afrique occidentale sont apparues dans certaines fouilles du *Late Stone Age.* Elles étaient employées entre autres, pour broyer *l'ocre rouge,* cette poudre de beauté des dames de l'époque et utilisées aussi pour broyer les aliments entrant dans la préparation de la nourriture. Tout comme la broyeuse de mil et de manioc des femmes de Côte d'Ivoire, du Mali et de toutes autres régions ouest-africaines.

— A cette époque, *l'art* n'était pas absent non plus, surtout chez les chasseurs, qui représentaient *des scènes de la vie quotidienne* sur les parois des rochers[8]. Cette civilisation connut également la fabrication de paniers et de poteries et la céramique qui représente l'une des plus anciennes inventions pour la préparation et la cuisson des aliments. En somme, tout indique déjà *un mode de vie sédentaire,* l'habitat principal étant situé à proximité des points d'eau. Tout prépare déjà le néolithique.

II — Le néolithique

Les découvertes archéologiques récentes ont prouvé que les origines de l'élevage et surtout de l'agriculture en Afrique ne remonte pas au premier millénaire avant notre ère, comme généralement admis jusqu'ici mais plutôt à la seconde moitié du IVe millénaire avant Jésus-Christ. J. Arkell[9] au cours de ses fouilles à Es-Shaheinab (Soudan), situé au nord de la confluence du *Nil Bleu et du Nil Blanc,* a découvert, en plus d'une industrie lithique à microlithes géométriques, des harpons (perforés à la base) des hameçons en coquilles attestant la permanence de la pêche mais il a également récolté des herminettes en rhyolite, des gouges, des petites haches polies en os, une poterie décorée en lignes ondées et en ponctuations. Parmi les vestiges osseux des espèces sauvages exhumées, il y avait des restes de poissons, de chèvres et de moutons. Au site de Kadero, proche du premier site « les 9/10e des restes osseux récoltés sont d'espèces domestiquées, dont les bovidés »[10].

En Ethiopie, à Agordat (Erythrée), il a été trouvé des restes de « quatre villages semi-permanents »[11], le matériel récolté a fourni des haches, des masses en pierre polie, des plats et des bracelets en pierre, de la poterie à décor en relief ou en chevrons incisés, des perles, des labrets, des pendentifs ; la présence de meules, de broyeurs et d'une figurine de pierre représentant un bovidé semblable à ceux élevés en Nubie. Près d'Axoum, dans l'abri de Godébra, les archéologues ont pu découvrir une industrie à microlithes géométriques, de la poterie, des graines de Michandelle (Eleusine Coracana), du tef (Eragrotis Tef), céréale de base pour la nourriture des ethnies éthiopiennes et la banane d'Abyssinie (Ensète Edule).

Du Kenya jusqu'en Tanzanie, le pastoralisme est suggéré par les fouilles de Narosuma, qui entre autres, ont montré que :

> « 95 % de la faune récoltée se répartit de la manière suivante : 57 % de chèvres et de moutons et 39 % de bovidés, l'étude ostéologique a d'autre part mis en évidence que le gros bétail était tué âgé tandis que chèvres et moutons étaient tués beaucoup plus jeunes. On peut en déduire par conséquent que le bétail était davantage élevé pour le lait et peut-être pour le sang comme chez les Masaïs actuels plutôt que pour la boucherie »[12].

Les meules et les pitons constituent une preuve indirecte de l'introduction de l'agriculture à l'époque préhistorique.

L'adaptation du pastoralisme et de l'agriculture sont des apports subsahariens introduits par le Soudan en Egypte *via* la Nubie. Dans toutes ces régions, la néolithisation suppose le passage progressif à une économie de production, sans rupture brusque entre l'économie nomade de chasse et de pêche et la sédentarisation qui ont coexisté bien avant le troisième millénaire. L'élevage du mouton, de la chèvre puis des bovidés s'est développé à cette époque. A la fin du IIIe millénaire, le Sahara, l'Afrique orientale et australe avaient sans doute dépassé le stade de pré-agricole.

En outre, d'un bout à l'autre du continent, surtout entre le Sahara et la forêt équatoriale, une civilisation aquatique s'était bien établie. La morphologie de ces populations d'Afrique orientale étant fondamentalement negroïde, il semble d'après certains archéologues

> « que ce soient l'expansion et le succès des sociétés exploitant les ressources aquatiques, il y a neuf ou dix mille ans, qui ont établi la prédominance d'un type définitivement négroïde, d'un bout à l'autre, de la bande soudanaise jusqu'au Nil moyen et haut Nil et jusqu'à la partie septentrionale de l'Afrique de l'Est »[13].

Sutton, procédant à un rapprochement linguistique, soutient que cette prédominance négroïde est allée « de pair

> avec l'extension géographique, la dispersion et la différenciation qui s'ensuivirent de la grande famille (ou phylum) linguistique que Greenberg appelle nilo-saharienne »[13].

Cette prédominance négroïde est fragmentée le long de la zone qui va du haut Niger à la Tanzanie centrale. La grande civilisation des milieux aquatiques et les langues nilo-tchadiennes se retrouvent et se maintiennent, même après avoir subi certaines modifications dans les régions riches en lacs, en étangs, en rivières. Elle a laissé des marques certaines sur les populations postérieures, sur leurs cultures et leurs économies. A partir de 5000 ans environ avant notre ère, un assèchement général du climat commence à se faire sentir, le niveau des lacs s'abaisse et l'économie d'exploitation des ressources aquatiques subit un déclin, au profit des techniques agricoles.

III — L'interprétation technologique, économique et culturelle de l'âge de la pierre

1) Evolution des techniques de l'âge de la pierre au néolithique

L'évolution de l'homme vers le statut d'animal pensant, capable de s'asseoir, de se tenir debout, de se déplacer librement sur deux pieds à la différence des singes ou autres mammifères quadrupèdes ou quadrumanes, a facilité l'utilisation et la fabrication d'outils. La fabrication, en libérant les mains, leur donnera désormais la disponibilité nécessaire, pour tenir, porter, saisir et manipuler mille objets utiles. Ces développements spécifiques furent nécessaires à la vie et à la survie de Homo-Sapiens en lui permettant d'accomplir certaines performances dans le monde, plus particulièrement en ce qui concerne l'obtention et la préparation de sa nourriture. Donc ainsi *ingenerationem ingeneratione,* l'homme eut à apprendre, puis à assimiler les aptitudes et connaissances culturelles accumulées par ses ascendants. Et s'il paraît quelque peu difficile de reconnaître les tous premiers outils façonnés de la main de l'homme, c'est parce qu'ils ont dû être si rudimentaires, si peu différenciés des objets naturels, ou disparus par décomposition sans laisser de traces. C'est sans doute, le cas du bois, du cuir, des os employés à une époque plus ou moins reculée que la pierre dont par ailleurs, il est vraisemblable d'accepter leur antériorité.

Mais le progrès, dans l'emploi de ces matériaux lithiques, devait être limité tant que l'homme n'avait pas découvert puis maîtrisé la technique fondamentale permettant de *produire en séries* d'une manière régulière, des arêtes tranchantes, des outils coupants et efficaces, par percussions ou par bris précis de certaines pierres présélectionnées au préalable. Grâce à l'outil, atteindre l'homme, tel est le but exaltant du préhistorien, de l'économiste et de l'archéologue. Mais faut-il encore répondre d'abord à ces trois questions fondamentales :

— L'outil est-il un critère suffisant d'hominisation ?

— L'outil nous permet-il de saisir de manière évidente les débuts de la vie économique ?

— L'outil humain dans la mesure où il nous a été conservé, est-il à coup sûr discernable dans ses origines ?

A la première question, concernant le critère d'outil et d'hominisation, nous devons exiger en toutes circonstances le concept de transformation délibérée par la main de l'homme et l'aménagement de ces outils. Le concept d'utilisation d'un objet extérieur, notamment les outils naturels collectés par l'homme, ne suffit pas.

La seconde question concernant les débuts de la vie économique repérable grâce à l'outil est assez complexe. Mais il est sûr que la variété de leurs formes, leur nombre, la systématique de leur taille en font plutôt un aboutissement. La satisfaction des besoins dits animaux, a d'abord été définitivement établie, avant la fabrication et l'utilisation généralisée de l'outil.

La troisième question enfin, concernant la discernabilité de l'outil, il faut dans ce cas faire preuve de *l'intention humaine* sur les « outils » les plus rudimentaires, les moins élaborés. Seule l'Afrique, par la richesse de ses documents permet cette recherche.

L'industrie « ostéodontokératique » a été étudiée par plusieurs érudits. L'abbé du Breuil [14], examinant les ossements recueillis chez les Sinanthropes du Choukoutien, avait envisagé qu'un « âge de l'os aurait pu précéder l'âge de la pierre. Il y aurait un « prélithique » antérieur au paléolithique.

Après les trouvailles de 1955 (Afrique du Sud) de 1959-60 (Olduvaï-Tanzanie), de 1969 (Omo-Ethiopie), de 1971 (lac Rodolphe-Kénya), le professeur R. Dart soutient la thèse d'une industrie à base d'ossements de dents et de cornes qu'il a dénommée « ostéodontokeratic culture ». A Makanpast, nombre d'humérus, d'ongules portent des traces d'usure avant fossilisation alors que les autres os longs sont intacts, et Dart de conclure que l'outil caractéristique de l'australopithèque est une massue en os, de préférence un « humérus d'ongulé ». Le chasseur a également utilisé des mandibules, les cassures par torsion (fracture spiralée) des humérus et des os canons impliquant là aussi l'intervention de la main de l'homme, comme l'avaient déjà avancé l'abbé Breuil et le père jésuite Teilhard de Chardin[15] à Choukoutien dans les *loci* à sinanthropes. Il y aurait donc eu un stade « ostéodontokératique », préhistorique puis paléolithique, s'enchaînant avec la « *pebble culture* », puis avec les industries à bifaces. C'est bien là le début d'une activité économique.

Quant à l'histoire lithique, les spécialistes, après avoir abandonné l'hypothèse « éolithe » des *galets aménagés*, sont d'accord sur la fabrication de la pierre par l'homme. E.J. Wayland, en 1919 en Ouganda, L. Leakey en 1936, ont retenu la civilisation de la pierre « *pebble culture* ». En Asie, H. Movins en 1944 a défini le *chopper, le chopping tool, la hand axe* et ultérieurement les savants comme C. Arambourg en Algérie[16], P. Biberson au Maroc[19], H. Hugot[17], H. Alimen, J. Chavaillon au Sahara, Mortelmans au Katangua, Raymond Mauny en Afrique occidentale[18] ont tenté des classifications et dégagé deux constats fondamentaux.

a) La « *pebble culture* » est déjà trop complexe ; les formes trop variées, fixées et systématiques, elle peut donc représenter le début des industries de la pierre.

b) La « *pebble culture* » contient en puissance toutes les possibilités évolutives qui permettront les industries classiques du paléolithique inférieur africain à bifaces et hachereaux.

En somme, pour les savants préhistoriens et archéologues, si les « instruments d'os et de pierre » attestent qu'un processus cérébral de l'hominisation est en marche il y a plus de deux millions d'années, ce n'est pourtant pas son début[20]. En fait, cet âge de la pierre a commencé il y a environ trois millions d'années pour s'étendre jusqu'à la phase très récente de l'histoire humaine, où la pierre a été supplantée par le métal en tant qu'élément majeur de la technologie, et comme matériau essentiel pour la fabrication d'outils et la production des tranchants. Cette transition d'une industrie de la pierre ou lithique, vers une *industrie du métal* eut lieu à des époques légèrement différentes sur l'ensemble de l'univers. En Asie occidentale, le travail du cuivre a commencé il y a environ 6 à 9 000 ans avant notre ère. En Afrique occidentale, le fer, premier et seul métal utilisé de façon régulière a été travaillé il y a environ deux mille ans avant Jésus-Christ.

Comme révélé par les témoignages archéologiques, l'âge de la pierre a été le témoin de mutations et de différenciations du corps et du cerveau humain, de la naissance de l'économie, voire de la politique (étant entendu qu'il n'y a pas d'économie sans politique, et de politique sans économie) ; de l'organisation sociale et de la culture en général, marchant de pair avec les développements technologiques. Concernant l'accélération du développement économique et de la technologie, il convient de remarquer que, si les changements au cours de toutes les périodes de l'âge de la pierre ont été lents comparés aux normes modernes, c'est cependant au cours des périodes les plus anciennes qu'ils ont été les plus lents. En effet, plus l'on se rapproche de l'époque actuelle, plus les changements seront de plus en plus accélérés. La période récente est marquée par la spécialisation et la diversification régionales très importantes ; ainsi des caractères lentement mûris, dans une région donnée, peuvent apparaître brusquement dans une autre région, sous leur forme achevée, par suite des migrations et des contacts culturels donnant ainsi « l'illusion d'une évolution ».

2) Interprétation du processus d'évolution des économies commençantes

Les études technologiques faites par la science contemporaine, sur l'âge de la pierre, permettent, dans une approche combinant bon sens et imagination, de reconstituer objectivement un tableau économique et culturel depuis l'hominisation. Il faut, pour ce faire, s'efforcer de sélectionner rigoureusement les témoignages, résister aux conjonctures hasardeuses, déterminer les faits et les idées qu'il est possible d'en extraire, en vue de tirer des conclusions intéressantes.

Concernant le continent africain, les témoignages archéologiques relatifs aux différents modes de vie des chasseurs, cueilleurs et pêcheurs de l'âge de la pierre sont complétés par *l'art rupestre*. Indépendamment de toute considération sur l'habileté technique, la maturité et le sens artistique dont témoignent beaucoup de ces peintres primitifs, ils nous informent également sur les méthodes de chasse à la lance, à l'arc, sur certains types de pièges. Même si les autres techniques d'acquisition de nourriture semblent moins représentées, tel l'arrachage des tubercules, la récolte du miel, la préparation des aliments, néanmoins les arts rupestres donnent une vision assez nette de la vie économique préhistorique, d'autant plus que certaines activités révélées par les peintures peuvent être comparées avec certaines pratiques de l'époque actuelle des peuples d'Afrique, d'Asie, d'Amérique ou d'Europe.

Les témoignages de l'art rupestre doivent être confrontés avec le matériel technique du moment à destination économique et culturelle, notamment sur les méthodes de chasse, de piège et de récolte, sur la morphologie physique du groupe de chasseurs ou de la communauté, l'évolution sur son territoire, et l'organisation sociale nécessaire à sa survie.

Même s'il est difficile d'exhumer aujourd'hui des restes préhistoriques de nourriture végétale, il est hors de doute que le régime des chasseurs-cueilleurs devait être équilibré. Les preuves seront fournies grâce à un examen intelligent des vestiges archéologiques de l'environnement local ; toutes ces ressources végétales et animales retrouvées pourront en témoigner.

Les échanges économiques peuvent également être circonscrits entre chasseurs-cueilleurs mêlés intimement à des populations sédentaires, productrices de nourriture. Les échanges de produits de la forêt avec leurs voisins agriculteurs et pasteurs sont également discernables. Cette dépendance réciproque subsiste encore en Afrique subsaharienne et orientale. En somme, l'étude économique de l'âge de la pierre ne se heurte pas seulement aux pierres et aux outils, tout est pris en compte (charbon de bois, vestiges et foyers, fragments d'os et d'animaux etc.).

Quant à l'archéologie, elle doit permettre à l'économiste de procéder à des interprétations sur des domaines plus vastes, et pour l'historien de l'économie ce ne sont pas certains outils particuliers, découverts et examinés isolément qui comptent, mais l'assortiment d'outils, avec les différentes variétés d'objets qui peuvent être trouvés dans un site ou un « atelier » de fabrication. Ces assortiments d'outils avec leur variété de tranchants, de pointes, pour couper, rogner, dépouiller, racler, percer, entailler, frapper, fendre, et fouiller permettront d'imaginer l'existence d'autres outils fabriqués à partir de matériaux périssables d'origine animale ou végétale, utilisés par cette communauté.

C'est ainsi que les peaux d'animaux, une fois débarrassées de leur graisse, séchées et tannées, pouvaient être coupées pour fabriquer des cordes de cuir et des courroies ; pour capturer, tuer et dépouiller l'animal, différents outils et armes de pierre et de bois devaient être nécessaires[21]. Des lanières pouvaient être utilisées en combinaison avec des outils de pierre, pour lier, attacher les projectiles utilisés pour la chasse ou pour fixer, avec l'aide d'une résine végétale, une lame de pierre ou une pointe à l'extrémité d'une lance de bois ou d'une flèche. Par ailleurs, la préparation de la pointe de lance devait exiger des outils de pierre coupants, après quoi, elle devait être durcie au feu, comme le montre certains modèles exhumés.

A l'âge de la pierre, le bon emmanchement d'une pointe de pierre sur un javelot était le résultat d'un travail minutieux de rognage et de rainurage à l'aide d'outils de précision.

Il serait facile d'imaginer à propos des usages du bois et des peaux préparées, les problèmes de l'habitat, des tentes et des coupe-vent ; tout comme précédemment, il faut se placer d'un point de vue économique et culturel. Bien que la chasse ait toujours été importante et essentielle à cause de l'apport de protéines animales, la collecte des végétaux, de certaines racines, féculents, tubercules était toute aussi vitale et assurait l'essentiel du régime alimentaire.

Ces activités variées, que sont les travaux domestiques, démontrent parfaitement la fonction de la plus grande partie des outils.

Enfin tout comme de nos jours, la difficulté de la corvée d'eau devait restreindre considérablement le choix des sites de campement. Un camp saisonnier pour un groupe familial devait se trouver en priorité près d'un cours d'eau ou d'un lac, ou d'un fleuve afin de bénéficier de surcroît d'une végétation plus abondante, susceptible d'attirer le gibier.

Ainsi comprise, l'histoire économique de l'Afrique devient l'histoire économique ancienne de l'humanité et ces éléments décrits lui confèrent une signification planétaire. C'est parce que l'Afrique noire a exhumé de ses entrailles des informations inestimables sur l'homme primitif et sa culture, sur l'écologie des primates, qu'elle est devenue actuellement et à juste titre, le centre mondial de la recherche sur l'origine de la vie, de l'économie commençante et de l'environnement.

IV — Sociétés économiques et sociétés politiques préhistoriques

1) La dynamique sociale

Les changements irréversibles ou mutations qualitatives constatées des sociétés humaines contemporaines, confirment et consolident les aptitudes passées des êtres vivants : changements et mutations à l'époque préhistorique n'ont guère été possibles, que grâce aux échanges des hommes avec leurs congénères et grâce à une certaine dynamique sociale, à la fois négative et positive.

La dynamique sociale, a dit l'historien Joseph Ki-Zerbo,

> « a dû sculpter le profil de l'être humain, au moins autant que les pulsions issues du tréfonds de sa vitalité, des méandres de ses lobes cérébraux ou des interstices de sa subconscience »[22].

Ce facteur social a joué un rôle double, d'abord quelque *peu négatif,* au niveau de l'agressivité, provoquant au cours de la longue histoire humaine, l'élimination violente des plus faibles ; conformément à la loi de la sélection naturelle et de la lutte pour la vie, le plus fort éliminant le plus faible. Homo-sapiens a dû éliminer le néandertalien après une « Première Guerre mondiale » qui a duré certainement plusieurs dizaines de millénaires.

Mais la dimension sociale a joué un rôle plus positif.

D'après Vsevolod et Iakimov :

> « Les études comparées de moulages endocrâniens des paléanthropiens et d'*homo-sapiens* montrent justement que chez ces derniers les parties corticales qui sont liées aux fonctions du travail et de la parole, à la régulation du comportement du sujet au sein du collectif, atteignent un développement considérable »[23].

Au vrai, la *sociabilité* a joué un rôle cardinal dans l'acquisition du langage, depuis les signaux sonores hérités des ancêtres zoologiques jusqu'aux plus articulés combinés de façons différentes sous forme de syllabes. La phase de lallation marquée par des monosyllabes, visait à déclencher, comme par réflexe conditionné, tel geste, tel comportement ou à signaler tel événement accompli ou imminent (exemple du comportement du chien de Pavlov). Bref, au départ comme l'analysent Bounak et Ki-Zerbo, la parole fut essentiellement *relation* :

> « Cependant, que l'allongement de la mâchoire repoussait en arrière les organes de la gorge et abaissait aussi le point d'attache de la langue, le flux d'air expiré ne s'acheminait plus directement vers les lèvres comme chez les singes, mais franchissait une série d'écrans contrôlés par les corticaux »[24].

Au total, la parole est un *processus dialectique* entre la biologie, les techniques et l'esprit, mais par la médiation du groupe, sans partenaire faisant écho, sans interlocuteur, l'homme serait muet. Enfin, la parole est un acquis tellement précieux que dans les représentations magiques ou cosmogoniques africaines, on lui reconnaît une prise sur les choses. *Le verbe est créateur* dira le griot mandingue, le maître de la parole.

La parole ! c'est aussi le vecteur du progrès, c'est la transmission des connaissances, la tradition ou « l'héritage des oreilles ». C'est la capitalisation du savoir, laquelle hisse l'homme définitivement au-dessus de l'animal. La parole, ce fut enfin l'aube de *l'autorité sociale,* c'est-à-dire du leadership et du *pouvoir*.

2) Organisations économiques et rapports sociaux

Des organisations nouvelles, dues à l'efficacité de plus en plus croissante de ces outils, permirent de dégager des

« surplus économiques » qui permirent à certains membres du collectif humain de se soustraire, dès les origines de l'histoire, au rôle de producteurs primaires de biens pour s'adonner aux services et organisations du « secteur tertiaire » avant la lettre dont : chefferie, prêtrise, artisanat. Les rapports sociaux se diversifièrent en même temps que les groupes se juxtaposaient ou se superposaient dans une *amorce de hiérarchie.*

C'est le moment primordial où les races se forment et se mettent en place. Les plus archaïques étant les Khoïsans et les Pygmées ; puis le type nègroïde de grande taille, Soudanais, comme l'homme d'Asselar de la vallée de l'Oued-Tilemsi au Mali ; le Bantu apparaîtra plus tard[25]. Les négroïdes migrateurs se différencièrent et se développèrent semble-t-il en triomphant d'abord en Afrique, dans leur partie, à partir du Sahara. D'après Furon[26] « les aurignaciens négroïdes, se prolongent en une civilisation dite capsienne ».

Selon Dumoulin de la Plante :

> « C'est alors qu'une migration de Négroïdes du type Hottentot aurait, partant d'Afrique australe et centrale, submergé l'Afrique du Nord... et apporté par la force à l'Europe méditerranéenne, une nouvelle civilisation : l'aurignacien »[27].

Une mise au point sur les franges du monde noir, des métissages anciens rend compte de populations aux caractéristiques négroïdes plus ou moins marquées, hâtivement baptisées par certains spécialistes, « race brune », Peuls, Ethiopiens, Somali, Nilotes etc.[28] ; on a même abusivement parlé de race « hamite » [29]. Actuellement, ces thèses sont totalement dépassées : hamites et autres races brunes sont des Nègres bon ton comme toutes les espèces de Nègres du continent noir.

A propos de l'art préhistorique pariétal et plastique, l'Afrique apparaît encore comme le continent-leader dans l'évolution artistique. En fait, c'est en Afrique où les populations pré-hominidés, puis d'hominiens sont les plus anciennes, les plus nombreuses et les plus inventives ; il est alors normal que l'art préhistorique africain y soit de loin le plus riche du monde et qu'il ait imposé la culture artistique primordiale. Ces vestiges sont concentrés surtout en Afrique du Sud et de l'Est, au Sahara en Egypte et dans les hauts plateaux de l'Atlas. Cet art rupestre se présente comme le reflet de l'émerveillement des « pré-poètes » préhistoriens, devant les mystères de la vie animale grouillante autour des grottes ou des stations. Bien souvent aussi, il s'agit d'un *art social* centré sur les tâches quotidiennes :

> « Les travaux et les jours du groupe, ses affrontements avec les bêtes ou les clans hostiles, ses transes et ses effrois, ses loisirs et ses jeux, bref les temps forts de la vie collective ».

En somme, son histoire est un art qui procède d'une technique spéciale, reflète souvent aussi les préoccupations et les angoisses spirituelles du groupe selon les commentaires du professeur Ki-Zerbo :

> « Il représente des danses d'envoûtement, de cohortes de chasseurs masqués, des sorciers en pleine action, des dames au visage enduit de blanc, comme on le fait aujourd'hui encore en Afrique noire dans les cérémonies initiatiques et qui s'empressent comme appelées par un mystérieux rendez-vous »[30].

Tout ceci tend à prouver que l'art n'est pas seulement d'un temps mais de tous les temps. Il indique le passage graduel de la magie à la religion et confirme l'évolution de l'humanité vers la *société politique* secrétant à ses débuts nombre de leaders, chefs-rois et monarques, à la fois prêtres et chefs.

Concernant la croissance démographique, l'économie préhistorique est simplement liée aux forces productives du néolithique. Le dégagement d'un certain surplus agricole a sans doute dû provoquer, automatiquement, un accroissement démographique. Si un certain seuil de population est atteint, le « trop-plein » de population déclenchera, dans la plupart des cas, des phénomènes migratoires, comme le prouve la dispersion caractéristique de certains « ateliers » préhistoriques dont le matériel lithique présente une parenté de style.

Lentement mais sûrement, l'aire d'opération des sorties guerrières et des départs définitifs s'étendaient au fur et à mesure du perfectionnement des outils et armes lithiques de plus en plus affinées, et de plus en plus légères. Ce continent massif en forme de pistolet qu'est l'Afrique a donc été exploré par ses premiers habitants, ce qui explique aussi l'inextricable imbroglio de la carte ethnique africaine. Cependant, ses orientations migratoires majeures semblent être parties des peuples bantus de l'Est et du Nord-Est pour atteindre l'Ouest et le Nord. Puis à compter du néolithique, un mouvement inverse semble s'être produit vers le sud et l'est par les groupes soudanais, nubiens et nilotes... Cette immigration se poursuivra, à partir de la période historique jusqu'au XIXe siècle où les dernières vagues de migrants venaient s'arrêter sur les côtes de la mer Australe et à Madagascar.

3) Le finistère malgache

Assurément, c'est la fin des terres pour les migrants africains, îles privilégiées de la rencontre historique entre l'Afrique et l'Asie ; Madagascar révèle en effet, une double origine : celle de souche bantue, celle de souche indonésienne. Ces deux contributions ethniques ont contribué à former le paysage humain malgache, surtout après le développement des techniques de navigation.

Les données anthropologiques et linguistiques démontrent ce métissage ethnique de l'Afrique et de l'Indonésie dès le IIIe siècle avant notre ère, jusqu'à l'expansion arabe du VIIIe siècle après Jésus-Christ. Il semble que des vagues successives de navigateurs soient venues du fond de l'océan Indien (Malaisie, Indonésie, Polynésie), sur leurs frêles mais très stables pirogues monoxyles à balancier et à voile, certainement par cabotage en longeant les côtes de l'Inde, de l'Arabie et de l'Afrique orientale pour aborder enfin la grande île par le nord et le nord-ouest, pour essaimer ensuite vers l'intérieur et vers le Sud, jusqu'à la dépression du lac Alaotra et la vallée du Mangoro. Puis, se sont ajoutés les éléments arabes, surtout commerçants[31].

Cette origine multiple explique les disparités physiques des habitants de la grande île qui parlent une même langue indonésienne dont l'unité n'a pas été entamée par la fragmentation en trois groupes de dialectes, exactement comme la langue mandingue ou peule en Afrique occidentale.

Les travaux récents dans ce domaine sont venus confirmer la double appartenance des Malgaches aux fonds *mongoloïde* et *négroïde*. Madame Chamla[32] sur la base de la crâniologie distingue trois types : un type asiatique, un type noir-africain, un type métis, plus fréquent. Les recherches hématologiques de Pigache[33] montrent très clairement, que les Noirs malgaches sont d'origine africaine et non point mélanésienne.

Au total, toutes les recherches prouvent que les ancêtres des Malgaches sont à la fois d'origine indonésienne et africaine. Le grand continent africain est présent, par une contribution majoritaire sur la grande île et par de nombreux traits de la culture et systèmes socio-politiques de l'Afrique noire[34].

Les migrations successives en partance d'Afrique noire vers les autres continents, étaient, non point individuelles mais collectives : le phénomène de groupement étant un acte hautement social. Deux conséquences sont à dégager :

— La première, celle-ci positive, réside tout d'abord dans la conquête exaltante de ce vaste continent par les différents collectifs humains migrants, domptant, innovant les régions conquises.

— La seconde, celle-là négative, montre que les migrants en bourlinguant dans cet espace démesuré qu'est le continent africain se sont dilués, semble-t-il, dans cet espace grandiose. La faible densité du peuplement, interdisait à ces groupes humains migrants, d'atteindre le *seuil de concentration démographique* à partir duquel toute communauté est contrainte de se surpasser en innovations, pour survivre et s'imposer comme un peuple industrieux. Le principe général de la *dilution démographique* dans un milieu géographique augmente encore plus, l'emprise du milieu tendra à ramener, de plus en plus, les clans migrants, à un bas niveau d'obscurantisme, faute de pouvoir dominer la nature par le nombre, d'où finalement des résultats ambigus, selon les lieux en terme d'isolat ou de développement, en terme d'organisations économiques, administratives, politiques ou culturelles.

Ainsi donc, économie, culture et développement sont interdépendants dans toutes civilisations commençantes. Depuis l'aube de l'histoire juqu'à nos jours, *l'organisation sociale* est passée de la forme de *hordes* aux *groupes ;* des *races* aux *ethnies*, s'alliant ou se séparant, pour se recomposer sous d'autres formes, avec des techniques innovatrices, ou stagnantes, appuyées de plus en plus sur des outils lithiques, puis métalliques à technologie progressive. Ce qu'il faudrait retenir dans cette ascension progressive des groupements humains, depuis la préhistoire, c'est la permanence des caractères des communautés originelles issues des profondeurs de l'hominisation, à travers le mouvement historique jusqu'en plein XXe siècle.

L'économie préhistorique est donc un tout. Il existe une harmonie entre l'économie, le culturel, le social et la nature. Les dieux préhistoriques s'occupaient non seulement des hommes, mais de l'acquisition de leur subsistance. Dans ces civilisations, on ne saurait parler d'économie sans parler de culture.

Notes

1. Leakey (M.D.), Leakey (L.S.B) 1965-1971, Olduvaï Gorge, Cambridge. Un Press Vol I-III (18), (19), (20).
2. Chavaillon (J.), « Chronologie des niveaux paléolithiques de Melta Konture (Ethiopie) », CRAS, 278 ; (3 299-3 202), (17).
3. Leakey (L.S.B.) 1936, Stone Age Africa Oxford (19).
4. Sutton (J.E.G.) « Méthodologie et préhistoire africaine », *Histoire générale de l'Afrique*, ch. 19, pp. 513-517, 1980.
5. Sutton (J.E.G.), *op. cit.*, pp. 513. 1980.
6. L'apparition des outils en fer, suppose indubitablement la *maîtrise absolue* du feu. Un feu, non pas volé au Dieu Prometheus comme le veut la légende, mais acquis, sans doute, grâce à un coup de foudre au paléolithique inférieur. C'est donc plutôt un *don* de la nature au genre des australanthropines.
7. Balout, « L'homme préhistorique et la Méditerranée occidentale » ROMM III 19-29. 1967.

— *L'hominisation problèmes généraux*, chap. 19, *op. cit.*, pp. 457-464, 1980.

8. Desmonclark, *Préhistoire de l'Afrique australe, op. cit.*, chapitre 20, pp. 525-559, 1980.

Sutton (J.E.G.), *Préhistoire de l'Afrique, op. cit.*, chap. 19, pp 487-524. 1980.

9. Arkelle (J.), Shaheinab : an account of the excavation of néolitic occupation site Carried out for the sudan antiquites services in 1949, London Oxford Univ. Press (23), (25), (28). 1953.
10. Arkell (J.), The late Acheulean of Es-Shaheinab, Kush, 30-40, 1954.
11. Sutton (J.E.G.), *Préhistoire de l'Afrique orientale*, ch. 19. pub. UNESCO *op. cit.* p. 529, 1980.
12. Sutton, *op. cit.*, p. 521.
13. Sutton (J.E.G.), *op. cit.*, p. 523.
15. Teilhard de Chardin (P.), « Les recherches pour la découverte des origines humaines en Afrique au Sud du Sahara », *Anthropologie* (conclusion), 1954.

« L'Afrique et les origines humaines », *Revue des questions scientifiques* (conclusion), 1955.

— *Le groupe zoologique humain*, Paris 15, 1956.

16. Arambourg (G.) et Coppens (Y.), « Sur la découverte dans le pléistocène inférieur de la vallée de l'Omo (Ethiopie) d'australopithéciens », CRAS 265 : 589-90, 1967.

Arambourg (G.) et Hofstetter (R.) « Découverte en Afrique du Nord des restes humains du paléolithique inférieur » CRAS 238, 72, 4, 24, 1954.

17. Hugot (H.) : « Le Sahara avant le désert », Paris, *Les hespérides* (25, 26). 1974.

1970, *L'Afrique préhistorique*, Paris, Hatier, 128 p. (21) (23).

18. Thomassey (R.) et Mauny (R.), campagne de fouilles à Koumbisaleh, 1951, Bifan 13, 1 4 3 8 6 2 (64).

1956, campagne de fouilles à Koumbi-saleh.

Bifan, B 18 : 117-40 (24).

19. Biberson (P.), 1961, Le cadre paléogéographique de la préhistoire du Maroc atlantique, Rabat, Pub, serv, antiq., Maroc t. 17, 544 p. (22).

1965, « Recherches sur le paléolithique inférieur de l'Adrar de Mauritanie », actes V[e] congrès PPE L : 173-89 (23).

20. L. Babout, « L'hominisation, problèmes généraux », *op. cit.*, pp. 457-465. 1980.

21. J.G. Sutton p. 494.

22. Kizerbo, 1972, p. 774.

23. Vsevolod (P.) et Iakimov, Deux grandes théories sur l'application des races, Courrier de l'UNESCO, août-sept. 1972.

24. Bounak, *op. cit.*, p. 69, 1972.

25 UNESCO, « Il y a 30 000 ans la race noire couvrait le monde », *Science et avenir* n° 92, octobre 1954.

Moret, *Histoire de l'Orient*, Paris, coll. Glotz, (conclusion), 1931.

26. Furoni, *Manuel de préhistoire générale*, Paris, Payot (conclusion) 1958 ; *Géologie de l'Afrique*, Paris, Payot 351 p. 1960.

27. Dumoulin de la plante (P.), *Histoire générale synchronique*, Paris, (concl), 1947.

28. Delafosse (M.), *Haut Sénégal-Niger*, Paris, La Rose (10), 1912.

29. Abou-Bakr ? L'Egypte ancienne et l'Afrique, 1967, coll. de Dakar.

30. Ki-Zerbo (J.), « De la nature à une humanité libérée », 1980, in *Histoire générale de l'Afrique*, UNESCO, p. 778.

31. Les diverses théories sur l'origine malgache ont hésité entre deux pôles : celui de l'Afrique et celui de l'Indonésie, avec des points de vue aberrants comme ceux de Razafinsalama, qui croyait, sur la base de plusieurs milliers d'éthymologies plus que douteuses, que Madagascar avait été colonisée par des moines bouddhistes. A Grandidier avait privilégié exagérément l'Asie en disant que mis à part les venues récentes de Makoas, tous les ancêtres des Malgaches venaient d'Asie du Sud-Est, y compris les Noirs appelés pour la circonstance Mélanésiens. G. Ferrand, avec plus de bon sens insista sur les aspects plutôt africains de l'origine malgache. Il distinguait les phases suivantes : 1) une période pré-bantue possible — 2) une période bantue antérieure à notre ère — 3) une époque indonésienne prémérina du IIe au IVe siècle : émigration originaire de Sumatra au cours de laquelle les nouveaux venus imposèrent leur suprématie aux bantus. L'arrivée des Arabes du VIIe siècle, une nouvelle émigration de Sumatranais au Xe siècle, parmi lesquels figurait Ramini, ancêtre de Zafindraminia et Rukuba, ancêtre des Hovas. Enfin des Persans et vers 1 500 le zafikasinambo. Quant à G. Julien, il donnait lui aussi, une place capitale à l'Afrique, mais par contre Malzac pensait que des Hovas avaient enseigné leur langue à tous les bantus de la grandes île.

32. Chamla (M.C), « Recherches anthropologiques sur l'origine des Malgaches » Museum (28). 1958.

33. Pigache (Pip), 1970, *Le problème anthropobiologique à Madagascar*, Talohab, Tananarive, 1984.
34. Rakoto-Ratsimamanga (A.) 1940, « Tâche pigmentaire et origine des Malgaches, R. Anth : 6-130, 28.
Ramilisonina, *Histoire du Zafimamy* (Nyloharon'ny Andriamamilaza) Tananarive imp. Volamahistsy (28). 1951-52.
Grandidier (A.), *Histoire de la géographie de Madagascar*, Paris, imp. Nationale (28). 1885.
Ferrand (G.), *Les musulmans à Madagascar et aux Iles Comores*, Paris, Leroux, 2 vol. (28). 1891-1902.
35. Ferrand (G.), *L'origine africaine des Malgaches*. J.A. 353-500 (28) 1908 ; *Relation des voyages et textes géographiques arabes, persans et turcs relatifs à l'Extrême-Orient du VIIIe au XVIIIe siècle*, Paris, Leroux, 2 vol., 1913-14.
Julien (G.), *Institutions politiques et sociales de Madagascar d'après des documents anthentiques et inédits*, Paris, E. Guilmoto, 2 vol., 1908.

Chapitre II

PRÉHISTOIRE ET HISTOIRE AGRICOLES DE L'AFRIQUE NOIRE

L'agriculture suppose réunir trois conditions essentielles :

— d'abord, une existence relativement sédentaire de la population, contrastant avec les déplacements constants des chasseurs cueilleurs ;

— une certaine maîtrise de l'approvisionnement en ressources alimentaires du collectif humain concerné ;

— enfin, un seuil démographique, permettant l'émergence de structures sociales, politiques et religieuses relativement plus complexes que celles des nomades[1].

Ainsi, aux origines de l'humanité, la naissance puis le développement des techniques agricoles et leur diversification étaient en étroite relation avec les conditions du milieu naturel : climat, hydrographie, reliefs du sol, végétations, types de plantes, nature des denrées, formations sociales, croyances religieuses ou cosmogomiques etc. Tous ces facteurs ont joué un rôle important dans la genèse culturale. L'agriculture étant l'art de cultiver la terre, ce faisant *l'histoire de l'agriculture, l'histoire agraire et l'histoire du monde rural* tout court, s'attachent toutes à l'étude de procédés d'outillages et d'aménagements pratiques selon les lieux et les époques, soit par des traditions empiriques, soit par des vues systématiques. L'*histoire de l'agriculture* est donc un des aspects de l'histoire des sciences et des techniques. Elle consiste à savoir de façon précise quelles plantes on cultivait, en quelle alternance, avec quels instruments et modes de fumure, quels animaux étaient élevés et de quelle manière.

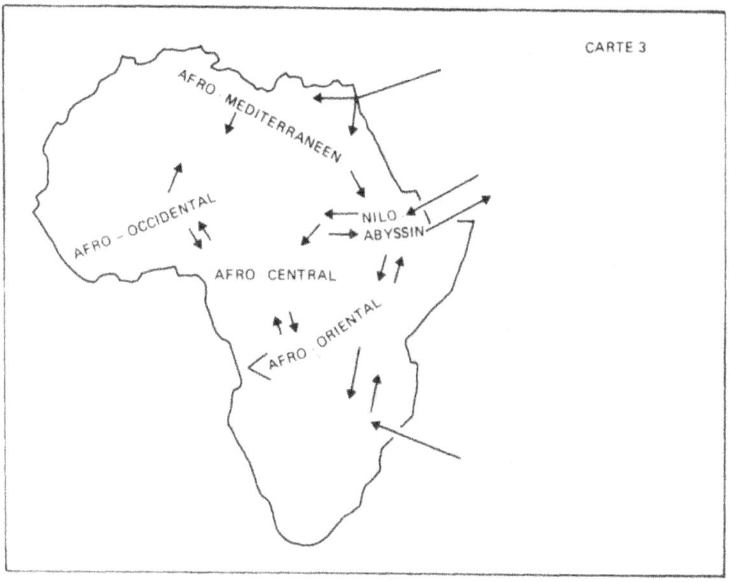

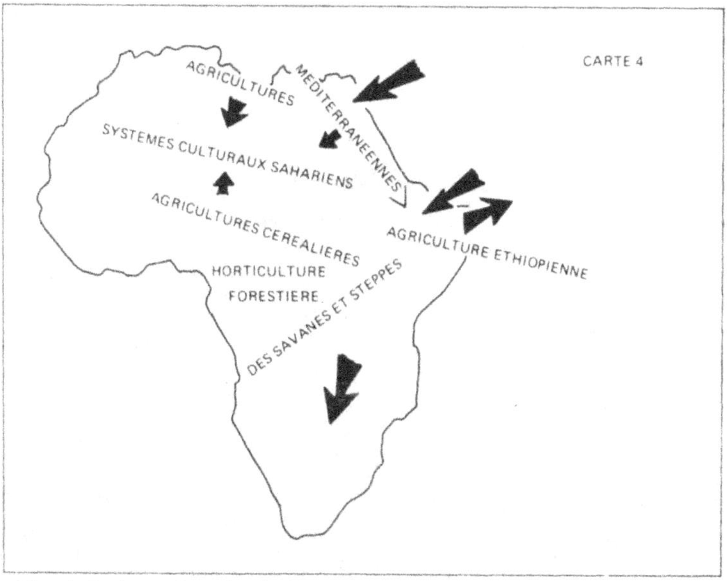

- *Carte 3 : Les berceaux agricoles africains.*
- *Carte 4 : Esquisse géo-culturale de l'Afrique.*

Source : Histoire générale de l'Afrique (Unesco), tome 1, p. 734.

Depuis la haute antiquité, depuis la préhistoire même, *l'histoire agraire* permet d'étudier les changements indiscutables qui se sont produits, soit dans l'appropriation du sol, soit dans son emploi, soit dans le statut juridique, ou la condition sociale de ceux qui la cultivaient sans qu'on puisse mettre en cause des changements dans la technique agricole. Le plus souvent, en dehors des événements politiques et militaires, il est fait état avec vraisemblance des fluctuations démographiques ou des modifications de l'activité commerciale, voire de progrès techniques, mais non pas spécifiquement agricoles : c'est *l'histoire du monde rural*.

Dans une brève synthèse nous tenterons, dans ce chapitre divisé en deux sections, de faire une mise au point, en se fondant sur les travaux récents des généticiens et des historiens de l'économie agricole :

La section « première » sera intitulée :

« Passé agricole et problèmes des échanges agro-économiques. »

La section « deuxième » est :

« Diffusion des techniques agricoles, échanges et sociétés en Afrique subsaharienne. »

I — Passé agricole et problèmes des échanges agro-économiques

Jusqu'à la fin de la première moitié du XXe siècle, archéologues et généticiens avaient coutume de supposer que l'apparition de l'agriculture n'avait été, dans l'Afrique subsaharienne, qu'un *événement assez tardif,* contemporain de l'introduction de la technologie du fer. Des préjugés coloniaux, ou une certaine méconnaissance de l'origine de plusieurs cultigènes africains, ont fait donc minimiser, voire ignorer, le rôle joué par l'Afrique noire dans le développement de l'agriculture mondiale. Toutes les innovations culturales ou presque étaient supposées venues du sud-ouest de l'Asie, atteignant d'abord la vallée du Nil pour finalement se généraliser en Afrique.

Mis à part les travaux de Candolle[3] en 1883, ce n'est qu'au lendemain de la Révolution russe d'Octobre 1917, grâce aux travaux du célèbre agronome et génétitien N.I. Vavilov[4] qu'on a définitivement établi et accepté l'Afrique comme un des *berceaux agricoles primaires majeurs,* aux époques préhistoriques et historiques. En 1955, les travaux poursuivis par un des collaborateurs de N.I. Vavilov, A. Kutsov[5], ont permis de repérer exactement les *centres d'origine* de certaines plantes cultivées en Afrique. En 1959, Murdock, et en 1962, Portères précisaient la localisation, le nombre et le rôle de ces berceaux[6]. Depuis quelques années enfin, agronomes, économistes et géographes [7] ont manifesté beaucoup d'intérêt pour l'étude de ces cultigènes africains, comme en témoignent les essais publiés à partir de 1968 par « Current Anthropology »[8].

1) Aménagement des milieux naturels et gestion des ressources

En considérant les caractéristiques particulières des zonations écologiques, le continent africain paraît divisé en larges bandes latitudinales, écologiquement différenciées et symétriquement disposées de part et d'autre de l'équateur.

Certaines de ces bandes ont pu quelquefois jouer le rôle de barrières, à l'égard des courants nord-sud de diffusion : c'est notamment le cas du Sahara ou de la grande forêt équatoriale, de la steppe tanzanienne et du désert du Kalahari. D'autres, par contre, s'entrouvrent largement à ces courants qui y ont trouvé des « niches » favorables : c'est le cas des savanes du Nord et du Sud.

Mais aucune de ces barrières n'étaient absolument *étanches.* Le Sahara et la grande forêt ombrophile ont toujours permis un certain brassage humain. La latitude permet une délimitation sommaire des grandes zones écologiques, mais reliefs et altitudes viennent interférer. Ainsi la dorsale Zaïre-Nil sépare les autres hautes terres de l'Est africain de la pénéplaine de l'Ouest africain, cette dernière étant elle-même divisée par un petit axe surrectionné allant de l'île de Principe au Tchad. Dans cette zonation latitudinale et altitudinale du continent africain, il existe cependant des exceptions dont la plus importante est peut-être celle des hautes terres du Rift-Valley qui s'étendent parallèlement depuis le nord du lac Victoria jusqu'aux monts Munchinga. Elles constituent un étroit couloir salubre permettant de franchir « la barrière équatoriale ».

Enfin mentionnons la «redoute éthiopienne », dont le rôle sera important dans l'origine africaine des plantes cultivées.

En combinant les diverses données sus-indiquées, l'Afrique apparaît comme comportant au nord, à l'est et au sud, autour d'un noyau forestier équatorial, une zone quasi semi-circulaire de savanes et de « steppes » ; au nord, comme au sud apparaissent deux zones arides : Sahara et Kalahari ; enfin à l'extrême Nord et à l'extrême Sud, deux zones étroites presque homoclimatiques, presque « méditerranéennes » du point de vue climatique, encore qu'il y ait quelques originalités écologiques en Afrique du Sud.

A partir de ces zonations, D. Harris a établi en 1969, les *écosystèmes africains* en partant d'écosystèmes plus généralisés du type forêt tropicale humide, jusqu'aux écosystèmes plus spécialisés du type savane, steppe, végétation des déserts[9].

Concernant les déserts, particulièrement le Sahara, l'agriculture et l'élevage y furent pratiqués à la période humide. Des berceaux culturaux et pastoraux ont pu être déterminés dès la fin du pléistocène, à la phase humide du Makalien (– 5 500 à – 2 500)[10], ce qui facilita les contacts entre le littoral méditerranéen et les régions au sud du Sahara ; tandis que l'état des cours d'eau et lacs rendait possible au cœur du continent, un développement de la pêche, par suite une relative sédentarisation des populations s'y adonnant ; préfigurant ainsi le passage progressif à la production agricole[11].

Concurremment, des diffusions ont pu, peut-être, se produire à partir des berceaux agricoles proche-orientaux et méditerranéens, ce qui accéléra sans doute le processus. Mais, surtout, dès la fin du pleistocène (– 3 000 environ), il y eut sur le continent africain des foyers privilégiés de cueillette relativement intense, ce qui sans doute, a permis une certaine concentration de population humaine, surtout dans la zone de l'interface forêt-savane[12], à la périphérie du noyau forestier équatorial, des plateaux herbeux de l'Est africain, des zones des lacs et cours d'eau majeurs, dont le Nil, le Niger, le Sénégal et le Zaïre, ainsi que dans les régions littorales au nord et au sud du continent[13].

Les zones de transition ou « marches », forêts-savanes, se sont muées plus tard en « niches » importantes pour les

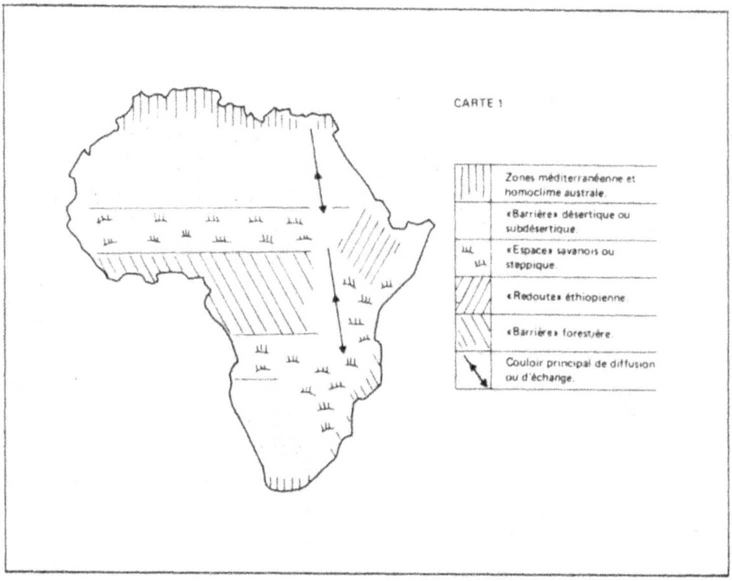

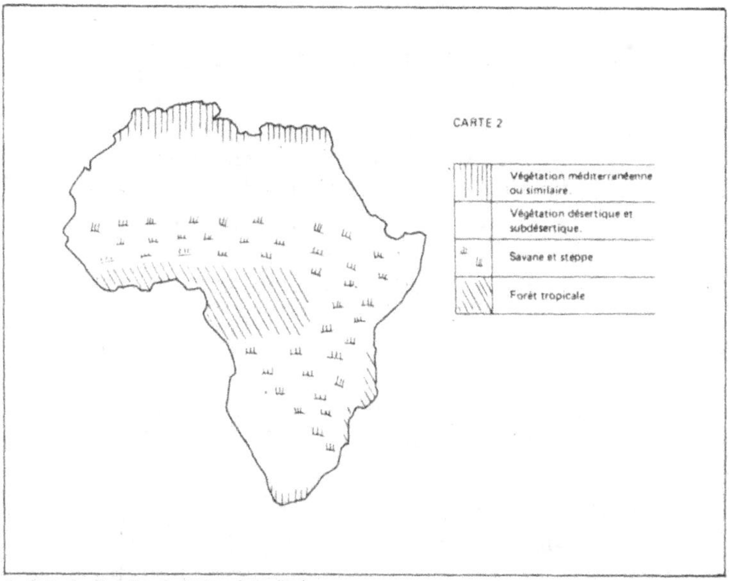

• *Carte 1 : Zonation écologique latitudinale.*

• *Carte 2 : Différents écosystèmes.*

Source : Histoire de l'Afrique (Unesco), tome 1, p. 728.

développements culturaux. C'est d'ailleurs aux limites des savanes du Sahel, et des lisières de la forêt que se situent les plus grandes civilisations éthiopiennes, soudanaises et bantues ; parce qu'elles furent des lieux privilégiés de domestication végétale et de production agricole primaire.

S'agissant à présent du cas de l'écosystème généralisé de la *grande sylve tropicale,* le système pré-agricole pratiqué sous la forme couplée de cueillette et de chasse est comparable, à quelques détails près, à la technique pratiquée encore de nos jours par les Pygmées. En leur permettant d'assurer leur subsistance, sans beaucoup de peine, cet écosystème des Pygmées a permis aussi une stabilisation de la densité démographique de ces populations de forêt. Il a dû en être de même chez les cueilleurs-chasseurs des régions arides ou subarides du Sankung, du Kalahari[14], mais ici, les ressources semblent moins diversifiées que chez les Pygmées et l'approvisionnement en eau devait être un facteur limitant ; du fait même des variations saisonnières prononcées, il devait y avoir une relative sous-exploitation des ressources qui ne sont utilisées qu'en fonction de la proximité des points d'eau.

2) L'identification des berceaux agricoles africains

Sur la base de la variabilité des plantes cultivées, Vavilov et son équipe[15] ont établi huit centres d'origine de plantes cultivées dont trois centres secondaires. Un seul de ces centres, *l'Abyssin* est situé en Afrique, tandis que le *centre méditerranéen* intéresse à la fois l'Europe, l'Afrique du Nord et l'Egypte, tout en présentant certaines affinités avec l'important *centre proche-oriental.* Ce dernier est à l'origine de la culture des céréales majeures dont le blé, l'orge, le seigle...

Au plan théorique, la contribution de Vavilov, concernant l'identification des plantes cultivées, fut intéressante. Elle a permis :

— de départir les notions de foyers ou centres de variations *primaires,* qui se caractérisent par une grande diversification des formes de la plante, avec manifestation majoritaire de caractères dominants.

— de circonscrire les aires de *variation secondaire,* abondance de caractères recessifs masqués dans le foyer de primo-variation.

Par conséquent, la localisation et la distribution géographique de ces divers foyers ont permis la détermination d'un berceau agricole, tandis que les aires de variation secondaire permettent de repérer des civilisations domesticatrices et transformatrices de végétaux[16].

Enfin, concernant le centre d'origine botanique d'une espèce végétale cultivée, Barrau et Portères[17] ont précisé que

> « la zone occupée par les possibles parents sauvages d'un cultigène se distingue souvent et nettement de celle ou celles où ont eu lieu, du fait de l'homme, l'apparition de cultigène végétal, issu de la domestication, de la sélection et de sa diversification »[18].

S'agissant des cas africains, c'est Portères qui, pour la première fois, a complété le tableau de Vavilov. Sa contribution s'articule comme suit[19] (cf. cartes 3 et 4) :

A — Centres de variations primaires

B — Centres de variations secondaires.

A — Les centres de variations primaires comprenant :

a) *au Nord, le berceau afro-méditerranéen* qui s'étend de l'Egypte au Maroc. Il influence non seulement le Sahara cultural et pastoral, mais également le berceau proche-oriental par le Canal de l'Egypte ;

b) *à l'Est, le berceau nilo-abyssin* comprenant deux secteurs, le Nilotique et l'Abyssin ;

c) *au Centre-Est, le berceau afro-oriental,* se prolongeant jusque vers l'Angola ;

d) *à l'Ouest, le berceau afro-occidental* avec le secteur tropical et sub-tropical ;

e) *au Sud, le berceau afro-central* ;

f) enfin pour être complet, il faudrait à notre sens, y ajouter, *le complexe botanique malaisien de Madagascar.*

Comparé à ce tableau de Vavilov, celui de Portères, plus complet, se caractérise comme suit :

Le centre méditerranéen du Nord correspond à tout un groupe de *plantes cultivées,* s'adaptant aux régions méditerranéennes : ce sont notamment les céréales majeures (blé et orge) ; les légumineuses à graines comestibles (cicier, lens, pisum, vicia...), montrant ainsi les affinités existant entre ce centre et celui du Proche-Orient. On y retrouve aussi, la série des « cultigènes » méditerranéens dont l'olivier (olea Europa L.), le caroubien (cératonia siliqua L.). Certaines de ces plantes sont propres à l'Afrique, tel l'arganier (argania Sidero Xylon Roen), arbre *marocain* fournissant l'huile et la gomme d'argan.

L'Egypte, dont les liens avec le centre proche-oriental sont patents, a influencé l'histoire de l'agriculture et de l'élevage en Afrique septentrionale. Elle partage avec le Proche-Orient syrien, l'origine d'une plante d'un grand intérêt économique : le bersim ou trèfle d'Alexandrie (trifolium Alexandrinum L.). Même si cette aire africaine du centre méditerranéen n'a pas joué un rôle direct dans l'histoire agricole de l'Afrique tropicale, elle a néanmoins profondément influencé le Sahara à l'époque humide, favorable aux développements culturaux et pastoraux[20].

Le berceau abyssin se rapproche quelque peu du centre proche oriental avec les céréales comme le blé, l'orge, les légumineuses du type cicier, lens, pisum, vicia ; mais il se rapproche surtout des centres spécifiquement africains avec les cultigènes du genre *sorghum*. Il a été prouvé de surcroît que des plantes originaires de l'Asie tropicale transitèrent par le centre abyssin dans leur pénétration en Afrique. Mais ce centre abyssin possède aussi des cultigènes originaires d'Afrique, notamment le caféier d'Arâbie (coffea arabica L.), le bananier abyssin (mussa ensete I.F Gmelin), le tef (eragrotis Abyssnia Schrad) et le guizotia (Abyssinica L.F., Cass ou Niger à graines oléagineuses).

Le berceau est-africain se qualifie par le genre de sorghos différenciés à partir du *sorghum Verticilli florum Staptf*, des mils pénicillaires, des millets dont l'*éleusine coracana Gaertn*, des sésames. Ce foyer est-africain peut être considéré comme un prolongement du foyer abyssin dans les hautes terres équatoriales.

Le berceau ouest-africain : il est le siège de divers sorghos dérivés du *sorghum arundinaceum Stapf*, de mils pénicillaires tels les *pennisetum pychnostachyum Stapf et Hubb* ou encore les *pennisetum gambienne Stapf et Hubb*, des *mils digitaires* dont l'iburu (digitaria iburu stapf) et le *fonio* (digitaria exilis Stapf), ou encore divers *riz* que nous étudierons ultérieurement. Dans ce centre ouest-africain, on peut en fait, distinguer deux grands secteurs : tropical et sub-équatorial.

Le secteur tropical se subdivise en plusieurs sous-secteurs qui sont : *le sous-secteur sénégambien, nigérien central, tchadien, nilotique,* chacun étant caractérisé par des plantes cultivées céréalières, dęs plantes à tubercules (coleus dazo chev.), ou encore des plantes oléagineuses tel le *butyros pernum parkii Don Kotschty,* couramment dénommé par les botanistes *vitellaria paradoxa Gaertner,* enfin l'arachide (Kers Tingiella Geocarpa).

Le secteur sub-équatorial produit des centaines de variétés d'*ignames : discorea cayenensis Lamk, discorea dumen torum pax, discorea rotundata,* mais également des plantes à graines oléagineuses (elais, guinéensis Jacq., telfaira occidentalis Hookf), des plantes stimulantes dont « cola nitida A Chev ».

Le berceau afro-central prolonge, en fait, le centre ouest-africain en Afrique centrale, avec certains végétaux comme la cola (cola, coleus, elaeis). Mais c'est en Afrique centrale, qu'on a retrouvé l'origine du *pois de terre* (voandzeïa subterrania thon) et la légumineuse géocarpe africaine dont l'arachide (kerstingiella geocarpaharms) que l'on retrouve également en Afrique de l'Ouest.

Le complexe botanique malaisien à Madagascar [21] *:*

Selon Murdock[22], les plantes anciennement introduites depuis l'Asie du Sud-Est et introduites à Madagascar sont : le riz (oryza sativa), l'arrow-root polynésien (tacca pinnatifida), le taro (colocacasia antiquorum), l'igname (discorea alata, discorea bulbifera, discorea esculenta), le bananier (musa paradisiaca et musa sapientium), l'arbre à pain (artocarpus incisa), le cocotier (coco nucifera), la canne à sucre (saccharum officinarum). Ce complexe botanique date du premier millénaire avant notre ère et a été introduit sur les côtes orientales africaines avant d'atteindre la grande île.

B — Les centres de variations secondaires : foyers horticoles et foyers agricoles.

Pour l'essentiel, les débuts et les développements culturaux de l'Afrique se rattachent à trois foyers agricoles.

— *Le foyer nordique,* circonscrit dans la partie méditerranéenne du continent africain, influence par le foyer agricole céréalier de la Mésopotamie proche-orientale par le canal de l'Egypte. Ainsi pendant la période du Sahara humide, il fut influencé par ce courant, qui de proche en proche se diffusa pour atteindre l'Afrique noire. Ainsi, l'influence mésopotamienne atteignit l'Ethiopie et le foyer agricole des savanes et steppes orientales, qui dut assimiler les rapports extérieurs, tout en gardant ses spécificités cultigènes propres.

— *Le foyer forestier central* est un écosystème généralisé correspondant au foyer végécultural ou *foyer horticole,* où la productivité de la cueillette en milieu forestier permet à celle-ci de persister.

— *Le foyer des savanes* se présente comme un écosystème plus spécialisé dans les céréales (sorgho, riz etc.). Il va de l'Afrique de l'Ouest à celle de l'Est, se prolongeant vers l'Angola en forme d'ourlet de savanes du noyau forestier.

C'est la différence entre foyers agricoles et foyers horticoles et la prédominance dans ces derniers, des plantes à tubercules multipliées par voies végétatives et de certaines pratiques culturales relevant du jardinage. Au champ, « l'Ager » des savanes et steppes, s'oppose en quelque sorte le jardin verger, l'hortis de la forêt et de ses marges. Au surplus, entre ces foyers, il n'y a pas de barrières infranchissables. Chez les agriculteurs des oasis subsahariennes ou du Soudan nigérien voisinent le sorgho, le mil et le blé. Dans les champs de la savane, on retrouve occasionnellement des plantes vivrières venues de l'horticulture des marges forestières, et vice-versa. Par exemple dans la flore éthiopienne, on retrouve des plantes qui lui sont propres, d'autres qui relèvent du domaine méditerranéen, d'autres encore viennent du foyer agricole des savanes et steppes africaines, d'autres enfin en provenance de l'Asie du Sud-Est.

3) Exemples de production agricole des savanes et des steppes : sorgho et riz

A — Structures générales de l'organisation des vergers agricoles et horticoles

Les foyers horticoles des forêts tropicales appartiennent à l'écosystème généralisé. Les foyers agricoles des savanes et steppes structurées en écosystèmes spécialisés se différencient par :

— l'utilisation prédominante de la reproduction des plantes cultivées par voie sexuée (graines semées) ;

— le traitement en masse des végétaux de l'agriculture savanoise, s'opposant au traitement individuel des horticultures forestières.

L'expansion territoriale des foyers agricoles, sous forme de champs rognés sur les forêts, inaugurent ainsi un processus de savanisation correspondant à une spécialisation d'écosystèmes originellement généralisés.

Cette conquête de l'agriculture savanoise sur la forêt, l'environnement naturel et le mode de perception ont joué un rôle important dans cette colonisation des agriculteurs sur le milieu forestier. Il a pu y avoir, non seulement abandon de certaines cultures céréalières au profit de cultures vivrières caractéristiques des milieux forestiers, mais aussi des adoptions de plantes de cueillette, comme base de subsistances par des cultivateurs savanois en milieu forestier. Ce fut notamment le cas du peuple Adjoukrou de Côte d'Ivoire, qui après leurs migrations en basse côte (région de Dabou) ont dû abandonner la culture du millet au profit du manioc consommé dans la région.

En outre, de la préhistoire à l'époque moderne, certaines formes de cueillette se sont maintenues sans aucune intervention directe dans sa préproduction ; c'est le cas des plantes alimentaires arborescentes : colatier, palmier à huile, karité.

Mais généralement, les céréales demeurent la spécialité des agriculteurs des savanes et des steppes africaines, tandis que les plantes à tubercules restent celles des peuples forestiers.

B — Le sorgho

Le sorgho (sorghum S.P.) encore appelé « gros mil » est commun à toutes ces régions savanoises et steppiques. L'origine africaine du sorgho céréalier fut longtemps contestée par certains agronomes. Cependant, Portères et les généticiens contemporains ont démontré que les sorghos céréaliers sont bien originaires d'Afrique noire. Les différentes espèces d'origine africaine sont :

— Le *sorghum arundinacum stapf*, espèce sauvage dont l'aire couvre la zone tropicale humide s'étendant du

Cap Vert à l'océan Indien. Il correspond à la série des sorghos cultivés dans l'Ouest africain et qui sont : *saterrinum Stapf, sorghum nittens Snowd, sorghum guineense Stapf S. gambicum Snowd, S.exsertum Snowd.*

— A l'espèce sauvage *sorghum aethiopicum Rupr* de l'Erythrée et de l'Abyssinie, correspondent le *sorghum rigidum Snowd* du Nil Bleu, le *S. Durra Stapf* cultivé du Tchad à l'Inde et dans toutes les contrées subdésertiques, le *sorghum cernum Host,* le *S. Subglabrescens Schw et Asch* des régions nilotiques et le *sorghum nigricum* du delta central nigérien.

Il existe enfin dans le sous-secteur nigérien central du berceau afro-occidental, un sorgho particulier : le *sorghum mellitum Snowd,* riche en sucre. Il entre dans la préparation du « dolo » ou bière de mil[22] si appréciée au Mali, en Haute-Volta et en Côte d'Ivoire.

Notons qu'entre ces diverses variétés de sorghos cultivés des relations subsistent, comme le montre l'existence du *S. conspicum Snowd* (de Tanzanie, du Zimbabwé et d'Angola) et le *S. roxburghii Stapf* (Ouganda, Kenya, Zimbabwé, Afrique du Sud). Ils semblent être issus du croisement des sorghos apparentés à *S. arundinaceum et S. vestilliflorum.*

Au total, le *sorghum Durra* reste cependant le plus répandu depuis le Soudan oriental jusqu'en Inde, en passant par la Mésopotamie, l'Iran. Ceci démontre l'importance de cette céréale dans la flore économique du foyer agricole des savanes et steppes africaines.

L'Afrique apparaît, en fait, comme un ensemble de berceaux culturaux originaux et comme un centre mondial de diffusion pour certaines plantes cultivées, comprenant non seulement les variétés de sorghos, mais aussi le riz (oriza glaberrima) propre au berceau afro-occidental, dont l'origine se situe dans le sous-secteur du Niger central (foyer primaire) et du sous-secteur sénégambien (foyer secondaire).

C — Le riz

Dès l'antiquité, Strabon signala la riziculture africaine, et au XIVe siècle, Ibn-Battuta, avait remarqué que le Soudan occidental produisait du riz autour du fleuve Niger. Pourtant, ces témoignages des anciens furent souvent ignorés et l'on crut bien longtemps, que le riz africain avait pour origine l'Asie avec « Oryzasatival ». Ce n'est qu'à partir de 1914, qu'on a dû admettre l'existence d'un *berceau rizicole africain,* avec l'*oryza glaberrima Stendel,* à panicules rigides, dressées, et à caryopses bruns ou rouges, riz anciennement exploité par cueillette, mais surtout produit par culture et qui paraît être apparenté à l'O. Breviligulata. Achev et O. Roer, répandu en Afrique tropicale.

D'après les travaux de N.I. Vavilov, l'expansion du riz africain est parti du delta central nigérien (foyer primaire), porteur de la plupart des caractères dominants, pour atteindre la Sénégambie (foyer secondaire, avec diversification variétale et caractères récessifs). C'est donc à partir du delta central nigérien que le riz africain cultivé s'est répandu dans l'ensemble de l'Ouest africain, jusqu'à la Guinée maritime. L'usage de l'*oryza glaberrima* par cueillette est fort ancien. Cette céréale sauvage fut domestiquée, en même temps que les autres céréales africaines. L'*O. Sativa,* originaire d'Asie, ne dut être introduit en Afrique orientale qu'à partir du VIIIe siècle avec la conquête arabe, et à partir du XVIe siècle sur la côte occidentale par les Européens.

Si donc, l'Afrique a reçu des plantes alimentaires de l'Asie, elle en a aussi donné (exemple du sorgho). Il semble que la voie de pénétration ait été la voie sabéenne du sud de l'Arabie (blé-orge) et également la navigation sur les côtes sud-orientales notamment pour les bananiers, la grande igname (Discorea alata L.), le taro (colorasia esculenta L. Schott), la canne à sucre (saccarum officinarum L.). Par conséquent, pas plus que les autres continents, l'Afrique ancienne n'a été fermée aux apports extérieurs.

Mais il demeure exact que le continent africain a connu des développements agricoles et horticoles originaux, fondés sur la domestication des végétaux cultigènes qui lui sont propres, et dont le reste du monde a bénéficié. Et même si en Afrique la cueillette et la chasse sont restées pendant longtemps les fondements de l'économie de subsistance, ce n'est point un indice de retard ou de « sous-développement » avant la lettre, mais plutôt le résultat d'une *abondance* et d'une diversité des *ressources naturelles* poussant spontanément, sans exiger de peine extrême. Ce phénomène d'abondance exceptionnelle et de diversité des ressources alimentaires poussant spontanément permirent aux populations africaines de vivre plus aisément dans leurs écosystèmes, sans avoir eu besoin de transformer nécessairement les plantes en les domestiquant.

L'économie de transformation et de domestication n'apparaîtront dans le monde économique qu'avec l'amenuisement des ressources naturelles, nécessitant dès lors, la notion de gestion du patrimoine alimentaire. Les ressources devenant de plus en plus rares, pour satisfaire les besoins, il a fallu gérer rationnellement à partir du principe économiste suivant lequel les besoins sont infinis et les ressources de plus en plus rares.

En résumé, les cultigènes énumérés font apparaître nettement le *caractère endogène* des civilisations culturales en Afrique noire.

II — Diffusion des techniques agricoles, échanges et sociétés en Afrique subsaharienne à la fin de la préhistoire

Comment les techniques agricoles se sont-elles diffusées en Afrique noire ? Est-ce le fait des voyageurs (marins, nomades) ou se sont-elles faites grâce aux autochtones eux-mêmes ?

Concernant les échanges économiques et la diffusion des techniques agricoles sur le continent africain, ils se sont effectués dans tous les sens, nord, sud, est, ouest et vice-versa. En fait le Sahara ne fut ni un obstacle majeur, ni un espace mort, mais plutôt un trait d'union entre l'Afrique du Sud et du Nord. La population nomade se déplaçait dans le désert, entre les hauts plateaux du Hoggar, la Tassili, le Tibesti, pour finalement s'arrêter au nord ou au sud de la ceinture sahélienne, selon les saisons.

Les travaux de fouille effectués dans la zone soudanienne ont manifestement établi la réalité de tels contacts, tant indirects comme ceux liés au nomadisme, que ceux directs dus surtout aux échanges commerciaux et à l'exploitation des minerais de sel de Taoudenit et Sidjil... et les liens commerciaux de l'antique Jenne-Jeno (au IIIe siècle avant Jésus-Christ).

Des contacts maritimes antiques ont aussi été évoqués.

Pour Hérodote par exemple, le premier contact fut cette *circum* navigation de trois ans environ autour de la terre, que des Phéniciens auraient effectuée au service du Haraon Nekao (vers – 600 avant notre ère). Toutefois, Hérodote comme Strabon n'ont point accordé beaucoup de crédit aux relations de voyage de ces marins phéniciens qui disaient « avoir navigué en maintenant le soleil sur leur droite »[23].

Le second contact est attribué à l'amiral carthaginois Hannon. Vers – 470 avant notre ère, le récit qu'il donne de ce périple est, semble-t-il, plein d'exagérations. Il est dit par exemple de sa flotte, qu'elle était forte de 600 bâtiments comprenant des passagers et un équipage de 30 000 personnes. Les précisions topographiques sont souvent ambiguës et contradictoires. Et même si le périple d'Hannon avait été effectué en Afrique occidentale, les fouilles n'ont cependant livré nulle part le long de la côte occidentale de l'Afrique d'objets carthaginois ou phéniciens.

Pourtant, il est certain que les Carthaginois arrivaient, comme nous le verrons, à se procurer de l'or sur la côte Atlantique du Maroc, ainsi qu'il ressort de la relation qu'Hérodote donne du « troc muet ». Mais il paraît douteux que des marins de l'Atlantique soient parvenus plus loin, vers le sud, jusqu'à l'embouchure du fleuve Sénégal dont Warmington[24] a dit qu'il pourrait être ce « Bambotum » mentionné par Polybe, écrivain grec de la fin du IIe siècle avant Jésus-Christ, au service des Romains.

En définitive, il n'existe aucune preuve certaine du voyage des Carthaginois en Afrique noire. Quant aux Romains, sauf pour les expéditions de Septimus Flaccus et de Julius Maternus en l'an 70 de notre ère, ils semblent n'avoir pas dépassé le Hoggar. Bien qu'on ait trouvé dans les textes classiques des références aux déplacements des Garamantes, rien ne prouve cependant que les Romains aient effectué des voyages après le Fezzan.

Mais de – 1100 à – 400 avant notre ère, des voies sahariennes ont dû être pratiquées par les chevaux, les bœufs, les ânes. Les raisons de ces trafics commerciaux sont sans doute les échanges de calcédoines, « escarboucles » dont on faisait des perles, les émeraudes et les pierres précieuses. En contrepartie, l'Afrique fournissait de l'or, des produits tropicaux (peaux de bêtes, civettes, œufs et plumes d'autruche) ainsi que des esclaves noirs ou des gladiateurs pour les armées romaines.

La diffusion des techniques agricoles, à partir de la Méditerranée ou de l'Atlantique aux époques préhistoriques et antiques, doit être éliminée. Cette diffusion des techniques est donc proprement endogène et africaine.

Les différents foyers agricoles ont donc été des *centres privilégiés de diffusion technique* et d'explosion démographique conséquente. La plupart des spécialistes admettent à présent, que c'est pendant le dernier quart de millénaire avant notre ère et grâce à une appropriation endogène des techniques agricoles, que l'Afrique subsaharienne a dû généraliser les connaissances agricoles. La population s'est accrue grâce à une vie plus stable, la mise en place de villages et d'unités sociales plus importantes fut effectuée, (cas de l'antique jenne).

Il serait cependant difficile de définir avec précision l'ébauche de ces nouvelles structures sociales, mais sans doute s'agissait-il de villages assez modestes, comprenant au début une ou plusieurs lignées, ayant elles-mêmes des ramifications plus étendues fondées sur des rapports interclans. Dans la plupart des secteurs, la densité semblait faible en comparaison de la superficie. Elle semble être de l'ordre de quelques habitants au kilomètre carré [25].

Avec les rapides mouvements consécutifs à l'apparition du fer, la révolution technique qui s'ensuivit, a permis le défrichage des régions sylvestres suivi d'établissements progressifs de communautés humaines de plus en plus importantes. Des estimations démographiques fournies par Ponansky et Ki-Zerbo, fondées sur des données historiques offertes par l'Afrique du Nord et sur une extrapolation à partir des faits ethnographiques et statistiques de recensements coloniaux, indiquent qu'avant le premier millénaire, la population était sensiblement inférieure à dix millions d'habitants pour l'ensemble de l'Afrique subsaharienne. Ces sociétés semblent s'être fondées sur des sociétés matriarcales, plus tard patriarcales, dans plusieurs régions surtout au cours des cinq derniers siècles.

Les témoignages de vestiges archéologiques ont montré que la partie ouest africaine semble n'avoir été occupée que d'une façon clairsemée, bien que certaines régions du delta du Niger, de Tombouctou à Djenné et du Nigéria méridionale (région Yorouba) paraissent avoir constitué une exception. Des régions comme le plateau de Jos, aujourd'hui désert faute de précipitations pluviales abondantes, semblent au premier millénaire avoir offert plus d'attraits à des populations disposant de technologies simples.

La plus grande densité se rencontre dans la savane boisée et dans les zones dites de forêt sèche comme l'attestent les nombreux sites découverts dans les méandres du delta du Niger, au Mali entre Ségou et Gao, où plus de dix millions d'hectares sont annuellement inondés dans un environnement relativement sec. De nombreux tumulus témoignent de surcroît, que ce territoire du Soudan occidental était propice aux cultivateurs et pasteurs d'autrefois. C'était une région utile où la pêche était fructueuse et les échanges économiques favorables et florissants, d'où l'apparition et la consolidation de formations sociales spécifiques, fondées sur des *« castes »* comme celles des forgerons et surtout des pêcheurs Bozo et Somono, s'activant au bord du Niger. Le phénomène griotique n'apparut sans doute que bien plus tard, avec la consolidation et l'apparition des monarchies guerrières : les griots, mémoire de la société, devaient, à défaut d'écriture, conserver les prouesses et les hauts faits de guerre des monarchies. La griotique semble donc être un phénomène lié à l'époque médiévale et non antique.

Les échanges économiques préhistoriques et antiques fondés sur le troc ont certainement été facilités par les commodités offertes par le fleuve Niger (Djoliba), permettant le transport des produits de première nécessité (bois de chauffage, de construction, herbage ou aliments) vers des régions n'ayant que peu de ressources végétales.

En Afrique orientale, il semble peu probable que les « brousses » de la Tanzanie orientale, du nord de l'Ouganda et du Kenya aient été, à l'époque, occupées par des agriculteurs. Il devait en être de même pour les secteurs plus arides et de hautes altitudes du Lesotho et de l'Afrique du Sud. Les établissements ont dû se faire tout au long des vallées fluviales dont le Zambèze, le Kafué, régions du Nil et autour des grands lacs (Nyassa, Victoria, Kivu).

Signalons aussi que partout en Afrique noire, *les établissements de transition* entre forêts et savanes, plaines et piémonts, ont adopté des cultures mixtes savano-forestières. Les lisières présentaient l'avantage de rogner sur la forêt où l'on trouvait les bonnes terres de culture, tout en tirant partie des ressources naturelles : gibiers, bois, écorces pour vêtements, poissons et fruits.

Généralement, les campements agricoles étaient situés

surtout dans les zones où les précipitations atteignent 600 à 1 400 mm par an. Les activités pastorales et de cultures saisonnières de courte durée étaient naturellement possibles dans une région comme le Sahel, où la moyenne des pluies ne dépassent guère 150 mm. Au premier millénaire, les sociétés pastorales n'ont pas dominé dans le monde Bantou au Sud. Il semble donc que les pasteurs se soient mieux adaptés dans le Nord (savane et Sahel), en s'accommodant déjà à des régimes de faible pluviométrie. Quant aux régions maritimes, il semble que nulle part elles n'aient attiré le monde noir de la période préhistorique et historique. En effet, on ne trouve pas de traditions anciennes de pêche maritime liées à l'emploi de bateaux de mer. La barre ayant été sans doute pour beaucoup dans le freinage des grandes aventures maritimes en Sénégambie ou sur les côtes de Guinée.

Quant à la *naissance de l'État,* l'apparition se fit très tôt dès le premier millénaire dans deux grandes zones : au Soudan occidental, en Afrique centrale, autour des grands lacs.

Dans le Soudan occidental, les États, sous la forme monarchique, apparurent autour de trois noyaux : le Ghana (de la Mauritanie méridionale au Sénégal), le delta intérieur du Niger entre Ségou (Soudan) et Kano (Nigéria), le long du fleuve Niger et de ses affluents, enfin autour du lac Tchad.

Autour de ces trois noyaux, le commerce lointain et inter-régional commença à prendre de l'essor déjà au premier millénaire, précisément à cause de l'agriculture qui y a connu un développement plus précoce que dans les régions plus méridionales.

Quant aux *idées* et à la *philosophie* qui prévalurent à la naissance et au renforcement du concept d'État en Afrique noire, déjà brièvement analysé dans le titre introductif, plusieurs hypothèses s'affrontent.

La première hypothèse concerne le Nord, l'Ouest et l'Est africain. L'idée émise, il y a plus de quarante ans par J.G. Frazer dans *Golden Bough-1941,* tend à attribuer la *royauté de droit divin* comme caractéristique des *sociétés africaines centralisées,* comme dans l'Égypte prédynastique, d'où elle aurait, semble-t-il, été diffusée par le truchement du *faiseur de pluie.* C'est alors qu'auraient été intronisés les *premiers chefs*, guides spirituels et charismatiques dont l'Afrique ne se départira jamais plus [26].

La seconde théorie élaborée par H. Baumann et D. Westermann [27] (1927), décrit les caractéristiques des États soudanais antiques et médiévaux, confirmées par les écrits des érudits et voyageurs arabes qui ont visité le Ghana, le Mali et d'autres États. Tous ces écrits, qu'ils soient arabes ou portugais du XVIe siècle, révèlent le mystère entourant le roi, l'extrême déférence de ses sujets et la pratique du régicide, en cas de défaillance ou de mauvaise santé du roi. D'après Olivier [28], la « révolution » du cheval, en permettant d'avoir des guerriers à cheval, armés de *lance en fer,* a été le facteur essentiel de la diffusion de la notion de l'État, de la création de l'élite dirigeante, du contrôle et de l'extension des frontières.

Selon cette théorie, un groupe éthnique ou une tribu peut, grâce à une technologie militaire supérieure, se développer aux frais de ses voisins, plus faibles, qui deviendraient alors dépendants du groupe conquérant (cas des Almoravides ou de Soundiata Keïta). Progressivement, d'autres régions pourraient être absorbées et le groupe conquérant finirait par se trouver à la tête d'une vaste région, dans laquelle il était précédemment minoritaire (l'exemple d'El Hadj Omar Tall, le Peul conquérant de la fin du XIXe siècle). Il lui faudrait alors renforcer son autorité, non seulement au prix de prouesses militaires, mais aussi de nouvelles structurations sociales (naissance des castes en Afrique de l'Ouest). Ainsi, les traditions orales des griots et les rituels du groupe mettraient en place la *religion d'État* (phénomène maraboutique) qui aiderait ainsi à assurer et à rationaliser la mystique de leur autorité. Le chef devient alors, en fait, le descendant unique ou la réincarnation du conquérant originel, avec assimilation divine. Dans ce modèle, la divinité du monarque est acquise (sultans alaouites au Maroc, empereurs d'Éthiopie, Negustit-Negustat, rois des rois, descendants de Salomon et de la reine de Sabba). Parfois lentement, le plus souvent délibérément, mais quelquefois accidentellement, des chefs militaires s'imposent (l'exemple de Biton Coulibaly, fils adoptif de Da Monzon Diarra qui prit le pouvoir au XVIIIe siècle dans le royaume Bambara de Ségou).

En tenant compte des recherches actuelles, nous pouvons avec un minimum d'erreurs, tirer les conclusions suivantes.

Il est sûr, comme prouvé par la plupart des africanistes, qu'il a existé en Afrique subsaharienne des plantes conçues en Afrique même. Les communautés sylvestres du néolithiques ont connu l'usage du palmier à huile, du pois de terre de différentes variétés de sorgho et de *pennisetum* (millet), répandus de la savane au Sahel, des rivages de l'Atlantique à l'Éthiopie. Dès le IIIe millénaire avant Jésus-Christ, l'Éthiopie avait déjà maîtrisé diverses denrées de base comme le tef, le bananier sauvage (musa ensete) et l'agriculture y est apparue à une date fort ancienne.

Dans le Soudan occidental, nous savons que des villages préhistoriques comme Amekni (au Ghana antique) existaient dès le premier millénaire avant notre ère. En se fondant sur l'art pariétal datant du sixième millénaire avant Jésus-Christ, on peut dire que l'élevage était connu à Tichitt en Mauritanie, et à Kintampo dans le nord du Ghana. Les archéologues ont trouvé des vestiges de bétail dans plusieurs sites sahéliens, datés avec précision du début du quatrième millénaire avant notre ère. Djenne-Jenno existait déjà au premier millénaire.

Dans l'ensemble, généticiens et archéologues conviennent que le sorgho et le millet, pratiqués par labour, sont contemporains de la première apparition de la métallurgie du fer. Dans les régions bantoues par exemple, l'on sait que la plupart des denrées consommées, telles que la banane fructifère, le colocase (igname qui croît au milieu des cacaoyers), l'éleusine, etc. furent introduites par le canal de l'Egypte, indirectement depuis l'Asie du Sud-Ouest.

Concernant le bétail, notamment l'élevage du mouton, le plus ancien est chronologiquement antérieur à l'âge du fer en Tanzanie jusqu'en Afrique du Sud, dès le début du premier millénaire avant notre ère. La vache a été léguée aux populations bantoues par le Soudan.

Au total, en Afrique les éleveurs ont précédé les laboureurs. Des échanges entre éleveurs et paysans se seraient effectués aux environs du milieu du premier millénaire avant notre ère ; quant au Sahara, il n'a jamais été un espace mort, des échanges ont toujours existé entre le nord du Sahara et le Sud africain.

NOTES

1. Les archéologues s'en remettent à des données à la fois directes et indirectes pour dire si une société fut agricole. Les preuves directes peuvent être :

a) des semences ou des graines retrouvées dans un terrain de fouilles ou provenant de techniques de recherches archéologiques très évoluées : telle la *flottaison analytique* ou encore la *palynologie* permettant d'identifier les pollens fossilisés de plantes cultivées et les impressions de graines sur poteries ;

b) parmi les indices d'appoint, il faut retenir la découverte d'instruments destinés à cultiver ou à moissonner, ou encore à préparer les aliments à base de végétaux. Mais il existe certaines limites en Afrique tropicale parce que les sols de la plupart des sites contiennent des éléments aérobies qui nuisent à la conservation des pollens.

2. Murdock (G.P.), 1959, *Africa, its peoples and their cultures history*, New York, Mc Graw-Hill Book company XIII 456 P. (13) (116).

3. Candolle (A. de), 1883, *L'origine des plantes cultivées*, Paris, F. Alcan, 27.

4. Vavilov (N.I.), 1935, « Bases théoriques de la sélection des plantes », tome 1, *« Sélection générale »*, Moscou-Léningrad 1045 p (14) (27).

1951, « The origin, variation immunity and breeding of cultivated plants-sected » writings translated by K. Staar, *Chronica Botanica*, 13 : 1-6 (27).

5. Kuptsov (A.), 1955, « Geographical distribution of cultivated flora and its historical development », B.A.U. G.S. 87.

6. Portères (R.), 1962, « Berceaux agricoles primaires sur le continent africain », J.A.H. 3, 2 : 195-210.

7. Seck (A.) et Mondjannagni (A.), *L'Afrique occidentale*, Paris, P.U.F., 1967, 290 P (3).

8. *Current Anthropology* (C.A.). DAVIS (O.), *The orginis of agriculture in West Africa* (C.A.) 9-5-479-504. 1968.

Hugot (H.J.), 1974, *The origins of agriculture : Sahara*-C. A trad. *le Sahara avant le désert*, Paris éd. les Hespérides (25) (26).

Seddon (I.D.), 1968, *The origins and development of agriculture in East and Southern Africa* (C.A.).

Page (J.D.) et Olivier (R.A.), 1970, Papers in african prehistory, Cambridge University press (Conclusion).

Randles (W.G.L.), 1958, « South-East africa and Empire of Monomotapa as Show on selected printed map : of the 16 th century », Lisbonne (6).

9. Harris (D.), 1969, « Agricultural systems, écosystems and the origin of agriculture ».

Ucko (P.J.), and Dimbleby (éd.), 1969, « The domestication and exploitation plants and animals », Londres, Duck Worth (27).

10. Chevalier (A.), 1928, « La vie dans la région désertique nord-tropicale de l'ancien monde » Paris, 309 (22) (27). « Le Sahara, centre d'origine des plants cultivées » (Société de Biogéographie, VI).

11. Hugot (H.J.) et Bruggman (M.), 1976, « Les gens du matin, Sahara, dix mille ans d'art et d'histoire », Paris-Lausanne (23).

12. Clark (J.D.), 1970, *« The prehistory of Africa*, Londres, Thames and Hudson (14) (19) (20) (24).

13. Sauer (C.A.), 1952, « Agricultural origins and dispension », B.M.L. 2 (27).

14. Lee (R.B.), 1972, « The Kung bushman subsistence : an input/output analysis D. Damas », éd. Écological essays, Proc. conf. cult. écol. 230 (27). Lee (R.B.) et Devore (I), 1969, « Man the hunter », Chicago (19).

15. Après les premiers travaux de A. de Candolle publiés en 1883, ce n'est qu'avec ceux du généticien soviétique N.I. Vavilov et son équipe, que se développa, au lendemain de la révolution d'Octobre 1917, une *approche synthétique* à l'échelle mondiale de la question de l'aménagement des milieux naturels et la gestion de leurs ressources. En combinant les dépouillements systématiques des données floristiques et phytogéographiques avec inventaires agrobotaniques et études génétiques, N.I. Vavilov et ses disciples reconnurent l'existence de huit centres d'origine des plantes cultivées. En ce qui concerne l'Afrique, c'était un progrès sensible par rapport aux conclusions de Candolle qui ne donnait à l'agriculture et aux végétaux domestiques que trois principaux foyers initiaux : Chine, Sud-Ouest asiatique avec prolongement égyptien et Amérique.

16. Barrau (J.), 1962, *Les plantes alimentaires de l'Océanie, origines, distribution et usages*, annales du Musée colonial de Marseille 7 II-IX 275 (27). 1975, *L'Asie du Sud-Est, berceau cultural ?* Études rurales 53-6 (27).

17. Portères (R.), 1950, *Vieilles agricultures de l'Afrique intertropicale*, A.T. 9-10 (27).

18. Portères (R.), 1951, *Géographie alimentaire, berceaux agricoles et migrations des plantes cultivées en Afrique intertropicale*, C.R.S. B.239-40 (27). *L'Afrique préhistorique,* Paris, Hatier, 128 p., (21) (23) 1970.

19. Hugot (H.J.), *Le Sahara avant le désert,* Paris, les Hespèdes, (25) (26), 1974.

Clark (G.), World Préhistory, 2e éd. Cambridge, Univ.-Pres XVI, 331 p. (19) (24), 1969.

20. H. Deschamp, *L'Afrique noire précoloniale,* Paris, P.U. (inter-Cle), 1969.

Il distingue les apports indonésiens et africains à la civilisation malgache. Parmi les traits culturels africains, il retient l'élevage, le culte du serpent adressé au roi défunt dans l'Ouest et en Betsiléo, des formes d'organisation socio-politiques des côtes. L'organisation sociale de l'Imérina est indonésienne ; ainsi que les types d'habitation, la culture du riz en terrasses inondées. Certains aspects de la religion traditionnelle constituent un complexe technologique : soufflet à double pistons, la pirogue à balancier, le four souterrain garni de pierres volcaniques poreuses. Le perçoir rotatif à arc Rape sur support pour le cocotier « Hou » et Ana (Talutien).

21. Murdock (G.P.), *op. cit.*, 1959.

22. Schnell (R.), *Plantes alimentaires et agricoles de l'Afrique noire,* Paris, Larose, intr. (27), 1967.

23. Hérodote, *Histoires,* trad. Georges Hawlinson, Londres, Dent, vol. 1, p. 21 et 366 (24), éd. 1964.

24. Warmington, The North African provinces front Diocletian to the Vandal Conquest, Cambridge, 1954.

25. Ponansky (M.), Introduction à la fin de la préhistoire en Afrique subsaharienne. Chap. 21 Afrique ancienne UNESCO, pp. 575-612.

26. Diop (C.A.), *Civilisation ou barbarie annale,* Université Abidjan, 1981.

Cisse (D.A.), *Obstacles socio-politiques à l'intégration économique régionale,* annales univ. Abidjan III, 1980.

27. Westermann (D.), *Diesudans Pracher, eine Sprachvergleichende Studie.* Hambourg, L. Friederischen, VIII, 222 p. (12), 1911 ; die westlichen Sudansprachen und ihre Beziehungen zun bantu, mitteilungen des seminars für orientalische Sprachen, den Haage, de Gruyter (12), 1927. Bauman (H.) et Westermann (D.), *Les peuples et les civilisations de l'Afrique,* Paris, Payot, (intr. générale 16 (10), 1962.

28. Olivier (R.), « The problem of the Bantu expansion », J.A.H. 7,3 (12), «African Studies in London, 1963-1973, Proc. III, Intern. W.A.C.C., 1973.

Chapitre III

INTERVENTIONS, DIFFUSIONS DES MÉTAUX ET DÉVELOPPEMENT ÉCONOMIQUE EN AFRIQUE PRÉHISTORIQUE

(de – 5 000 à 500)

A partir du 5e millénaire avant notre ère, jusqu'au Ve siècle après Jésus-Christ, des transformations profondes s'effectuèrent dans tous les domaines ; l'économie passe progressivement du stade d'exploitation naturelle des plantes sauvages, à celui de la maîtrise des moyens de production alimentaire. Au surplus, l'industrie archaïque, jadis fondée sur l'utilisation de la pierre et du bois, fait place à une technologie beaucoup plus avancée, s'appuyant sur l'utilisation de divers métaux, parallèlement à celle de la pierre. C'est au cours de cette époque qu'ont été mises en valeur certaines pratiques des sociétés africaines, dont la fixation des différents groupes linguistiques. Les groupes sociaux et politiques apparus aux millénaires précédents se feront plus complexes, avec la naissance, puis la consolidation des États antiques et médiévaux.

Dans l'ensemble, au dernier quart du premier millénaire avant notre ère, l'économie de l'Afrique subsaharienne sera fixée dans ses grands traits. En effet, lorsqu'il faut racler, nettoyer les savanes, fourrés et taillis, lisières et bois, un outil tranchant est l'instrument le plus commode. L'homme de l'âge de la pierre n'en possédait pas, même si les hachereaux de pierre taillée (microlithes) des industries néolithiques pouvaient lui permettre d'abattre certains arbres, travailler le bois, on ne saurait les comparer cependant aux couteaux en fer, coupe-coupes, machettes en fer, haches métalliques ou *dabas*. Les métaux et minéraux exploités pendant cette période sont successive-

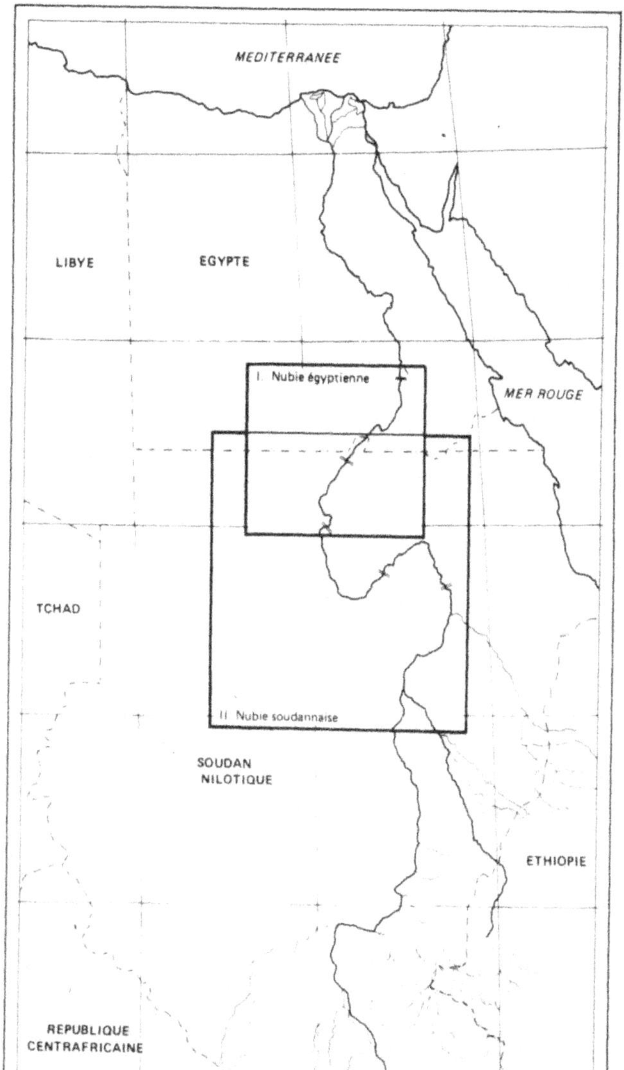

• *La vallée du Nil et le « couloir » nubien. (Carte founie par J. Vercoutter.)*

Source : Histoire générale de l'Afrique (Unesco), tome II, p. 240.

ment, dans l'ordre de leur trouvaille ou de leur mise en exploitation : le cuivre, le sel, le fer et enfin l'or.

L'Afrique subsaharienne n'a pas connu l'âge du bronze. Néanmoins, l'utilisation du cuivre, premier métal connu dans nos régions, est attestée pour la première fois en Mauritanie aux environs d'Akjoujt avec l'exploitation d'un gisement de cuivre de moyenne importance. Les traces les plus anciennes d'un travail du cuivre datent de la période située entre le IXe et le Ve siècle avant notre ère. Il n'a précédé que de peu les premiers âges du fer, attestés par les fouilles de Taruga, dans le plateau de Jos au Nigéria où il était travaillé du Ve au IVe siècle avant notre ère.

Dans une première section, nous étudierons l'invention et le *travail* des métaux ; non pas dans l'ordre chronologique de parution, mais plutôt par ordre d'importance dans l'utilisation de ces métaux dans les échanges économiques des peuples subsahariens. Le métal le plus usité est certainement le fer, puis viennent le cuivre et l'or ; le sel et les pierres précieuses tiennent une place à part.

Dans la seconde section, nous étudierons, le rôle des métaux et leur diffusion dans les sociétés africaines nord-sahariennes.

I — Invention et travail des métaux dans les sociétés de l'Afrique subsaharienne

1) Le Fer

La découverte du métal plébéien pose problème, deux positions s'affrontent : celle que nous dénommerons les *exogénéistes* qui affirment que la technique de la métallurgie n'a pas été découverte en Afrique même, mais importée et les *endogénéistes* qui soutiennent le contraire.

A — La tendance exogénéiste

La plus ancienne des opinions émises, affirme que la métallurgie du fer n'est pas née en Afrique noire d'une manière autonome, mais plutôt diffusée à partir de l'Asie mineure, en passant par la vallée du Nil pour atteindre

Méroé que Sayce surnomma la « Birmingham de l'Afrique » [1]. D'après Trigger [2], jusqu'en l'an 400, les objets en fer sont relativement rares en Nubie. Par la suite, seules les petites pièces ornementales légères caractérisent l'époque méroïtique, Tylécotte affirme qu'il n'y a pas la moindre trace de fonte de fer à Méroé jusqu'en l'an 200 avant notre ère [3].

Pour cette tendance, c'est l'Égypte qui, après avoir reçu les techniques du fer de l'Asie mineure, aurait introduit le fer et son utilisation en Afrique noire au cours d'échanges commerciaux. En effet, les objets en fer exhumés dans certains gisements égyptiens ont, sans doute, été acquis par échanges avec l'Asie mineure, ou fabriqués à des dates récentes (VIIe siècle avant notre ère), grâce au fer météorite.

En Ethiopie, on trouve le fer au Ve siècle avant notre ère, dans les différents centres axoumites comme Yeha et des fourneaux sont trouvés à Méroé. Dans les régions des hauts plateaux du Borkou, Ennédi, Tibesti au Sahara, on signale en plus de l'ancienne présence de la métallurgie du fer au Nigéria, celle du Ghana, à Hani (– 130 à 80), au Sénégal et en Mauritanie.

Pour les *exogénéistes,* la présence du fer dans ces régions d'Afrique noire est d'importation. Ils tracent, pour ce faire, des voies multiples par lesquelles la métallurgie du fer a dû atteindre l'Afrique tropicale : l'une vers la Mauritanie depuis l'Afrique du Nord, une autre vers le Nigeria à travers le Sahara, une autre encore par la mer Rouge vers l'Éthiopie, ainsi que d'autres voies en provenance des pays de la mer Rouge, l'Inde et l'Asie du Sud-Est vers l'Afrique de l'Est par la côte orientale du continent.

B — La position antagoniste des endogénéistes

Les professeurs Cheikh Anta Diop [4], puis Raymond Mauny [5] de Dakar et le Dr Waiogusu [6] se sont opposés à l'idée précédente, celle qui prétend que la technique de la métallurgie du fer aie été importée en Afrique noire. Ils suggèrent au contraire que la métallurgie du fer a pu naître en Afrique même, d'une manière endogène. L'argument majeur avancé est que les archéologues ont pendant longtemps cherché les vestiges de la métallurgie du fer, en se référant au modèle méditerranéen, alors que la manière locale de travailler le fer a pu être fort différente en Afrique.

En effet, il faut pour fondre le fer des températures élevées jusqu'à 1150° C, permettant de transformer le minerai en « loupe », au lieu de 1100° C, qui correspondent au point de fusion du cuivre. A cela s'ajoutent certaines connaissances en chimie, puisque le fer s'obtient en ajoutant du carbone et de l'oxygène au minerai en cours de fusion. Aussi les endogénéistes posent-ils, au préalable, quelques remarques ainsi formulées :

Ceux qui affirment que la métallurgie du fer a été une invention *unique, ponctuelle,* admettent en même temps, que le savoir spécialisé requis a été conquis par expérimentation, à partir des techniques utilisées pour le cuivre, le bronze et la cuisson au four des poteries. Ils font valoir aussi que la

> « chronologie corrobore leurs dires en ce sens que l'on ne manque pas de preuves de l'existence de la métallurgie du fer en Anatolie dès le début du second millénaire avant notre ère, alors que ces techniques restent rares dans le reste de l'Asie occidentale jusqu'au tournant du premier millénaire » [7].

Le professeur Diop ajoute plus loin, que la fonte du minerai a pu être découverte à l'occasion de la cuisson des poteries dans une fosse, le minerai de latérite africaine se laissant traiter plus aisément et étant d'un emploi plus facile que les roches dures du Moyen-Orient.

Enfin, de nombreux sites d'Afrique de l'Ouest, où on travaillait le fer à une date ancienne, ont livré simultanément des outils de pierre, surtout ceux de Nok et de Haute-Volta, rappelant ainsi la fin de l'âge de la pierre. Au total, avant de procéder à des prospections plus poussées au moyen de magnétomètres à protons, les spécialistes de la question ont posé les conclusions provisoires suivantes :

a) Les sites d'Afrique de l'Ouest de dates plus anciennes que celles d'Afrique orientale ou centrale confirment plutôt l'idée que c'est de l'Afrique occidentale que la technique du fer s'est diffusée vers le sud et vers l'est. Le four de Hani au Ghana date du IIᵉ siècle avant notre ère. Les objets en fer exhumés à Jenne-Jeno datent du IIIᵉ siècle avant notre ère. La métallurgie s'est généralisée très vite, les dates les plus anciennes où elle est attestée en Afrique du sud en l'an 400 de notre ère le prouve [8].

Une autre preuve de cette diffusion réside dans la similitude formelle et décorative de la poterie au début de l'âge du fer, trouvée à la fois en Afrique orientale et occidentale, corrobore une provenance commune de ces différents articles [9].

b) Concernant les techniques du fer, il n'existe pas jusqu'à une date récente de preuves de contacts directs entre la vallée du Nil et l'Afrique occidentale pour la diffusion du fer, de sorte que la thèse selon laquelle Méroé aurait été un centre de dispersion de la technologie du fer n'est point prouvée.

c) Les données scientifiques actuelles disponibles permettent d'émettre les hypothèses ci-après :

— En Afrique du Sud, le minerai de fer a été utilisé comme *pigment* au Swaziland dès le mésolithique [10]. Il semble que les pigments corporels, puis les *ocres* et les *oxydes de fer* destinés à la décoration des surfaces rocheuses aient été activement recherchés dès le paléolithique.

Au néolithique, des mines de manganèse, de fer spéculaire et d'hématite étaient régulièrement exploitées en Zambie, au Swaziland et dans le nord de la région du Cap [11]. Des fouilles effectuées sur certains chantiers de Doornfontein, ont mis à jour une véritable exploitation minière avec galeries et salles souterraines, qui aurait permis l'extraction de près de 4 500 tonnes de fer spéculaire, à partir du IXe siècle avant notre ère, probablement par des populations de langue Khoïsan. Il semble donc que l'existence des mines de ce type et la connaissance qu'elles supposent des minerais métalliques et de leurs propriétés aient contribué au développement rapide d'une technologie du fer durant la première moitié du premier millénaire.

— Quant à l'Afrique occidentale, le fer des marais était utilisé dans la vallée inférieure de la Casamance, au Sénégal tout comme à Machili en Zambie [12]. Le fer ainsi obtenu était concassé en fragments fins, ensuite triés manuellement pour être fondus. En Gambie, c'était plutôt une extraction minière qu'une simple collecte en surface, d'où la possibilité d'une métallurgie et le développement de la fonte à partir de la latérite.

D'après le docteur Wai Ogusu et Shaw [13], l'exploitation de la latérite, plus facile que l'extraction de l'hématite, peut étayer la théorie jusqu'à présent non confirmée d'une origine autochtone de la technologie du fer en Afrique noire. En effet, la latérite, lorsqu'elle est humide et recouverte d'une couche de sel, est relativement friable et beaucoup plus facile à creuser qu'une roche normale.

L'extraction du cuivre a dû commencer en Mauritanie, probablement pendant le premier quart du dernier millénaire avant notre ère. La technologie semble avoir été inspirée par le Maroc. Il existait aussi d'autres gisements au Mali et au Niger actuel dans les régions de Nioro et de Tankéda, sûrement exploités au début du second millénaire.

Des gisements cuprifères étaient exploités dans le Shaba (Zaïre) où les fouilles de Sanga et Katoto ont livré des objets de cuivre en abondance du VIIe au IXe siècle. La zone cuprifère de la Zambie au nord était exploitée vers 400 ± 90 de notre ère à Kansanshi. Les premiers objets de cuivre trouvés dans le sud du pays étaient situés à Sinoïa au Zimbabwé et en Zambie orientale. Ailleurs en Afrique, le cuivre était très rare et il n'apparaît dans les sites d'Afrique orientale qu'à une époque bien postérieure.

Selon les sources arabes, le cuivre semble avoir été un élément important du commerce saharien ; dès le premier millénaire, il était acheminé vers le sud et échangé contre de l'or, exporté vers le nord au XVIIIe siècle avant Jésus-Christ. Les lingots découverts à Macden Ijafen attestent l'importance de ce commerce, qui couvrait jusqu'à Igboukwu à l'est du Nigéria. D'après les fouilles du Dr Wai, Thurstan et Shaw, le commerce subsaharien était non seulement très développé au VIIIe siècle mais généralisé en Afrique de l'Ouest. La technique de la fonte à la cire perdue, venue du nord, était bien maîtrisée au Nigeria dans la vallée du Niger, en amont de Ségou, à Jenne-Jeno, au Sénégal et en Mauritanie.

Différents sites primitifs d'exploitation du sel ont été retrouvés en Afrique noire à Uvinza à l'est de Kogoma en Tanzanie, à Kibiro sur les bords du lac Mobutu Sésséséko, en Ouganda, à Basanga en Zambie. A Uvinza, l'extraction du sel était probablement rudimentaire puisque les découvertes du Ve siècle, faites aux sources salées, n'étaient pas associées avec les réservoirs à saumure, doublés de pierre qui caractérisaient l'occupation du second millénaire. A Basanga, les bas-fonds salés ont été occupés dès le Ve siècle avant notre ère, où semble-t-il, le sel était exploité par évaporation.

Il n'y avait pas dans ces régions de gisements de sel gemme, les sels minéraux étaient obtenus par divers procédés, conservés jusqu'au XXe siècle. Ces procédés consistaient à calciner ou à faire bouillir des herbes ou même des fientes de chèvres, recueillies dans des régions connues pour la salinité de leurs sols, puis à faire évaporer la saumure ainsi obtenue et à éliminer les plus grosses impuretés par filtrage. Les passoires utilisées pour ces opérations sont communes à l'âge du fer.

Mais pourquoi le sel était-il si recherché par ces populations ? Faut-il souligner qu'au début de l'agriculture, le sel est devenu un élément indispensable dans l'alimentation, surtout dans les régions arides où les aliments frais sont rares, où la transpiration est généralement excessive. Un apport de sel est donc nécessaire dans les sociétés agricoles à régime sodé relativement limité. Vers le VIIe siècle, des textes arabes signalent l'exploitation des gisements de sel saharien à Taghaza, Awlil, d'un commerce saharien du sel gemme à Tichitt. A l'époque médiéval, le sel est devenu un élément essentiel du commerce transsaharien.

Les principales régions aurifères, situées près des sources du Niger et du Sénégal, sont connues sous le nom de Bambouck et de Bouré. En Afrique centrale, l'extraction de l'or au nord-est du Zimbabwé se faisait dans les mines à ciel ouvert, en galeries peu profondes ou en gradins [14]. Les minerais extraits étaient broyés au moyen de pilons de pierre.

Quant aux pierres précieuses, elles entraient dans la fabrication des perles. Les pierres les plus usitées étaient les *cornalines* et diverses formes de *calcédoines* dont l'agate et le jaspe, ainsi que des quartz cristallins ou cristal de roche. Elles rentraient dans les fabrications des perles souvent exhumées des tombes, grottes, etc. Celles retrouvées à Nyoro au Kenya sont datées du Xe siècle avant notre ère, tout comme celles qu'on a retrouvées dans les habitations au Niger. A Lantana, on a extrait d'une mine, une pierre rouge (jaspe) qui est encore vendue de nos jours sur les marchés africains traditionnels par les « marrabas » ou antiquaires haoussas présentant leurs marchandises à même le sol. Actuellement, ces perles ont plutôt une destination rituelle et témoignent d'une recherche systématique de certains types de roches bien connues.

La fabrication de ces perles a dû commencer dès l'âge de la pierre, pour se poursuivre pendant l'âge du fer jusqu'à nos jours. Ces perles sont toujours recherchées par la gente féminine malgré la vulgarisation de la verroterie européenne apparue pendant la traite négrière.

En somme, l'or et les pierres précieuses sont utilisées, dans le commerce africain depuis la préhistoire.

2) Métaux et développement en Afrique subsaharienne

La découverte, puis la maîtrise des métaux ont permis l'implantation de certaines formes d'échanges entre les différents groupes humains, accompagnée d'une certaine division primitive du travail grâce à la diversification des activités économiques subséquentes.

Au néolithique, des pierres brillantes ou utiles devaient être troquées contre des produits alimentaires courants, miel, viande et parfois même contre des femmes. Cet échange était sans doute pratique courante si l'on en juge par le comportement et les mœurs de certaines tribus contemporaines.

Le troc primitif entre chasseurs nomades et sédentaires, à la fois rituel et économique a dû apparaître avec le début de la vie agricole ; le chasseur primitif qui gambadait après le gibier ne pouvait se pourvoir en produits de premières nécessités, hachereaux en pierre ou autres matériaux lithiques, dont le travail et l'affinement exigeaient une certaine habileté [15] de la part des sédentaires.

Par la suite, l'apparition d'une *civilisation agraire*, impliquant la sédentarisation généralisée, avec au début des déplacements saisonniers ou périodiques, a dû entraîner la naissance puis le développement du commerce. Au premier millénaire avant notre ère, le commerce de troc, initialement restreint et localisé sur des produits à utilisation domestique, devait plus tard s'étendre et porter sur d'autres produits « de luxe » comme les pierres précieuses, le sel gemme, les outils en fer, des perles, des coquillages, voire des plantes à usage médicinal ou rituel, de la viande pour les communautés agricoles, en contrepartie des graines et des tubercules pour les groupes pastoraux. Pour être plus complet, toute chose rare ayant une certaine valeur d'échange (graines, griffes et dents d'animaux, os, etc.) faisait l'objet d'échanges.

Avec l'apparition du fer, du cuivre et de l'or, le commerce préhistorique va changer de caractère. Plus localisés dans l'espace, l'extraction et le façonnement des métaux exigent encore plus d'habileté et de savoir-faire. En fait, ils ont plus de valeur que les objets en pierre, à cause de leur conservation facile, de leur légèreté relative, de leur inaltérabilité, ils peuvent donc servir de *valeur refuge* et plus tard de monnaie d'échange.

A cause de leurs qualités indéniables, les métaux, plus particulièrement l'or et le fer, étaient à la fois recherchés par les communautés nord-sahariennes, asiatiques et de l'océan Indien. Pour le Sud, les cauris (cipriaie-monéta) et autres coquillages de l'océan Indien (marginelles) dont la présence est attestée au VIe siècle avant notre ère, en Zambie, dans des sites comme Kalundu et Gundu, à Gokomére au Zimbabwe et à Sanga au cœur du continent, témoignent d'un commerce dépassant le cadre local. Notons cependant que ces cauris et marginelles ne se trouvent que dans les régions d'Afrique présentant un certain intérêt économique pour le monde extérieur. La présence de lingots de cuivre dans des sites d'Afrique centrale et du Sud est le signe d'une complexité croissante des échanges commerciaux et l'abondance des objets découverts dans les *tumuli* du Sénégal et à Sanga, souligne la prospérité de ce commerce, tout aussi bien que le développement des structures socio-politiques qui tiraient profit de la richesse ainsi créée. Même si au début, le commerce régional n'était pas très important à travers le Sahara, les réseaux de communications étaient désormais établis.

Dans les sites de Zambie, au Zaïre (Shaba), des perles de verre datant de la seconde moitié du premier millénaire ont été découvertes. Ces perles, semblables à celles qu'on rencontre autour de l'océan Indien, aux Philippines et sur les côtes de l'Afrique orientale, pouvaient provenir du Levant ou de Hébron qui était un centre ancien de fabrication de perles, comme Alexandrie et les Indes. Elles sont couramment de petite taille, en tubes recuites et d'une variété de couleurs unies. Plus de 150 000 perles similaires ont été exhumées à Igbo Ukwu. Ceci témoigne d'un important commerce entre l'Afrique orientale et centrale vers la fin du premier millénaire avant notre ère.

Concernant l'Afrique de l'Ouest, hormis le village de Hani (– 130 ± 80) au Ghana, nous ne disposons pas encore de beaucoup de détails sur l'existence de marchés ou de centres de distribution préhistoriques, bien que des références arabes relatives à l'ancienne capitale du Ghana (Koumbi-Saleh) suggèrent l'existence, à partir de la période médiévale, de courants d'échanges avant la conquête arabe. Au Ghana, les lieux privilégiés de transaction étaient la cour des chefs, qui jouait le rôle de centre de redistribution. Ce commerce de case était courant, comme semblent l'indiquer les objets variés trouvés dans les *tumuli* du Mali et du Sénégal.

L'or enfin était probablement en exploitation au moment où le commerce en provenance de la Côte d'Afrique orientale avait atteint la région du Zimbabwe. Ce commerce était intensif à l'intérieur du continent avant l'an 1000.

II — Diffusion des métaux et développement économique en Afrique du Nord-Est et en Afrique Orientale

Égypte, Nubie et Soudan (– 5 000 à – 3 000 avant notre ère)

La période allant de – 5 000 à – 3 000, soit deux millénaires, couvre en partie *l'époque historique* qui a vu l'apparition et la diffusion du métal, dans la vallée du Nil, du Soudan à l'Égypte, ainsi que les premiers balbutiements de l'*écriture hiéroglyphique* et l'implantation des *premiers systèmes socio-économiques*.

Les premiers rois de la *dynastie thinite* sont les descendants légitimes des chefs des dernières ethnies néolithiques, tout comme les grands pharaons de l'époque thébaine seront les descendants de l'Empire de Menphite de la période historique. Dès le début du IIIe millénaire, lorsque les premiers textes égyptiens apparaissent vers l'an 3000 av. J.-C., les systèmes sociaux sont déjà solidement implantés, dans l'ensemble de la vallée du Nil et n'évolueront plus guère.

Au Nord, il existe un système de *monarchie de droit divin,* régissant une masse d'individus en principe égaux devant le roi. Dans le Sud, le système paraît moins rigide compte tenu du semi-nomadisme des populations. C'est un système fondé en grande partie sur la famille. Ce ne sera qu'à la fin du premier millénaire que l'Éthiopie et le Soudan connaîtront un régime social similaire à celui de la basse vallée. Ajoutons enfin que tous les grands fleuves africains dont le Nil, Niger, Zaïre, Zambèze et Sénégal ont joué un rôle déterminant dans la diffusion des techniques et le développement socio-économique inter-africain.

1) Le rôle des grands fleuves dans la diffusion de la technologie : l'exemple du Nil

Dans l'invention, la diffusion des métaux et le développement des échanges socio-économiques, les vallées des grands fleuves africains ont joué un rôle important.

Le Nil, avec ses 6 500 km de longueur et 15 km de large, en dépit des difficultés causées par les cataractes, apparaît comme un puissant moyen d'intercommunications et d'échanges transcontinentaux du sud vers le nord et vice-versa. En venant du nord, au-delà du seizième parallèle et du désert de la Bayouda à l'Ouest, la vallée du Nil à l'Est entre dans une région de pluies annuelles permettant d'atteindre la grande voie transversale africaine ouest-est, qui passe par les vallées et dépressions du Niger et du Tchad, incluant les plateaux du Darfour et du Kordofan, pour atteindre les plaines du piémont de l'Atbara et du Baraka, menant de l'Atlantique à la mer Rouge. Aux avantages d'un axe de communication sud-nord et à ceux de grands lacs de l'Équateur, se joint l'axe ouest-est ; ainsi le bassin du Nil s'ouvre sur ceux du Congo, du Niger et du Sénégal [16].

A — Le Nil et la diffusion des techniques

« L'Égypte est un don du Nil » a dit Hérodote, encore faut-il ajouter pour être complet que l'Égypte est aussi le résultat du travail acharné des Egyptiens eux-mêmes, car sans le Nil, alors que s'achevait au néolithique le processus de dessiccation de l'Afrique, de l'Atlantique à la mer Rouge, l'Égypte n'aurait pas pu subsister sans les inondations annuelles de ce fleuve. Sans ses crues, ce pays aurait été un désert tout comme le Sahara ou le Néguev. Mais cependant, sans le génie créateur, l'organisation et le travail millénaire du peuple, l'Égypte n'existerait pas non plus.

A maintes reprises, ce don « généreux », qu'elle reçoit du Nil sous forme de crues charriant du limon fertile, a été quelquefois catastrophique. En l'an 754 (an 3 d'Osorkon III), l'inondation fut si forte qu'aucune digue ne put résister ; « tous les temples de Thèbes furent un marécage » et le grand prête d'Amon dut supplier les dieux d'arrêter la montée des eaux [17]. La même catastrophe se produisit en l'an 683 (an 6 de Téharqa), lorsque toute la vallée « se transforma en océan », mais le roi la présenta au peuple comme une bénédiction du ciel en pensant ainsi soigner sa popularité. Les crues du Nil sont par conséquent très fluctuantes. A titre comparatif de 1871 à 1900, J. Besançon releva :

> « 3 mauvaises crues, 3 médiocres, 10 bonnes, 2 trop abondantes, 3 dangereuses. Sur 30 crues, 10 seulement ont donc pu être considérées comme satisfaisantes » [18].

Ainsi donc, l'histoire de la civilisation en Afrique nilotique (Nubie, Soudan, Égypte) peut apparaître comme celle de la *domestication* d'un fleuve par l'homme, exigeant la fabrication de digues par levées de terre, les unes parallèles, les autres perpendiculaires au cours du fleuve.

Ces dispositifs permettant d'aménager sur chaque rive des bassins de retenues ou *hods*, destinés à ralentir l'inondation, à la contenir, à l'étendre à des terres qu'elle n'atteindrait pas si elle était abandonnée à elle-même [18].

Comme l'actuel barrage d'Assouan, la construction des bassins de retenue s'étend sur de larges régions. Ces grands travaux requièrent donc une entente préalable des différentes communautés peuplant la région, en vue de la coordination de la besogne et la fourniture de la main-d'œuvre nécessaire. La mise en place des premiers systèmes sociaux dans la basse vallée du Nil ont sans doute requis une coopération totale des ethnies pour la construction des barrages, la réunion de plusieurs provinces ou *nomes*, qui finiront par former deux grands groupes politiques : l'un au Sud, l'autre au Nord [19]. Le début de la période historique correspond en gros, à la fusion en un seul système politico-économique, sous l'autorité d'un seul monarque, des groupements politiques du Sud et du Nord.

En somme, l'histoire économique de la basse vallée de – 5 000 à – 3 000 est dominée par deux faits : l'apparition du métal et sa domestication, indépendamment de l'acquisition de la technique des digues et barrages, exigent l'aplanissement du sol pour éviter la stagnation de l'eau dans le bas-fond il faut qu'elle se répande le plus loin possible pour élargir les terres cultivables de la vallée. En définitive, dompter le Nil fut la première victoire du paysan africain sur la nature environnante, au départ hostile à toute organisation humaine.

Au surplus une innovation apparaît dans l'habitat : au Nord, dans la basse vallée, les maisons sont plus groupées, les morts sont ensevelis dans les villages. Ils semblent donc appartenir à une communauté de villages plus compacte. Dans le Sud, en haute vallée, les sépultures sont creusées à l'orée du désert, l'habitat y est plus dispersé, la population semble organisée en familles [20].

Si nous considérons l'artisanat, des différences se retrouvent : le Nord pratique une taille de la pierre plus raffinée, préfigurant une technique qui restera de plus en plus caractéristique de l'Égypte pharaonique.

Pour la poterie, en revanche, les artisans du Sud possèdent une meilleure technique de la fabrication. C'est dans la haute vallée que pour la première fois apparaît, à côté de la céramique noire à décor blanc, la remarquable poterie rouge à bord noir, une des industries les plus spécifiques de l'Égypte, qui se généralisera à l'époque prédynastique archaïque, dans la vallée, au Soudan comme en Égypte. Ainsi se précise dès le néolithique, la différenciation entre deux groupes de culture, deux systèmes sociaux, répartis autour de la région Memphis-Fayoum, l'un à la pointe nord-ouest du delta, l'autre en Moyenne et en Haute-Égypte entre Assiout et Thèbes [21].

Cette différence culturelle n'exclut pas d'ailleurs des points de contact entre les groupes, qui ira en se précisant pendant les derniers siècles du IVe millénaire, avant de se fondre comme nous le verrons, en une civilisation unique, un peu avant l'apparition de la monarchie unifiée dans la vallée du Nil vers l'an 3000 avant notre ère.

B — La diffusion des métaux

Au début de la période historique (3000), la maîtrise des métaux en Égypte était déjà chose faite : l'or, l'argent, le cuivre et l'étain étaient connus et largement diffusés dans la vallée du Nil.

Au second millénaire apparaît le bronze, alliage du cuivre et de l'étain, à partir de l'an 1580 la technologie du fer se généralise.

Toutes les mines d'or exploitées en Égypte se situent entre la première et troisième cataracte, en Nubie. *Au*

Moyen et au Nouvel Empire, l'or joue un rôle majeur dans la politique asiatique de l'Égypte, pour « acheter » les alliances locales [22]. Les Égyptiens de l'époque distinguaient *l'or blanc*, ou électrum (Hadji en égyptien) qui contient au minimum 20 % d'argent et *l'or jaune* (noub). Les emplois du métal précieux sont innombrables : dans le mobilier funéraire, les parures et même dans l'architecture, on recouvrait de plaque d'or la pointe des obélisques, les porchers et certaines salles des temples.

Quant au bronze, il apparaît dans la haute et basse vallée du Nil à partir de 2000 ans environ, pour se généraliser vers l'an 1500, sans toutefois éliminer le cuivre. Le bronze est un alliage de cuivre et d'étain. Il a sur le cuivre l'avantage d'être plus résistant, et si la proportion d'étain n'est pas trop forte, d'avoir un point de fusion plus bas et d'être plus facile à couler. D'après A. Lucas [22], quand bien même que l'Égypte possédât des gisements d'étain, la technologie du bronze n'a pas été découverte dans la vallée du Nil, mais importée de Syrie où elle fut connue dès le début du second millénaire. Dans les alliages égyptiens, la proportion d'étain varie de 2 à 16 % jusqu'à 4 % d'étain, le bronze est plus dur que le cuivre ; au delà, il devient cassant et perd beaucoup de ses avantages. Aussi, le bronze n'a-t-il pu jamais remplacé le cuivre, qui peut être considérablement durci par simple martelage.

Les trouvailles des fouilles montrent que dans la haute vallée, à Kerma, les objets de cuivre ou de bronze sont nombreux, 130 dagues de cuivre (– 1800 à – 1700). A cette époque le cuivre était utilisé pour fabriquer des objets de toilette, miroirs, armes et outils, vases, des bijoux, incrustation des meubles. En fait, la haute vallée a joué un rôle important en Afrique, dès le second millénaire avant notre ère, mais la présence du cuivre dans la basse vallée a beaucoup contribué à cette diffusion [23].

Le fer météroïque est connu dans la vallée du Nil, surtout dans la haute vallée, ce qui justifierait son emploi plus fréquent sous la vingt-cinquième dynastie, originaire de Don Gola (vers – 800). Mais la métallurgie du fer ne s'est réellement épanouie qu'avec la civilisation méroïtique entre le troisième et le cinquième cataracte. C'est donc surtout comme initiatrice de la civilisation de Méroé, que la culture nilotique de Napata, du VIIIe au IVe siècle avant notre ère, a tenu un rôle important dans la diffusion du fer en Afrique [24].

2) L'évolution des systèmes socio-économiques à l'époque prédynastique (– 4000 à – 3000 ans)

A — La basse vallée à l'époque prédynastique

Durant cette période dite « obscure », l'évolution du système socio-économique peut se diviser en quatre phases : le Badarien, le Fayoumien A., le Négadien, le Sémainien, correspondant successivement au prédynastique primitif, ancien et tardif [25].

a) La basse vallée au prédynastique primitif ou Badarien [26]

Les deux groupes du Sud et du Nord évoluent séparément, cette phase est connue dans le Sud, grâce au site de Badari, près de Déirtasa [27]. Malgré l'apparition du métal, le Badarien est encore proche du néolithique [25]. Physiquement, l'étude des squelettes montre que les Badariens du prédynastique primitif étaient très proches des Egyptiens vivant actuellement dans la même région. Les populations de la région occupent toujours des huttes ovales, utilisent des nattes tissées en guise de lit, des coussins de cuir et même des lits de bois. Le culte des morts se développe : le cadavre est désormais isolé par une paroi de bois dans la fosse ovale où il repose, il est entouré d'un mobilier funéraire, nourriture, vases, objets d'usage quotidien. Comme au néolithique, les Badariens cultivent, tissent le lin, utilisent le cuir. Ils se situent à la charnière entre le nomadisme et le sédentarisme, pratiquent la chasse et l'agriculture. Ils fabriquent des vases rouges à bord noir, de la céramique rouge polie. La découverte de l'émail permet aux artisans de fabriquer des perles d'un bleu profond. Le fard pour les yeux est broyé sur les palettes de schiste dont certaines sont décorées comme les peignes en ivoire ; c'est déjà l'apparition de l'art et de la peinture.

b) Le prédynastique primitif ou Fayoumien A [28]

Connu dans le groupe du Nord grâce aux sites du Fayoum A comme dans le Badarien, le silex y est plus utilisé que le métal. L'homme du Fayoumien est aussi potier, mais moins que le premier. Les deux groupes appartiennent à la culture néolithique, fondée sur un *certain égalitarisme* dans le statut social entre les différents membres de la communauté quel que soit leur âge et leur sexe.

c) Le prédynastique ancien ou négadien ou amratien [29]

Cette culture est liée à celle du badarien avec poterie rouge à bord noir de la précédente, mais décorée de dessins géométriques et naturalistes peints en blanc terne sur fond rouge ou brun rouge. La poterie négadienne est plus inventive que le badarien : apparition des animaux, des scènes de chasse, notamment celle à l'hippopotame. Il est possible qu'au prédynastique ancien, l'on soit passé d'un système social composé de chasseurs-pêcheurs quelque peu nomades, à celui de villages avec groupes d'agriculteurs et éleveurs sédentaires.

L'arme classique de l'époque est la massue en forme de tronc de cône, taillée dans du silex. Fait important ! Cette arme disparaît définitivement après l'amratien, or un signe du *système hiéroglyphique* à l'époque historique l'utilise encore avec une valeur phonétique, ce qui démontre aisément que c'est à *l'époque amratienne,* au prédynastique ancien, vers l'an 3800, selon la datation au carbone 14, que le système d'*écriture hiéroglyphique* a dû commencer à se former.

L'art continue à se développer avec l'apparition des statuettes d'hommes barbus portant un étui phallique, des femmes dansant et des animaux divers, des palettes à fards décorées et des peignes ornés de représentations animales [30] ont été exhumés dans les sites de Négada, Ballas, Hou, Abydos. A l'époque amratienne, les communautés sont toujours composées *d'individus égaux* même s'ils sont sous l'autorité d'un chef unique ou d'un groupe d'individus.

d) Le prédynastique moyen ou gerzéen

Il tire son nom de Gerzeh, en Basse-Égypte, près de Fayoum. Il comprend, dans le Nord le Gerzéen, et dans le Sud se mêlant à l'Amratien. D'où cette culture mixte du prédynastique moyen qui se caractérise, en plus des vases de couleur claire chamois, par un décor naturaliste à l'ocre rouge sur fond élan, avec des thèmes nouveaux dont les montagnes, ibex, flamants, aloès et surtout des bateaux. Comme les artisans du Fayoum, à qui ils succèdent, ceux du Gerzéen fabriquent des vases de pierre, à base de schiste, de pierres plus dures : brèche, basalte diorite, serpentine. L'arme typique de cette culture est la massue piriforme [31] qui deviendra plus tard *l'arme royale* par excellence au début de l'histoire, tout comme la massue amratienne fut l'un des signes de l'écriture hiéroglyphique.

Les systèmes sociaux se compliquent de plus en plus : une *évolution sociale* et *religieuse* apparaît. Les morts sont maintenant ensevelis dans des tombes rectangulaires (avec la tête tournée vers l'est et non plus l'ouest). Les bateaux représentés sur les poteries gerzéennes portent à la proue des insignes, dans lesquels certains égyptologues décèlent les ancêtres des enseignes des *nomes* ou provinces de l'Égypte pharaonique.

Au Gerzéen, l'évolution sociale dépasse déjà le stade de la famille et du village. Les groupes humains s'associent désormais en ensembles beaucoup plus vastes. L'avantage de cette nouvelle organisation sociale réside dans une meilleure mise en valeur de la vallée du Nil par l'irrigation, d'où un certain accroissement de la production, la généralisation des technologies et des instruments de production, vases de pierre, outils et armes de cuivre, ciseaux, dagues, porte-harpons, haches en métal, et de parures funéraires en or, en pierres précieuses : lapilazule, calcédoine, turquoise, cornaline, agate, etc.

La culture du statuaire se développe, les sujets représentés dont le *faucon* et la *tête de vache* notamment, montrent bien que la *religion pharaonique* est elle aussi en gestation : *Horus*, le faucon et *Hathor* la vache sont déjà adorés.

Dans le Sud, en haute vallée, les cultures sont encore amratiennes anciennes, fortement imprégnées de gerzéennes. Ainsi trouve-t-on la poterie gerzéenne classique, chamois à décor naturaliste rouge, côtoyant la traditionnelle céramique du Sud, rouge à bord noir ou à décor blanc terne. En réalité, cette interconnexion culturelle des deux groupes est surtout fréquente dans la technique de la taille de la pierre, les couteaux de silex par exemple atteignent une perfection, les palettes à fards en schiste sont similaires. Ainsi s'achemine-t-on progressivement vers la *fusion complète* des deux groupes de culture.

e) Au prédynastique récent ou gerzéen récent ou sémainien (omarien betméadien), on est au *seuil de l'histoire* (– 3000), avec l'achèvement de l'établissement d'un *système social dirigé par une monarchie de droit divin*.

Selon les textes, au début du prédynastique ancien, la ville d'Ombos (Noubet en égyptien) près de Négada au *Sud*, en pays amratien, était la plus puissante et *Seth* le dieu de la ville d'Ombos entra en lutte avec *Horus*. Le dieu faucon adoré dans la ville de Behedet au Nord, de culture gerzéenne. Ainsi à la fin du prédynastique moyen, l'Egypte aurait été divisée en deux structures sociales, l'une au nord, dominée par *Horus* de Béhédet, l'autre au sud, dirigée par *Seth* d'Ombos. L'importance du *chef* repose sur ses *pouvoirs magiques et religieux,* qui se traduiront à l'époque historique par le *caractère divin* de la *personne royale* [32]. A cette époque, le chef disposait de pouvoirs pratiquement illimités, vis-à-vis des individus et de la collectivité, mais en contrepartie, celle-ci pouvait à l'occasion tuer le chef dont les pouvoirs magiques s'étaient amoindris [33].

En interprétant les textes, certains égyptologues admettent que la lutte entre ces deux groupes se serait terminée dans un premier temps par une victoire du Nord sur le Sud. A la suite de cette victoire, un royaume unifié se serait créé dont la capitale fut Héliopolis [34] près du Caire, à une soixantaine de kilomètres du site de Gerzeh. Traduite en termes archéologiques, cette victoire du Nord sur le Sud correspondait à la pénétration de la culture gerzéenne dans le domaine amratien. Par extrapolation, et d'après des renseignements fournis par les textes, il y aurait eu une révolution politique ou sociale dans les deux groupes, au Nord comme au Sud. L'unité politique résultant de la victoire du Nord sur le Sud à la fin du prédynastique moyen ou au début du prédynastique récent, aurait aussitôt été remise en cause et le Sud aurait repris son existence indépendante. A la suite de cette évolution, on constate que le centre politique du Nord s'est déplacé de Béhédet à Bouto dans le delta occidental, à 40 km de la mer. Parallèlement, la capitale politique du Sud passait d'Ombos à El Kab (Nékkeb) à 100 km plus au sud [35]. Ainsi donc, le groupe du sud devient plus méridional, celui du nord plus septentrional.

A Bouto, on adorait une déesse *cobra* à Ouadjyt, à El-Kab un *vautour* femelle. Ces deux divinités resteront à l'époque historique la protection des pharaons et figureront régulièrement dans le « protocole » donné au roi, lors des rites de couronnement [36]. Dès cette époque, *l'unité culturelle entre le Sud et le Nord* paraît établie. *Horus,* dieu du Nord est aussi adoré dans le Sud et les chefs politiques du Nord et du Sud se considèrent comme ses serviteurs ou partisans avec le titre de Shemsou Horus [37].

Culturellement, très peu de différences entre les prédynastiques moyen et récent, mais il existe cependant dans l'art et la technique une progression certaine. La *figure humaine* devient un thème commun chez les artistes, la peinture murale apparaît à Hiérakonpolis (Nekken), située sur la rive ouest du fleuve face à El-Kab. En – 3000 environ, Nekken devient le centre de la monarchie du Sud qui entreprendra la lutte du Sud contre le Nord et qui se terminera par la victoire du Sud et l'unification de toute la vallée d'Elkab à la Méditerranée. Les rois du Sud, originaires de This, près d'Abydos, constituent les deux premières dynasties, dites *thinites*.

Le système politique et social de la basse vallée du Nil comprend les *provinces* ou *nomes*. C'est un groupe humain qui s'organise autour d'un habitat et de sa divinité. C'est en réalité les conséquences du mode de développement imposé à la vallée par le régime du Nil. Dans le Nord comme dans le Sud, la communauté ne pourra survivre et se développer que dans la mesure où elle est nombreuse, organisée pour mener à bien les travaux de barrage qui mettront son territoire à l'abri des crues, accroîtront les terres cultivables et assureront les réserves alimentaires indispensables pour faire face aux aléas de la crue du Nil. A la technologie matérielle s'ajoute celle de l'immatériel : le religieux, car seul les dieux pourront assurer la réussite des travaux entrepris.

Donc c'est la double organisation *agricole et religieuse* qui a permis d'assurer un meilleur aménagement de l'ensemble de la vallée du Nil.

B — L'organisation de la haute vallée du Nil (– 5000 à – 3000)

a) Le néolithique (– 5000 à – 3800) du Khartoum ou Shaheinab

Les Soudanais de Shaheinab étaient des chasseurs, également des pêcheurs et éleveurs. Leurs armements étaient des haches polies, des massues hémisphériques, parfois considérées commes les ancêtres de la massue tronconique amratienne. Ils travaillaient le bois, ils connaissaient le tissage mais préféraient le cuir pour leur habillement. La civilisation shaheinabienne est parfois appelée « culture de la gouge », à cause du grand nombre d'outils de ce type découverts sur le site.

L'art de la poterie a montré que la culture de Shaheinab s'étendait aussi bien vers l'ouest (Ténéré-Tibesti) ou vers l'est, que sur le Nil Blanc et le Nil Bleu, au sud de Khartoum.

Sur la deuxième cataracte par contre, une industrie dénommée l'Abkien (site d'Abkéa) [38] est connue pour son industrie lithique et pour sa poterie. Cette culture appartient à une population de chasseurs-pêcheurs, mais la chasse y est moins productive — sans doute à cause de la phase de sécheresse du Sahara. Les outils utilisés pour la pêche à Akba sont des pièges à poisson.

Il semble que c'est du néolithique akbien qu'est sorti le prédynastique nubien.

b) Le prédynastique (– 3800 à – 2800)

Il peut se diviser en trois périodes :
le groupe A ancien (– 3800 à – 3200) ;
le groupe B classique (– 3200 à – 2800) ;
le groupe A tardif (– 2800 à – 2200).

De – 3800 à – 3200 : le groupe A ancien est situé sur le site de Khor Bahan au sud de Shellal. Il est contemporain du Gerzéen donc du prédynastique moyen égyptien.

A cette époque, l'agriculture et l'élevage sont pratiqués en Basse-Nubie.

La technique de retenue des eaux du Nil consistait en l'établissement pendant les basses eaux, de barrages de pierre perpendiculaires au fleuve pour ralentir le courant et faciliter ainsi les dépôts de limon sur les champs situés en bordure du Nil, tout en élargissant l'étendue de ces champs. Mais les champs étaient insuffisants pour nourrir un grand nombre de troupeaux d'où le maintien du semi-nomadisme, pendant une partie de l'année sur les plateaux avoisinant qui devaient encore connaître un régime de steppes.

Dans le domaine de la métallurgie, ces populations utilisaient la malachite comme fard pour les yeux, et la broyait sur des palettes de quartz, ils connaissaient aussi la technique de fabrication de la pâte émaillée, la faïence égyptienne. Il existait également des gisements de minerai de cuivre en Nubie.

Les importations venues du nord semblent se limiter à des vases de pierre — albâtre, schiste, brèche, silex — qui n'existent pas dans les grès nubiens, mais abondaient en

Égypte. La poterie reste de type rouge à bord noir, dont la technique de fabrication était très bien connue.

Les outils et les armes étaient faits de pierre et d'os : couteaux et massues uniformes à l'amratien sont en silex ou en diorite et basalte. Les parures étaient en ivoire ou en or.

Groupe A classique. Cette période semble correspondre à celle d'une explosion démographique. Le nombre de nécropoles et de tombes le prouve — surtout l'utilisation de beaucoup d'objets de la basse vallée — qui est aussi une preuve d'un commerce actif entre la basse et la haute vallée du Nil : poteries utilitaires importées en échange de l'ivoire, du bois d'ébène venu du sud.

La culture du groupe A classique continue de prospérer jusqu'en l'an – 2800 environ pour brusquement disparaître et faire place à la culture très appauvrie du groupe A tardif. Cette disparition correspond aux incursions pharaoniques de la première dynastie thinite, des inscriptions égyptiennes de cette époque découvertes au nord du deuxième cataracte en font foi. Déjà, nous entrons dans *l'époque historique.* En l'an – 1580 avant notre ère, l'intervention égyptienne modifie le système social existant fondé sur le maintien des structures familiales. L'occupation par l'Égypte des territoires au sud d'Assouan aboutit rapidement à leur dépeuplement.

Par conséquent, dans la vallée du Nil cette période dite « obscure », qui s'étale du néolithique à la fin du prédynastique, a été marquée successivement :

— *Dans la basse vallée,* par le passage d'un système fondé sur des familles ou des groupes restreints de chasseurs-pêcheurs, pratiquant en même temps l'élevage et une agriculture aux abords du fleuve et du Fayoum et qui lentement engendra un *système complexe* de sédentarisme organisé en villages et groupes de villages, pratiquant l'irrigation et une agriculture très spécialisée adaptée aux crues fluctuantes du Nil. Ces villages se sont retrouvés rassemblés vers 3000, sous l'autorité d'un chef qui s'est érigé peu à peu en monarque absolu.

— *Dans la haute vallée,* on constate un passage progressif de groupements de pêcheurs-chasseurs pratiquant un élevage très limité à un système qui groupe des éleveurs-agriculteurs sans doute semi-nomades mais ayant des attaches économiques tout au long du Nil, où ils établissent des noyaux pour accroître leurs cultures. La domestication du fleuve suppose une organisation collective importante qui, toutefois, n'atteint pas celle de la basse vallée. Cette période correspond bien à l'économie primitive non cumulative à temps cyclique ou stochastique, que nous avons retenu dans notre nouvelle périodisation de l'économie africaine. Elle a préparé l'époque historique ou antique.

3) L'évolution des systèmes économiques et sociaux à l'époque historique (– 3000 au ve siècle avant notre ère)

L'organisation agricole en Égypte, à l'époque historique, est fondée sur les domaines familiaux et religieux. Si la terre appartient en principe au pharaon, le droit de la cultiver est parfois attribué à un individu ou à une famille qui peut la transmettre à ses héritiers [39].

Les organisations domaniales de la vallée du Nil des origines n'étaient pas à fondement esclavagiste comme l'avaient pensé les auteurs classiques, notamment Hérodote et Strabon ; la société n'était pas répartie non plus en castes rigides, sauf peut-être les soldats à l'extrême fin de l'histoire pharaonique. Au demeurant, il n'y eut jamais de « classes de prêtres » comme le prétend Strabon ; même pas de *classes d'esclaves,* dans l'acception économique et sociale du terme. En réalité, le système social égyptien à *l'époque historique* était d'une grande souplesse. Il était fondé davantage sur l'exploitation du sol, la mise en valeur du pays, que sur un droit rigide. L'Égypte pharaonique ayant tardivement connu la monnaie en tant que moyen d'échange, l'individu quel que soit son rang dans la société doit, pour vivre, être rattaché à un organisme qui lui fournit nourriture, vêtement et logement. La terre, fondement des domaines familiaux, était répartie également entre les membres de la société, ce qui explique l'exiguïté des domaines familiaux, grâce auxquels le *pater familias,* chef de famille, distribue lui-même les revenus librement. La seule obligation du chef de famille est de satisfaire les droits de l'État : impôts, corvées, servitudes.

Parallèlement aux domaines familiaux, il y a les grands *domaines religieux,* surtout à partir de la dix-huitième dynastie (après – 1580). Le domaine du dieu Amon, selon J.H. Breasted [40] comptait « 81 322 hommes, 421 362 têtes de bétail, 43 jardins, 2 393 km^2 de champs, 83 bateaux,

65 villages ». Ces biens s'étendent à la Haute et Basse-Égypte, en Syrie-Palestine, en Nubie. Le *domaine royal* est composé de la même façon et dispersé dans les pays, autour d'un palais ou du temple funéraire du souverain. Chaque sujet relève toujours d'un domaine qui *pourvoit à ses besoins* de façon très hiérarchisée. La rémunération, en *nature,* varie beaucoup selon la fonction occupée : un scribe par exemple, reçoit plus de « rations » qu'un cultivateur ou un artisan ; certes, ce système de distribution permet aux plus favorisés du système d'acquérir à leur tour serviteurs et domaines familiaux, en vendant non pas leur fonction, mais une partie des revenus affectés à cette fonction.

A travers l'histoire de Sinouhé [41], G. Lefebvre montre que si l'individu veut échapper aux contraintes imposées par le système social en vigueur, il peut déserter, s'enfuir vers l'ouest, en bordure du désert, où il vivra de raids sur les cultures de la vallée, ou encore, il pourra rejoindre l'étranger, surtout la Syrie-Palestine [41]. Seule l'autorité du pharaon et l'énergie des scribes de l'administration semblent être la garantie de la stabilité.

En cas d'effritement du pouvoir central, le désordre apparaît pour déboucher sur des révoltes. Ce fut le cas entre – 2200 et – 2100 environ, lorsque l'autorité du pharaon fut mise en doute et les favoris dépossédés de leurs biens.

En 1965 avant notre ère, les artisans du domaine royal de Deir-El Medineh se mirent en grève parce qu'ils n'avaient pas reçu leurs rations mensuelles ni leurs vêtements [42]. En outre, la situation de tout individu était précaire. Elle pouvait toujours être mise en question, soit par la volonté royale, soit à la suite de fautes commises dans l'exercice d'une fonction. Selon Griffith, la dégradation d'un fonctionnaire et son renvoi « à la terre » sont courageusement mentionnés dans les textes [43].

A la fin de l'époque prédynastique, vers – 1580 environ les militaires occupent une place privilégiée dans le système social égyptien. Faulker rapporte que pour expulser les Hyksos d'Égypte et conduire leur politique de raids en Nubie et en Asie mineure, les pharaons ont créé une véritable *armée de métier* [44]. Les militaires sont récompensés par des dons de terres, des propriétés agricoles, transmissibles à leurs héritiers sous la condition expresse que ceux-ci continuent le métier des armes. Ce système se développa au cours des siècles pour aboutir, à la fin de l'histoire de l'Égypte, à la création d'une véritable *caste militaire*.

La transition entre nomadisme où l'homme dépendait de la chasse, de la pêche et de la cueillette des fruits sauvages, et sédentarisme impliquant la culture des plantes, la domestication puis l'élevage du bétail constitue le pas le plus important franchi par l'humanité au cours des dix derniers millénaires.

Cette révolution économique et sociale n'a pu se réaliser au départ, que dans un nombre limité de « foyers » ou berceaux culturaux :

Pour *l'hémisphère Nord* (Europe, Asie mineure, à la limite l'Afrique méditerranéenne), les foyers les plus importants se trouvent situés dans les régions montagneuses de l'Anatolie, de l'Iran et du nord de l'Irak. C'est dans ces régions que pour la première fois furent trouvés, puis développés, le blé et l'orge, que furent domestiqués le mouton, la chèvre et le bovidé. Plus tard, la production fut introduite dans les grandes vallées fluviales du Tigre, de l'Euphrate et de l'Indus, avec des rendements améliorés par le drainage et l'irrigation.

Dans *l'hémisphère Sud,* bien avant le cinquième millénaire avant Jésus-Christ, les ovins et les bovins étaient domestiqués, les céréales cultivées. En Égypte et dans les hautes terres nord-sahariennes, la culture des céréales était maîtrisée, tandis qu'en Afrique sub-saharienne et du Sud on rencontrait des difficultés dans la culture du blé et de l'orge parce que ces zones dependent des « pluies d'hiver » et là, ces céréales n'y peuvent que prospérer difficilement. Ceci a nécessité la domestication sur place de graminées sauvages appropriées, dont les *millets africains*. Les plus importants sont les sorghos (sorghum bicolor ou millet de Guinée) qui furent cultivés pendant la première moitié du second millénaire avant notre ère, dans les régions situées entre le Sahel et la savane, entre le Nil et le lac Tchad. D'autres graminées sauvages furent domestiquées, notamment le *millet perlé* et le *millet coracan* ou *finger* millet. Le *riz africain* (oryza glabérrina) trouvé et cultivé dans le Soudan occidental, puis diffusé dans toute l'Afrique occidentale.

Des fouilles archéologiques ont montré qu'en Mauritanie septentrionale, autour de Tichitt et de Jenne-Jeno, des traces de consommation de graines locales (millet) sont apparues aux alentours de l'an 1100 avant notre ère. Dans les régions plus humides de l'Afrique occidentale, la tubercule importante est *l'igname* (Discorea cayenensis et D. Rotundata) dont plus d'une variété africaine a été cultivée. Néanmoins, bien que cette culture puisse remonter jusqu'à 5000 ans avant notre ère, les données archéologiques ou botaniques probantes sur une longue histoire de la culture de l'igname combinée à celle de la banane plantain (musa ensete), et à certains apports nutritifs complémentaires comme les palmiers (élaies guinéensis) et le karité à l'huile, qui étaient protégés et entretenus, aident à expliquer les densités démographiques exceptionnelles du Nigeria méridional et du delta moyen du Niger, de Ségou à Kano.

Cependant, quoique constituant un préalable à l'urbanisation, l'expansion de la production alimentaire ne saurait expliquer à elle seule l'émergence puis la croissance des villes et cités africaines, antiques et médiévales (Ife, Awdaghost, Koumbi-Saleh, etc.). Il semble que d'autres éléments entrent en jeu, telle l'augmentation jusqu'à un certain seuil de la pression démographique, une pénurie en terre fertile et cultivable dans l'arrière-pays.

Au début du premier millénaire de notre ère, les bases d'une économie agricole avait été établies pour subvenir aux besoins des antiques royaumes et empires, tels ceux du Ghana, du Mali, plus tard du Songhaï, du Bénin et l'Ashanti.

Dans toute société, il ne peut y avoir d'échanges, il ne peut y avoir de commerce, que s'il existe un *surplus agricole*. Dans toute civilisation humaine, l'agriculture précède le commerce et « l'industrie » et ceux-ci préfigurent la formation des États, conditions nécessaires mais non suffisantes. L'idée que le commerce conduit nécessairement à la formation d'États a été souvent discutée.

En principe, le commerce accroît la richesse d'un peuple. Cet accroissement de la richesse peut se manifester par une *stratification* sociale nouvelle. Et la richesse conduit à la possibilité de diversification des activités économiques, telles l'exploitation des minerais, la manufacture des biens de consommation, la production et la possibilité de les contrôler. Toutes ces activités multiples conduisant, *mutatis-mutandis*, à une richesse accrue et de plus en plus, à la centralisation des possibilités d'intervention.

Déjà à l'époque préhistorique, les fouilles archéologiques l'ont prouvé, plusieurs de ces éléments, telles l'acquisition de la richesse, la stratification sociale étaient acquises en Égypte, en Afrique orientale, occidentale et centrale (région de Sanga et du Shaba).

Dans le commerce préhistorique, les lingots de fer et de cuivre en forme de croix servaient généralement de monnaie d'échange, rehaussant ainsi le prestige et le statut du groupe dominant. En pareille circonstance, cette monétisation primitive « de l'économie peut être liée aux connaissances particulières en métallurgie ou simplement au besoin ressenti par la communauté » de se procurer certains métaux dits précieux.

Avec l'*époque historique,* grâce à l'*écriture* nous passons définitivement du domaine de l'hypothèse à la *certitude.* Pour cette période, historiens et économistes sont désormais en mesure d'affirmer avec conviction, l'existence de royaumes comme celui du Ghana en 700 et qui était en « devenir » pendant près d'un *millier d'années.* Les principales causes de la croissance des royaumes subsahariens résident dans la possession de précieuses richesses minérales : le cuivre, le fer et surtout *l'or.* En effet, c'est grâce au contrôle du commerce de l'or et du sel qu'ont été conçus et appuyés la naissance, le développement puis la chute des empires du Sahel.

Dans l'ensemble, autour de l'an 800 avant notre ère, toute l'Afrique occidentale et orientale était fermement installée dans l'âge du fer. Progressivement la population va augmenter, les lisières des forêts primaires seront progressivement dégradées par l'avance de l'agriculture. Constamment, des groupes d'agriculteurs s'enfonceront de plus en plus dans la forêt ombrophile, en utilisant, non seulement les outils lithiques de nos ancêtres, mais aussi des pointes de flèches et des machettes en fer, plus efficaces.

L'essentiel de la cosmogonie et de l'anismisme, hérités de nos ancêtres, était déjà fondé en Afrique subsaharienne, en Égypte et en Nubie, sur les mystères de l'agriculture et du travail des métaux. Le paysan noir devient de plus en plus entreprenant, il devient à la fois potier, tambourinier, il tresse des paniers, il fond du fer et forge des outils. La religion se conçoit autour des déités créatrices, les systèmes de croyance assurent la libération des vicissitudes et protègent le croyant des foudres de la nature, moyennant sacrifices et libations.

Pour conclure, disons qu'au début de l'histoire, les croyances des Noirs, les rites, la musique deviennent de plus en plus complexes. Les acquisitions matérielles de plus en plus diversifiées, les sens de la tradition et de la pérennité de la tribu plus fermement établis [45].

NOTES

1. Sayce (A.H.), « A greek inscription of a king Axum found at Méroé ». Proceedings of the Society of biblical Arkaelogy, XXXI, Londres (15), 1909, « Second interim report on the excavations at Méroé in Éthiopa II », *The historical results,* L.A.A. A IV : 53-65 (11) (21), 1911.

2. Trigger (B.G.), « History and Settlement in lower Nubia », New Haven Gale, University in Anthropology, 69 (28), 1965, « Meroïtic and Eastern Sudanic : a linguistic relation-ships Kush » vol. 12 (12), « Méroé and the african Iron », A.H.S. II, 28, p. 23-50.

3. Tylecote (R.F.), « Iron working at Méroé », Sudan, B.H.M. 4, 67-72 (11) (12).

4. Diop (C.A.), *Introduction à l'étude des migrations en Afrique occidentale et centrale*, Dakar, Ifan (6) (10), 1973. *Physique nucléaire et chronologie absolue*, Dakar-Abidjan N.E.A., 1974.

5. Mauny (R), *Essai sur l'histoire des métaux en Afrique occidentale*, B.I.F.A.N., 14 (594-95), 1952.

6. Waiogusu, *Wasthere a Sangoaw industrie in West africa*, W.A.J.A. 3-191, 1973.

7. Mason (R.J.), *The prehistory of the transvaal witwartersrand,* University Press, Johannesbourg 20, 1962.

8. Soper (R.C.), « The Stone Age in Northern Nigeria », J.H.S., n° 3, 1965.

9. Dart (R.A.) et Beaumont (P.), « Evidence of Ore mining in southern Africa », in *The Middle Stone age,* C.A. 10, 127-8 (29), 1969. « Rhodesian engravers, painters and Pigment miners of the fifth millennium », B.C. S.A.A.B. 8, 91-6 (29), 1969.

10. Clark (J.D.) et Fagan (B.M.), « Charcoal, sands and channel decorated pottery from Northern Rhodesia », A.A.L. XVII, 354 71 (29), 1965.

11. Lambert, « Les industries du cuivre dans l'Ouest africain », W.A.J.A., pp. 9-21, 1971.

12. Suivant la division tripartite suggérée par Nanquin en 1963, la plus ancienne des fouilles du Kisalien est représentée par 27 tombes dont deux seulement contenaient des lingots de cuivre, ceci semble indiquer que, pendant le Kisalien allant du VIIe au IXe siècle, le cuivre était exploité pour la fabrication des parures, mais pas abondamment.

13. Shaw (T). « On radio chronology of the iron age in Subsaharian Africa », C.A. 10, 226-8 (24). « Africa in prehistory : leaderor laggard ? », J.A.H. XII, 1 143-53 (24). « Africa in prehistory : leader or laggard ? », J.A.H. XII, 1 143-53 (24). 1971. « Early crops in Africa : a review of evidence », B.W.S., 56 (24). 1972.

14. Philipson (D.W.), « The early Iron age in Eastern and southern africa », A critical, apprasial, Azania, XI-1-23, 1976.

15. Beauchène (Mc de), *Préhistoire du Gabon, objets et mondes*, tome III, 1963.

16. Vercoutter, « Invention et diffusion des métaux et développement des systèmes sociaux jusqu'au ve siècle avant notre ère, chap. 28, p. 980, in *Histoire grale de l'Afrique*, 1980.

17. Besançon (J.), *L'homme et le Nil*, Paris, Gallimard (28), pp. 82-83, 1957.

18. Hartman (F.), *L'agriculture dans l'ancienne Égypte*, 1923. Kazyzaniak (L.), *Early farming cultures on the lower Nile*, Trav. Camap, 21, 1977. Nordstrom (H.A.), Néolithic and A. group sites-Scadinavian joint expeditions to sudanese Nubia copenhagen — Olso — Stockholm — scadinavian Un. Book, 1972. Besançon, op. cit., p. 85-87 ; P. Hartman, 1923, pp. 113-118, Lkryzyzaniak, p. 52-123 : ils distinguent une période d'irrigation naturelle et une période d'irrigation. Ce contrôle aurait commencé au Gerzéen (Nagada II), aux environs de – 3070 ± 290.

19. Vercoutter, op. cit., pp. 253-257, 1967.

20. Il faut attendre l'an – 750 environ, sous l'impulsion des souverains soudanais, originaires de la région de Dongola, pour voir se créer un royaume organisé comme celui de la basse vallée égyptienne. Le royaume soudanais de cette époque s'étendait du confluent des deux Nils, au sud jusqu'à la deuxième cataracte d'abord, puis jusqu'à la Méditerranée, absorbant l'Égypte et la Basse-Nubie de – 750 à 650. Dans ce royaume, le matriarcat jouera un rôle important surtout dans les familles régnantes.

Zeissl (H.V.), « Äthiopen und assyrer in Ägypten » : Ägyptologishe Forchungen, Heft, 14, Glüghstadt-Hamburg, New York J.J. Augustin, 1955.

21. Vercouter, pp. 128-133, carte, p. 129, 1959.

22. Lucas (A.), *Ancient egyptian materials and industries*, 4e éd., revised and enlarged, J.R. Harris, Londres, Earnold, pp. 224-234.

23. Reisner (G.A.), *Excarvations at Kerma*, Cambridge, Havard, African studies, 1923. 1910, *The Archaeological survey of Nubia*, report for 1907, 1908, vol. I, *Caire national*, printing dept.

24. Le rôle de Méroé dans la diffusion du fer en Afrique n'est plus aussi évident qu'on le croyait naguère — cf. Shinnie, 1971, pp. 94-95 qui cite B.C. Trigger, 1969, pp. 23-50. Au vrai comme nous l'avons dit, Méroé n'est pas la seule possibilité pour la diffusion. Le fer a pu être diffusé à partir de l'Afrique du Nord (tendance exogénéiste) par les pistes du Sahara. La technologie du fer a pu être découverte par les autochtones (tendance endogénéiste).

25. Cénival De (J.L.), *l'Égypte avant les pyramides, quatrième millénaire*, Grand Palais, 29 mai-3 septembre 1973, Paris, éd. des Musées nationaux, p. 50, 1973.

26. Certains égyptologues qualifient le prédynastique d'*énéolithique* ou *chalcotique* pour montrer l'apparition du métal comme « une révolution » c'est-à-dire une cassure dans le développement de la vallée.

Au vrai, il n'y a aucune rupture entre le néolithique et l'énéolithique dans la basse vallée du Nil, au contraire la continuité du développement est évidente.

27. Le terme Badarien doit sa dénomination au site de Badari, il est lié à l'apparition du métal. Dans le Nord, c'est le Fayoum, ce groupe de sites est appelé Fayoum A, pour le distinguer du Fayoum néolithique ou Fayoum B (voir glossaire en annexe).

28. Caton (G.) et Gardner (E.W.), *The desert Fayoum*, London royal anthropological insitute, 114 p. Caton-Thompson (G.), *The Badarian civilization*, 1928. « *The Aterian industry : its place and significance in the palaeolithie world* » J.R.A.I., p. 44, 1946. Vandier (J.), *Manuel d'archéologie égyptienne*, tome I, « La préhistoire », 1952.

Vandier et Drioton (E.), « Les peuples d'Orient méditerranéen », tome II, « L'Égypte », Paris, P.U.F., 1962.

Maciver (D.R.) et Macé (A.C.), *El-Amrah and Abydos*, 1899, 1901, Londres.

29. Amratien, tiré du lieu-dit El-Amrah, réf. Vandier, 1952, site découvert en 1900 par D. Randall, Maciver et A.C. Macer, 1902, pp. 3-52, près d'Abydos au sud de Badari. Il correspond à la culture de Négada.

30. Pétrie (W.M.F.), *The royal tombs of the first dynasty*, Londres, 1901. « Préhistoric egypt ». B.S.A.E., 1920.

« Corpus of prehistoric pottery and palettes », Londres, 1921.

« The making of egypt », Londres, 1939.

« Ceremonial slate-paletes », 1953.

31. Cénival (J.L. de), op. cit., pp. 16-21, 1972.

32. Posener (G.), « De la divinité de pharaon », C.S.A., 15, 1960. Posener (G.), Sauneron (S.) et Yoyotte (J.), *Dictionnaire de la civilisation égyptienne*, Paris, Hazand 128, 1959.

33. Moret (A.), « La mise à mort du Dieu en Égypte », le Nil et la civilisation égyptienne VII évolution de l'humanité, Paris (2), 1926.

34. Sethe (K.), « Urgeschichte und alteste Religion der Agypter », A.K.M., Leipzig, F.A. Brockhaux, tome XII, 196, p. (2).

Kees (H.), « Ancient Egypt, a cultural topography », James, Londres (2), 1930.

35. J. Vercoutter, pp. 248-249, op. cit., 1967.

36. Gardiner, (A.H.), pp. 71-76, *Egyptian grammar*, 3 rd London, Oxford Univ. Press.

37. Cf. J. Vandier, *Sur les Hemsou Hor*, op. cit., pp. 129-130, 635-636.

38. Wendorf, *the prehistory of Nubia*, Dallas, pp. 611-629, 1968. « Fort Burgwin research center and southern methodist », University-press.

39. Pirenne (J.), « Histoire des institutions et du droit privé de l'ancienne Égypte », Bruxelles, fondation égyptologique, pp. 206-214, 1932. G. Posener, *Reine Élisabeth*, pp. 76 et 107, 1959.

40. J.H. Breasted, Ancient records of égypt », vol. IV, Chicago University, Chicago press, p. 97, 1906.

41. G. Lefebvre, *L'histoire de Sinouhé*, 1949, pp. 1-25. W. Ksimpson, pp. 57-74, *The literature of ancient Egypt*, New-Haven, London (28), 1972. Le meilleur exemple est celui de Sinouhé qui, de crainte d'être impliqué dans un complot de palais, s'enfuit en Palestine. Il lui faudra solliciter le pardon du pharaon pour pouvoir rentrer en Égypte.

42. J. Vandier, op. cit., pp. 213-220 et 235-237, 1962.

43. F.L. Griffith, « The Abydos Decree of Seti I at Maure », J.E.A., pp. 200-208, 1927.

44. R.O. Faulkner, « Egyptian military organisation », J.E.A. 39, pp. 41-47, 1953. Bisson, op. cit., 1975. Dans ces régions de l'Afrique centrale, Bisson a observé que les vestiges du VIIIe et IXe siècles de notre ère, découverts à Sanga, précédent l'établissement dans la région, du commerce avec les pays lointains.

45. Cette époque de l'histoire commençante est marquée par de grandes transformations. La *religion* a acquis une importance plus essentielle que jamais. Les *déités créatrices* étaient issues de la pensée et de la sensibilité des éléments qui permettaient de progresser dans les activités et dans leur façon de saisir le monde et ses phénomènes. La pensée humaine, notamment *l'animisme*, offre déjà à cette époque des germes que les sciences modernes de la nature n'ont pas encore porté à maturité. Cette forme de pensée, encore vivante dans l'animisme africain pourrait leur servir de modèle. En effet, l'animisme africain vise à inciter l'homme noir à considérer la *nature* qui nous entoure, les évolutions que subit la sphère spirituelle ainsi que l'individualité humaine qui chemine de la naissance à la mort et à la réincarnation, à la lumière de l'idée de *métamorphose*. Cette notion de métamorphose, encore vivante chez les *Bambaras*, les *Dogons* et les *Akans*, lorsqu'on considère les phénomènes de la vie en mutation et ceux des rythmes évolutifs qui se manifestent, fait apparaître avec force un *noyau central créateur*. C'est ainsi que l'animiste noir, en pénétrant avec plus de force la conscience générale, grâce au féticheur et autres marabouts modernes, exerce une *action curative* en profondeur sur la vie du Noir africain d'aujourd'hui. On est tenté dans ce contexte de penser à la parole célèbre de *Gœthe*: « Quiconque possède Science et Art a aussi de la Religion ; que celui qui ne possède pas les deux ait de la Religion », (réf. Rudolf Steiner, 1897, « Gœthe et la conception du monde »).

TOME PREMIER

L'économie des origines

Table des matières

Note sur la première édition 9
Avant-propos 13
Plan de l'ouvrage 21
Introduction 27

Chapitre I : Concepts d'histoire économique

I - Les précurseurs du mouvement historique africain.. 30

1) Saint Augustin et Ibn-Khaldūn 31

2) De Mahmoud Kati à Es-Saa'di 34

II - Les lois d'évolution économique du monde occidental 37

1) L'École historique allemande 38

2) La critique des théoriciens des grandes phases économiques 41

3) Les institutionnalistes 42

Chapitre II : Lignes d'évolution caractéristiques de l'histoire économique africaine

I - Les origines des idéologies africaines modernes 49

1) Apports des écrivains et intellectuels anglophones du XIXe siècle 49

2) Histoire économique du développement du sous-développement en Afrique noire 52

II - Idéologies dominantes et théories des modes de production en Afrique noire 55

III - Marx, les marxistes et le mode de production africain 57

1) Le mode de production asiatique 58

2) Théorie marxiste et problèmes d'application aux différents modes de production africaine 60

IV - Nouveaux concepts sur les périodisations de l'histoire économique de l'Afrique noire antique et médiévale 69
1) Le dépassement de l'explication bipolaire 69
2) Redéfinition des moments historiques : concepts de sociétés non cumulatives et sociétés cumulatives en Afrique noire 72

Livre premier : l'économie des origines

Introduction 85

Première partie : Hominisation et formations sociales

Chapitre I : Origine et évolution économique de l'espèce humaine

I - Les orientations fondamentales de l'espèce humaine 91
II - Genèse de l'évolution humaine 93
1) L'évolution des pré-ancêtres de l'Homme du paléocène à l'éocène 94
2) L'évolution des ancêtres de l'Homme de l'éocène à l'oligocène 95
3) L'apparition des hominidés, de l'oligocène au miocène 97
III - Mode de vie des hominidés et évolution morphologique 98
1) Les australopithèques ou pré-hominidés 99
2) Le genre homo (pré-sapiens) 101
3) Le dernier million d'années 102
IV - Les débuts de l'évolution technologique : sites, habitations et outils des premiers hommes 103
1) Sites, habitations et outils pré-hominiens 103
2) Les industries préhistoriques 105

Chapitre II : Hominisation et formation sociale en Afrique noire

I - Les problèmes généraux de l'hominisation 109

1) La thèse monogéiste : l'Afrique, berceau de l'humanité 109
2) Technique et seuil d'hominisation 112
II - Les problèmes généraux de raciation 112
1) Approche morphotypologique 113
2) L'approche socio-biologique 115
III - La situation raciale sur le continent africain 118
IV - Évolution des systèmes économiques et formations sociales en Afrique noire préhistorique 121
1) Les conditions géoclimatiques de l'Europe à l'époque préhistorique 121
2) Les conditions climatiques favorables à l'éclosion d'une technologie africaine préhistorique 123

Deuxième partie : l'économie préhistorique

Introduction 137

Chapitre I : Technologie et échanges économiques dans le monde préhistorique

I - Production et diffusion industrielle de l'âge de la pierre 140
II - Le néolithique 149
III - L'interprétation technologique, économique et culturelle de l'âge de la pierre 151
1) Évolution des techniques de l'âge de la pierre au néolithique 151
2) Interprétation du processus d'évolution des économies commençantes 154
IV - Sociétés économiques et sociétés politiques préhistoriques 157
1) La dynamique sociale 157
2) Organisations économiques et rapports sociaux 158
3) Le finistère malgache 161

Chapitre II : Préhistoire et histoire agricoles de l'Afrique sociale

I - Passé agricole et problèmes des échanges agroéconomiques 168

1) Aménagement des milieux naturels et gestion des ressources 169
2) L'identification des berceaux agricoles africains 172
3) Exemples de production agricole des savanes et des steppes : sorgho et riz 176
II - Diffusion des techniques agricoles, échanges et sociétés en Afrique subsaharienne à la fin de la préhistoire 180

Chapitre III : Interventions, diffusions des métaux et développement économique en Afrique préhistorique

I - Intervention et travail des métaux dans les sociétés de l'Afrique subsaharienne 192
1) Le fer 192
2) Métaux et développement en Afrique subsaharienne 198
II - Diffusion des métaux et développement économique en Afrique du Nord-Est et en Afrique orientale 200
1) Le rôle des grands fleuves dans la diffusion de la technologie : l'exemple du Nil 201
2) L'évolution des systèmes socio-économiques à l'époque prédynastique 205
3) L'évolution des systèmes économiques et sociaux à l'époque historique 212

Achevé d'imprimer sur les presses de l'imprimerie SZIKRA à Giromagny en novembre 1988

www.ingramcontent.com/pod-product-compliance
Lightning Source LLC
LaVergne TN
LVHW010914051026
849532LV00003B/700